Cuídalos *o piérdelos*

Cuídalos
o piérdelos

HAZ QUE
LOS MEJORES
TRABAJEN
CONTIGO

Beverly Kaye
Sharon Jordan-Evans

Traducción de Isabel Merino Sánchez

EMPRESA ACTIVA

Argentina – Chile – Colombia – España
Estados Unidos – México – Perú – Uruguay

Título original: *Love'em or Lose'em*
Editor original: Berrett-Koehler Publishers, Inc., San Francisco, CA, USA
Traducción: Isabel Merino Sánchez

1.ª edición: marzo 2026

© 2005 *by* Beverly Kaye and Sharon Jordan-Evans
First Published by Berrett-Koehler Publishers, Inc., San Francisco, CA, USA. Esta edición se publica en virtud de un acuerdo con The Foreign Office Agència Literària, S.L. y Berrett-Koehler Publishers, Inc.
© de la traducción 2025 *by* Isabel Merino Sánchez
© 2009, 2026 *by* Urano World Spain, S.A.U.
López de Hoyos, 92, Planta Baja Derecha – 28002 Madrid
www.empresaactiva.com
www.edicionesurano.com

ISBN: 978-84-18308-29-1
E-ISBN: 979-13-88011-34-4
Despósito legal: M-1.885-2026

Fotocomposición: Urano World Spain, S.A.U.

Impreso por: Liberdúplex, S.L. – Ctra. BV 2249 Km 7,4
Polígono Industrial Torrentfondo – 08791 Sant Llorenç d'Hortons (Barcelona)

Impreso en España – *Printed in Spain*

Para mis queridos padres. Abe y Mollie Kaye vivieron, de verdad, una historia de amor que duró siete décadas. Me inspiraron personal y profesionalmente toda mi vida y los echo de menos.

BEV

Para mis tesoros: Jadyn, Isaac, Duncan, Mackenzie y Emma. Traéis mucha luz y risas a mi vida, ¡os adoro!

SHARON

Índice

PREFACIO

Cuídalos o piérdelos: la guerra por conseguir empleados con talento

El capital humano lo es todo. Como jefe que eres, lo sabes. Necesitas que tus empleados valiosos se queden contigo. Son fundamentales para tu éxito. Son el cuerpo y el alma de tu organización. ¡Y tus competidores los quieren!

¿Cómo lograrás que sigan entregados, entusiasmados por venir a trabajar y rendir al máximo? ¿Cómo conseguirás que se queden (tanto psicológica como físicamente) mientras otros tratan de seducirlos para que se vayan? *Cuídalos o piérdelos* te enseñará cómo hacerlo.

Hemos escrito este libro *por* y *para* los jefes. Unos jefes muy ocupados. Personas que hacen más con menos y saben que el tiempo es su bien más preciado. Tenía que ser breve y concreto. Pero también debía ofrecer una argumentación sólida, respaldada por datos y llena de recomendaciones fáciles de llevar a la práctica.

Los mensajes fundamentales que se repiten en todos los capítulos son tres:

- Independientemente de los altibajos económicos, tus mejores empleados pueden elegir dónde y para quién trabajan. Es preciso que te elijan a ti.
- Tú, como jefe, tienes más poder e influencia que nadie en la contratación y retención de tus empleados.

- Hay unas estrategias (de la A a la Z) basadas en la investigación, baratas y fáciles de ejecutar, que puedes usar para que tus empleados valiosos sigan interesados y en tu equipo.

¿Por qué te importa?

¿Por qué estás interesado en este libro? Intuimos que es porque te enfrentas a, por lo menos, uno de los siguientes problemas. ¿Cuáles te conciernen?

- ❑ Una economía más sana y un mercado laboral más brillante significan más opciones para quienes trabajan bien.
- ❑ Tienes algunos empleados descontentos, con su currículum puesto al día y las maletas hechas.
- ❑ La mitad de tus empleados reúne todos los requisitos para jubilarse en la próxima década. No sabes dónde están sus sustitutos.
- ❑ Tu sector (o lugar geográfico o función laboral) es especialmente difícil... escasean las personas con talento.
- ❑ Estás creciendo y la escasez de personas cualificadas obstaculiza ese crecimiento.
- ❑ La fuerza laboral ha cambiado y la mayoría de los empleados (las investigaciones dicen que un 70 %) están listos para aprovechar la próxima oportunidad, aunque no estén buscando activamente otro empleo.
- ❑ Una rotación de personal no deseada te está costando una fortuna.
- ❑ (Añade otro.)

Cualquiera que sea tu problema, necesitas una estrategia rápida y eficaz para contratar empleados y retener a los que ya tienes. Has acudido al lugar adecuado.

Unas palabras importantes

A los lectores de nuestro libro (esta es nuestra cuarta edición en inglés) les ha encantado el título *Cuídalos o piérdelos: Haz que los mejores trabajen contigo*. Pero no es solo un título con gancho. Las palabras transmiten lo esencial de nuestro mensaje. Veamos cómo las utilizamos:

CUÍDALOS	Trata a tus empleados con equidad y respeto. Dales las gracias. Estimúlalos e impulsa su desarrollo. Preocúpate por ellos y los atraerás y retendrás.
PIÉRDELOS	La pérdida es igual de grave cuando un empleado valioso se inhibe sin dejar el trabajo que cuando se marcha para unirse a un competidor.
MEJORES	Ten en cuenta a tus subordinados serios y responsables, no solo a aquellos que tienen un potencial alto. Estrellas son todas las personas, de cualquier nivel, que aportan valor a la organización.
TRABAJEN CONTIGO	Alienta a los empleados valiosos a permanecer en la empresa (aunque no sea en tu propio departamento). El capital humano será el factor diferenciador clave en la lucha competitiva que se avecina.

Base de la investigación

Nuestro punto de vista se apoya en datos recogidos en numerosos sectores y organizaciones. Utilizamos la información extraída de las entrevistas realizadas cuando alguien se marcha, de los grupos de trabajo e Internet. Junto con docenas de colaboradores, analizamos continuamente periódicos, revistas y libros.

Preguntamos «¿Qué ha hecho que te quedaras?» en todas partes. Nuestros análisis de esos datos nos ayudaron a dar forma a las 26 estrategias y a los capítulos de la A a la Z originales. Hemos seguido ampliando esa investigación inicial. Nos hemos reunido con más de 100.000 jefes de empresas grandes y pequeñas de todo el mundo. Les hemos escuchado y consultado, les hemos proporcionado formación y hemos aprendido de ellos. Nuestra base de datos *What Kept You?* (¿Qué ha hecho que te quedaras?) se actualiza constantemente (más de 17.000 encuestados a principios de octubre de 2007). Todo esto nos ayuda a perfeccionar y ampliar nuestras estrategias para contratar y retener a los empleados.

Hemos procesado lo que hemos averiguado para convertirlo en estrategias de retención que os darán una ventaja competitiva crucial.

¿Qué hay en este libro? ¿Y qué es nuevo?

Nuestra intención es que *Cuídalos o piérdelos* sea, a la vez, intemporal y puntual. Intemporal porque las propuestas que presentamos deberían funcionar tan bien en 1999 (primera edición en inglés) como en 2020 (¡pensamos seguir por aquí!). Y puntual porque ponemos al día, regularmente, las noticias, estadísticas y opiniones relativas al trabajo y las proyectamos para que sean pertinentes para ti como jefe *ahora*.

En la cuarta edición en inglés hemos *actualizado* componentes clave del libro que los lectores encuentran especialmente útiles, entre ellos:

- Listas prácticas de «qué hacer».
- Múltiples ejemplos empresariales de qué funcionó para contratar y retener a personas valiosas.
- El relato de A. J., un empleado (¿o será empleada?) y sus razones para marcharse de la empresa en la que trabajaba.
- Relatos de la vida real en los que se lamenta el «pez que escapó».

Hemos añadido dos *nuevos* apartados:

- Las diez objeciones principales de los jefes que han probado el planteamiento de *Cuídalos o piérdelos*.
- ¿Hay más? Estadísticas, historias y citas para los lectores que querían profundizar más.

Hemos *conservado* los enlaces que los lectores encuentran útiles.

- Llamadas «**Véase...**» que enlazan con otras ideas sobre lo que más te interesa.
- Un índice de retención/contratación (IRC), en el capítulo titulado Zenit, para orientar tu aprendizaje.

Hazlo tuyo

Hemos escrito *Cuídalos o piérdelos* para hacer que tu vida sea más fácil. Para ayudarte en el momento actual y en el día a día. Lo hemos escrito porque tiene un efecto muy importante en la vida de tus empleados. Es una enorme responsabilidad que se merece toda la ayuda y todo el apoyo disponibles.

- ✓ Úsalo como guía, como harías con el manual de mantenimiento de un vehículo.
- ✓ Répasalo una y otra vez.
- ✓ Dobla las esquinas de las páginas para marcar lo que te interesa.
- ✓ Utiliza un rotulador para señalar lo que más te importa.
- ✓ Señala con un punto los capítulos clave y deja el libro en la mesa de tu jefe.
- ✓ Comprométete a llevar a la práctica el contenido de un capítulo.

Recuerda: es fundamental que prestes atención al hecho de retener a tus empleados. Sabes quiénes son tus estrellas, esas que no puedes perder. Son tus empleados valiosos y entregados, tanto los que tienen un «alto potencial» como los subordinados serios y responsables. *Cuídalos o piérdelos* te ayudará a que sigan comprometidos y en tu equipo.

INTRODUCCIÓN
La marcha de A. J.

Me voy.
Les presento mi renuncia.
He encontrado otra oportunidad.
He aceptado otra oferta.
¿Podemos hablar?

Si, al oír alguna de las frases anteriores, se te encoge el corazón o se te hace un nudo en el estómago, no eres el único. Cualquiera que dirija o supervise a otros, sea un rascacielos, una cafetería o un grupo de voluntarios, reacciona con consternación ante este tipo de declaraciones; en particular cuando quien las pronuncia es alguien fundamental para su equipo.

Con «fundamental» no nos referimos solo a los mejores ni a los que tienen un «potencial alto». Hablamos también de los «subordinados serios y responsables», esos que se presentan día tras día para hacer su trabajo como es debido. Son necesarios para el éxito de tu unidad y para tu paz mental. Son los empleados firmes y fiables que, sencillamente, no te puedes permitir perder. Son tus estrellas.

Como A. J., un empleado con buen rendimiento, firme y fundamental, que gana un salario competitivo y trabaja para una organización que tiene un buen futuro. A continuación, encontrarás la nota de dimisión de A. J. al jefe del departamento y a la jefa de este, donde explica las razones de su marcha.

Léela. Subraya los puntos que te resultan familiares. ¿Podría pasarte a ti?

NOTA INTERNA

Para: Carlos y Madeleine
De: A. J.
Re: Dimisión

Hoy he recibido de Recursos Humanos el formulario de la entrevista de salida. Lo he dejado de lado. No me hacía las preguntas oportunas, así que he decidido escribir esta carta. Sigo sintiéndome mal por dejar nuestra compañía. Me gustaba trabajar con vosotros y vuestro equipo. Quizá mi carta os ayudará a impedir que esto vuelva a suceder.

Carlos, creo que eres un jefe eficaz. Completas los proyectos, alcanzas los objetivos y lo consigues todo por medio de un grupo de empleados con talento. Todo esto era gratificante mientras todavía estaba aprendiendo sobre nuestro negocio. Por desgracia, al final estabas demasiado ocupado para prestar atención a las pequeñas cosas, como decir buenos días o tratar de delegar tareas para que pudiéramos aprender algo nuevo. Por el contrario, cuando estabas bajo presión, siempre tomabas el camino más corto y dabas el trabajo a las personas que tenían experiencia. ¿Cómo podemos crecer, si no tenemos la ocasión de aprender? Hablamos unas cuantas veces sobre la posibilidad de que yo asistiera a clases de formación o preparara y presentara nuestro plan a los ejecutivos, pero estas posibilidades nunca se materializaron. Un año más tarde, empecé a comprender que nunca lo harían.

Madeleine, siempre te he admirado. Ofreces un gran liderazgo y dirección a Carlos, a nuestro equipo y a los compañeros de la división. Cuando entré en la compañía, hace cuatro

20

años, me quedé impresionado por nuestra declaración de objetivos y propósitos, y por los valores corporativos. Esperaba tener una carrera larga y feliz aquí.

Tengo que decir que, con el tiempo, me fui desilusionando y desinteresando. En realidad, decidí marcharme hace dos meses. Trabajamos muchísimo en el último proyecto. Cambié las fechas de mis vacaciones. Todo el equipo hizo horas extra. Produjimos un trabajo de calidad, puntualmente, cumpliendo todos los objetivos. Luego, la compañía decidió no llevarlo a la práctica. Incluso podría llegar a comprender esta decisión, sabiendo lo rápido que cambian las cosas, aquí y en cualquier empresa. Pero nadie se tomó la molestia de informarnos. Continuamos con la puesta en práctica tres semanas, antes de oír los rumores de que el proyecto se había cancelado. Lo hubiésemos comprendido, si hubierais venido a nuestra sección y nos lo hubierais dicho. Al no hacerlo, nos sentimos furiosos y decepcionados.

Es cierto que en mi nuevo puesto tendré un salario más alto, pero no me marcho por el dinero. Necesito trabajar en un sitio donde pueda aportar algo y donde nos tratemos con respeto unos a otros. Lamentablemente, mi trabajo aquí no parecía tener importancia.

Gracias por todo lo que me habéis enseñado. Por favor, recordad que una planificación considerada, una comunicación sincera y continuada y el respeto humano básico tienen un gran valor para vuestros empleados.

Os deseo que tengáis mucho éxito.

Impide la pérdida de empleados valiosos. En este libro encontrarás «cómo hacerlo»

¿Has tenido alguna vez un empleado como A. J.? ¿Un trabajador serio y responsable, alguien que no te podías permitir perder, pero que se fue igualmente? ¿Cuántas veces has dicho?:

«Si lo hubiera sabido».

«¿Por qué no me lo dijeron?».

«¿Cómo es que no lo vi venir?».

«La respuesta era fácil. Podía haberlo arreglado».

«¿Por qué no pregunté?».

Algunos empleados decepcionados y frustrados podrían hacer algo peor que marcharse; podrían quedarse e inhibirse.

Los jefes nos preguntan cómo pueden evitar ambos tipos de pérdida. Las respuestas están en este libro. Después de una década de pruebas, ahora sabemos que dan resultado. La cuestión es que la manera de pensar de los jefes que tienen éxito (los que contratan y retienen buenos empleados) gira en torno al talento. Y conservan esa actitud en los buenos y en los malos momentos económicos.

Cultiva una mentalidad centrada en el talento

El capital humano lo es todo. Lo has oído antes. ¿Lo crees? ¿Es verdad en tu campo? ¿En tu lugar de trabajo?

Hoy (25 de enero de 2006), Disney ha pagado 7.000 millones de dólares por Pixar. Ya somos propietarios de los derechos de varios de sus personajes. Básicamente, pagamos 7.000 millones de dólares por las 400 personas brillantes y creativas que trabajan allí. El caso es que, todos (nuestros competidores y nosotros) tenemos acceso a la misma tecnología. Todos tenemos acceso al dinero. El único elemento diferenciador son las personas. Hemos pagado 7.000 millones de dólares por las personas y por lo que esperamos que serán capaces de crear para nosotros y con nosotros en el futuro.

Ejecutivo de Disney

Entonces, dando por supuesto que estamos de acuerdo en que todo tiene que ver con las personas, la pregunta es: «¿Cómo es que algunos jefes y algunas empresas conservan a sus empleados más valiosos, mientras que a otras se les marchan?».

En la última década hemos visto cómo los jefes aplicaban el planteamiento de *cuidarlos* para construir equipos leales, entregados y productivos. Todo esto en una época en la que había quien decía (erróneamente) que la lealtad había muerto. Los empleados no se sienten tentados por un 10 % de aumento, por un gimnasio ni por un masaje los viernes. *Aman* su trabajo, su equipo, a sus jefes y, sí, sus empresas. Y debido a esto, estas empresas ganan.

Por el contrario, hemos visto cómo otros pierden a sus empleados con talento en cuanto la economía se recupera de nuevo. Estos jefes con menos éxito emparejaron sus actividades de contratación y retención a los altibajos económicos. En los buenos tiempos, cuando había abundancia de empleos y las personas con más talento podían elegir, los jefes ofrecían pluses, elogios y promociones.

En los malos tiempos, estos líderes adoptaban una actitud arrogante respecto a sus empleados. Muchos pensaban —y algunos incluso lo decían—: «Deja de gimotear; alégrate de tener un trabajo». Acumulaban trabajo sobre sus subordinados, eliminaban los elogios y congelaban la paga. Los mejores de estos empleados ponían a punto su currículum, entraban en Monster.com y esperaban la primera oportunidad para abandonar el barco. Y los jefes se quedaban atónitos cuando lo hacían.

El doctor Phil, el popular psicólogo de la televisión, les diría: «¿Y cómo les fue?». No demasiado bien.

CONCLUSIÓN

✓ El enfoque de *Cuídalos o piérdelos* para contratar y retener a personas valiosas no es algo que se pueda conectar y desconectar, en sintonía con el último cambio económico y la correspondiente preocupación por conservarlas.

✓ Este enfoque rinde los mejores resultados cuando es auténtico y constante, cuando creemos sinceramente en él y lo demostramos a diario en nuestros actos para con las personas que queremos en nuestro equipo.

1

A. Preguntar
¿Qué te lo impide?

Nunca me preguntaron.
A. J.

¿Por qué planteamos preguntas fabulosas en la entrevista cuando alguien se va, pero olvidamos hacerlas cuando aún hay tiempo de cambiar las cosas? Lo que sí hacemos son sesiones creativas. Los especialistas de Recursos Humanos y los líderes de nivel sénior ponderan la cuestión. Consultores y grupos de trabajo creados al efecto realizan investigaciones. Buscan puntos de referencia en otras organizaciones de sectores relacionados, todo en busca de la respuesta. Finalmente, crean *la* estrategia, *el* plan maestro. ¿Qué tratan de lograr? Contratar y conservar a personas con conocimientos clave: los empleados, trabajadores del saber, auxiliares y especialistas técnicos o funcionales que hacen el trabajo y logran que la compañía siga teniendo éxito.

Es posible que todo este esfuerzo, tiempo y dinero esté bien gastado. Pero hemos observado que, con frecuencia, se pasa por alto lo evidente. ¿*Tú* has preguntado alguna a vez a tus empleados por qué siguen en tu empresa o qué podría tentarlos a dejarla? Si no lo has hecho, ¿por qué?

Pregunta, así no tendrás que adivinarlo

Cuando proponemos que se pregunte a los empleados por qué se quedan o qué haría que se quedaran, nos dicen: «Debes de estar bromeando», «¿Eso no es ilegal?» o «¿Y si me dan una respuesta que no quiero oír?». En general, damos vueltas y más vueltas en torno a este tema fundamental por una de estas tres razones:

✓ Algunos jefes temen poner a alguien en un aprieto o darle ideas (como si ellos mismos nunca hubieran pensado en marcharse).

✓ Algunos jefes temen que, en cualquier caso, no van a poder hacer nada, así que ¿para qué preguntar? Temen que la pregunta desate una tormenta que no puedan controlar y quizás haga que los empleados esperen respuestas y soluciones que no están en la mano del jefe.

✓ Algunos jefes dicen que no tienen tiempo para estas conversaciones individuales fundamentales con sus empleados. Es apremiante producir y queda poco tiempo para escuchar y mucho menos para preguntar. Si no tienes tiempo para hablar con las personas que contribuyen a tu éxito, ¿de dónde lo sacarás para entrevistar, seleccionar, orientar y formar a quienes las sustituyan?

El peligro de adivinar

¿Qué pasa si no preguntas? ¿Qué pasa si sigues tratando de adivinar lo que Tara, Mike o Marilyn quieren realmente? A veces, acertarás. La prima de fin de año puede complacerlos a todos.

Lástima

Un jefe sénior nos habló de una empleada que se marchaba de la compañía. En su último día, el jefe, a quien disgustaba la pérdida, expresó su decepción por que se fuera. Le deseó suerte pero le dijo:

«Ojalá hubiera algo que pudiéramos haber hecho por ti», dando por sentado que su supervisor directo le había preguntado qué haría que se quedara. Pero el supervisor no se lo había preguntado y sí que se podría haber hecho algo. La empleada dijo que se habría quedado si hubiera podido participar más en algunos de los nuevos grupos de trabajo, ya que esa participación era vital para su meta de mejorar profesionalmente. Era una petición que habría sido fácil de complacer... si él la hubiera conocido.

El dinero puede inspirar lealtad y entrega a corto plazo. Pero si la clave para retener a Tara es darle la oportunidad de aprender algo nuevo, mientras que lo que Mike quiere es trabajar desde su casa, ¿cómo vas a adivinarlo? Pregunta... para no tener que andar con conjeturas.

Preguntar tiene efectos colaterales positivos. La persona a la que preguntas siente que te interesa, que la valoras, que es importante para ti. Muchas veces, esto forja una lealtad y una entrega más firmes hacia ti y hacia la organización. En otras palabras, solo hacer la pregunta ya es una estrategia de retención.

Cómo preguntar

¿Cómo y cuándo sacar a colación este tema? ¿Cómo puedes aumentar las probabilidades de conseguir una información sincera de tus empleados? No hay una única manera ni un único momento para preguntar. Podría suceder durante una conversación en la que hables de desarrollo o de trayectoria profesional con tus empleados. (Las sostienes, ¿no?). También podrías programar una reunión con los empleados que valoras, con el propósito expreso de averiguar qué hará que se queden. Un jefe envió la siguiente invitación, a fin de dar a sus empleados clave un poco de tiempo para pensar y prepararse para la conversación:

ESTÁS INVITADO A ASISTIR

El siguiente paso en tu desarrollo continuado.

Importas y valoro tus aportaciones.

Hablemos de algunas cosas que son importantes para ti y para mí:

> *¿Qué hará que te quedes aquí?*
>
> *¿Qué podría tentarte a marcharte?*
>
> *¿Qué es lo más estimulante en tu trabajo?*
>
> *¿Estás utilizando plenamente tus conocimientos?*
>
> *¿Qué inhibe tu éxito?*
>
> *¿Qué puedo hacer de otra manera para ayudarte mejor?*

Por favor, programa una reunión conmigo en las próximas dos semanas para hablar de esto y de cualquier otra cosa que desees.

Independientemente de cuándo se inicie el diálogo, recuerda que es preciso establecer el contexto diciendo a tus empleados lo fundamentales que son para ti y para tu equipo, y lo importante que es para ti que permanezcan en la empresa. Luego averigua qué hará que se queden. Escucha atentamente sus respuestas.

Se atrevió a preguntar

Charlie organizó una reunión con su jefe de planta, Ken, para el lunes por la mañana. Después de una breve charla sobre las actividades del fin de semana, Charlie dijo: «Ken, eres fundamental para mí y para esta organización. No estoy seguro de habértelo dicho directamente ni con la suficiente frecuencia. Pero lo eres. No puedo ni pensar en perderte. Así que me gustaría saber qué hará que sigas aquí. Y si hay algo que podría tentarte a dejarnos».

Ken se quedó un poco desconcertado, pero se sintió hala-
gado. Lo pensó un momento y luego dijo: «Sabes, aspiro a
ascender en la organización en algún momento y me encanta-
ría estar en contacto con el equipo sénior. Me gustaría ver
cómo actúan y, francamente, también me gustaría que me co-
nocieran». Charlie respondió: «Podría llevarte conmigo a algu-
nas reuniones del personal sénior. ¿Te parece que sería un
principio?». Ken repuso: «Sería estupendo».

Charlie satisfizo la petición de Ken una semana después.

¿Y si...?

¿Y si no les puedes dar lo que quieren?

La mayoría de los jefes no preguntan porque temen que les pidan una de estas dos cosas: un aumento o un ascenso. Quizá no puedan satisfacer ese tipo de peticiones. Y entonces ¿qué?

La próxima vez que uno de tus empleados te pida algo que crees que quizá no le puedas conceder, responde utilizando estos cuatro pasos:

1. Insiste en lo mucho que lo valoras.
2. Di la verdad sobre los obstáculos a los que te enfrentas para concederle lo que te pide.
3. Demuestra que te importa lo suficiente como para estudiar sus peticiones y defenderlas.
4. Pregunta: «¿Qué más?».

Veamos cómo habría sido la conversación entre Charlie y Ken, si este hubiera pedido un aumento.

A la pregunta de Charlie sobre qué haría que se quedara, Ken contestó de inmediato: «¡Un aumento del 20 %!». Bien, algunos jefes dirán cosas como: «¿Bromeas? Ya has alcanzado el tope de tu nivel salarial». Esta respuesta cierra el diálogo y hace que un empleado clave sienta que no lo es. Charlie, sin embargo, estaba preparado para esta posibilidad. Veamos cómo reaccionó a la petición de aumento de sueldo de Ken, aplicando los cuatro pasos.

1. «Vales eso y más para mí».
2. «Me encantaría decirte que sí, pero tendré que estudiarlo. Sinceramente, no estoy seguro de qué puedo hacer de inmediato, dados los recientes recortes del presupuesto».
3. «Pero entiendo tu petición. La transmitiré a los de arriba y volveré a hablar contigo el viernes que viene, con algunas respuestas y un posible plazo para el aumento».
4. «Entre tanto, Ken, ¿qué otras cosas te importan? ¿Qué más esperas conseguir?».

Ken respondió explicando su interés por conocer al equipo sénior, y Charlie estaba dispuesto a actuar de inmediato en este sentido.

Las investigaciones demuestran claramente que la gente desea algo más del trabajo que solo un salario. Cuando preguntes: «¿Qué más?», te garantizamos que habrá por lo menos una cosa que el empleado quiere y que tú puedes darle. Recuerda que debes escuchar atentamente cuando te hablen de lo que hará que sigan en tu equipo o en tu organización.

Véase Comprender

¿Qué pasa si preguntas qué quieren y te dicen «No lo sé»?

Recuerda que no se trata de un interrogatorio ni de un examen. No pasa nada si no lo saben. A algunas personas les sorprenderán tus preguntas y necesitarán algo de tiempo para pensarlo. Déjales que lo hagan, programa otra reunión y prepara el escenario para un diálogo continuado sobre los deseos, las necesidades y las metas profesionales de tus empleados. Contratar y conservar empleados valiosos es un proceso, no un suceso único.

¿Y si no confían en ti lo suficiente como para darte una respuesta franca?

Este tipo de conversaciones forjan confianza. Lo irónico es que también *requieren* confianza. Si tus empleados temen contestar a tus preguntas por cualquier razón, quizá sea necesario que, antes de poder esperar unas respuestas honradas y sinceras, tengas que tejer una relación de confianza con ellos. Procura averiguar por qué la confianza está ausente de la relación y actúa decididamente para fomentar esta confianza. Busca ayuda entre tus compañeros, los profesionales de Recursos Humanos o los *coaches*.

¿Qué pasa si dudan de tus motivos o sonríen y dicen: «¿Qué libro has estado leyendo últimamente?»

Sé sincero. Si no tienes la costumbre de sostener diálogos como estos, te resultará extraño, tanto para ti como, quizá, para ellos. Diles que *sí* que has leído un libro o asistido a un curso sobre cómo retener a las personas con talento y que lo has hecho porque ellos te importan. Exponles que deseas, sinceramente, oír sus respuestas y que quieres trabajar con ellos para ayudarles a conseguir lo que necesitan y quieren.

A estas conversaciones cruciales con empleados valiosos las llamamos «entrevistas de intención de permanencia». Si no dedicas tiempo a este tipo de entrevista, será mejor que lo reserves para las entrevistas de salida.

QUÉ HACER

- ✓ Pregunta a cada empleado qué hará que se quede en tu empresa o en tu departamento.
- ✓ Toma nota en el ordenador de la respuesta que te dé cada uno.
- ✓ Cada mes, revisa las fichas o notas y pregúntate qué has hecho por ese empleado en relación con sus necesidades.

Por qué la mayoría dice que se queda

Hemos preguntado a más de 17.000 personas por qué se quedaban en una organización «durante un tiempo» (sí, es un término relativo). Lo que hemos averiguado confirma lo que muchos otros han descubierto sobre las razones más comunes de que los empleados permanezcan en una compañía (y lo que ayuda a retenerlos). Estos puntos aparecen una y otra vez en todos los sectores y en todos los niveles. Las diferencias entre funciones, niveles, géneros y edades son menores. A continuación recogemos las 20 respuestas principales recogidas hasta octubre de 2007, anotadas por orden de frecuencia. (Observa que un 91 % de los encuestados anotó por lo menos uno de los dos primeros puntos entre las primeras razones para quedarse, y un 98 % anotó por lo menos uno de los tres primeros.)

1. Estímulo y trabajo apasionante.
2. Crecimiento, aprendizaje y desarrollo profesionales.
3. Trabajar con gente estupenda.
4. Una retribución justa.
5. Una dirección que presta apoyo/un buen jefe.
6. Ser reconocido, valorado y respetado.
7. Prestaciones.
8. Un trabajo valioso y que representa una diferencia.
9. Sentirse orgulloso de la organización, su misión y su producto.
10. Una cultura y un ambiente de trabajo estupendos.
11. Autonomía, creatividad y control.
12. Flexibilidad: horario de trabajo, ropa, etc.
13. Ubicación.
14. Seguridad y estabilidad en el trabajo.
15. Tareas diversas y cambiantes.
16. Diversión en el trabajo.
17. Ser parte de un equipo.

18. Responsabilidad.
19. Lealtad, entrega a la organización o a los compañeros.
20. Un liderazgo inspirador.

¿Las respuestas de tus empleados se parecen a las de la lista? Pregúntales, para averiguar qué les importa realmente. Luego crea planteamientos innovadores, y a medida, para retener a tus empleados valiosos.

Por cierto, si quieres ver todos los datos de la encuesta *What Kept You?* (¿Qué ha hecho que te quedes?), incluyendo múltiples desgloses demográficos, ve a nuestro sitio web, www.keepem. com. También encontrarás los últimos resultados de nuestra encuesta *Engagement Edge* (Ventajas para contratar), una herramienta que mide la contratación y la retención dentro de las organizaciones.

Unas palabras sobre el sueldo

Algunos de vosotros habéis visto enseguida que una retribución justa ocupa el cuarto lugar de la lista. Veamos lo que sabemos sobre la retribución económica. Si se considera no competitiva, injusta o sencillamente insuficiente para vivir, será un gran motivo de insatisfacción. Los empleados más valiosos serán vulnerables al robo de talentos o empezarán a buscar algo mejor, en especial si el mercado es favorable. Pero la cuestión es que, aunque puede ser un gran motivo de insatisfacción si es inadecuada, si es correcta no conseguirá, por sí sola, retener a las personas que no están contentas en otros aspectos.

Es decir, que si no se estimula, se ayuda a crecer o se cuida a los empleados con talento, una retribución alta no será suficiente para que se queden mucho tiempo. A lo largo de los años, los investigadores han averiguado que era así. Un tal Herzberg descubrió en la década de 1950 que la retribución es un «factor de higiene»: ¡Asegúrate de que está ahí; de lo contrario, se notará![1]

Así pues, haz todo lo que puedas como jefe para influir en los programas de compensación económica de tu organización. Asegúrate de que sea competitiva y justa y, a continuación, concéntrate en *qué otras cosas* puedes hacer para retener a tus empleados valiosos.

QUÉ HACER

✓ Vuelve a mirar la lista con las razones de que los empleados se queden, y pregúntate en cuáles puedes influir.

✓ Comprueba todas las que creas que están, en gran medida, bajo tu control. Si nuestra hipótesis es correcta, descubrirás que puedes influir en muchas más de lo que quizás habías pensado.

Más allá de «¿Por qué te has quedado?»

La mayor parte de este capítulo gira en torno a las preguntas «¿Qué hace que te quedes?» y «¿Qué podría tentarte a marcharte?». Pero hay muchas otras preguntas que podrías plantear. Hace ya una década que vamos recogiendo las preguntas favoritas de los jefes en las entrevistas de intención de permanencia. Aquí están las 13 principales.

Preguntas de las entrevistas de intención de permanencia

1. ¿Qué aspecto de tu trabajo hace que te levantes de la cama todas las mañanas?
2. ¿Qué te hace apretar el botón de repetición del despertador?
3. Si ganaras la lotería y dimitieras, ¿qué es lo que más añorarías de tu trabajo?
4. ¿Qué sería lo que, en caso de cambiar en tu actual cometido, te haría considerar la posibilidad de marcharte?

5. Si tuvieras una varita mágica y pudieras cambiar una única cosa en este departamento, equipo, organización, ¿cuál sería?

6. Si yo fuera tu jefe, ¿qué podría hacer un poco más o un poco menos?

7. Si tuvieras que volver a un puesto que desempeñaste en el pasado y quedarte durante un largo periodo de tiempo, ¿cuál sería ese puesto y por qué?

8. ¿Qué necesitas aprender para trabajar de forma óptima?

9. ¿Qué hace que un día sea fantástico?

10. ¿Qué podemos hacer para que tu trabajo te resulte más satisfactorio?

11. ¿Qué podemos hacer para favorecer tus metas profesionales?

12. ¿Recibes suficiente reconocimiento? ¿Cómo te gusta que te reconozcan?

13. ¿Qué quieres aprender este año?

Deja que estas ideas sirvan como catalizadores de tu propia manera de pensar. Elabora una lista con tus preguntas favoritas. Házselas a tus empleados. Y vuelve a plantearlas, escucha atentamente y personaliza lo que haces para retenerlos.

Muchos de nuestros lectores nos han dicho que aplicaron nuestras ideas para las entrevistas de intención de permanencia en momentos y lugares únicos. Aquí tienes algunas de ellas:

Orientación

Un gran centro médico decidió que todos los jefes llevaran a cabo entrevistas de intención de permanencia inmediatamente después de contratar a un nuevo empleado. Las instrucciones que les dieron incluían estos puntos: averigua qué motiva a los nuevos empleados y que hará que permanezcan en el puesto. Empieza a conocerlos como personas. Pregunta qué es importante para ellos y por qué han aceptado el puesto. Muestra respeto por sus anteriores experiencias y aliéntalos a ofrecer información y propuestas desde su nueva perspectiva.

Valoraciones de rendimiento

El consejero delegado de un importante centro médico decidió complementar el sistema de valoración del rendimiento con una serie de preguntas de la entrevista de intención de permanencia. Hizo llegar las preguntas a todos los que dependían directamente de él y les pidió que rellenaran el cuestionario antes de la reunión de valoración. Uno de los empleados clave nos dijo: «Fue la mejor conversación que he tenido en veinte años».

Principio de cada trimestre

Una organización de ingeniería ha inventado su propia manera de preguntar sin herir susceptibilidades. Algunos jefes plantean la pregunta así:

«Estoy recogiendo datos para saber qué sería necesario para que te quedaras con nosotros durante mucho tiempo. ¿Me puedes proporcionar algunos puntos que sean importantes para ti y decirme qué significarían en términos económicos?».

Los jefes de esta compañía elaboraron hojas de cálculo con los requisitos de cada uno de los empleados que dependían directamente de ellos, computaron el coste global y las entregaron para su aprobación a través de su propia cadena de mando. Se aprobó alrededor del 75 % de cada hoja de cálculo.

Entrevistas individuales mensuales

Los líderes de una gran organización financiera pidieron a todos los jefes que llevaran a cabo entrevistas de intención de permanencia con todos los miembros de su equipo. Recomendaron una duración de 20 minutos y propusieron que las entrevistas formaran parte de las reuniones individuales mensuales.

Conversaciones sobre desarrollo

Los jefes de una organización separan la discusión del rendimiento de la del desarrollo. Encuentran que la charla sobre los deseos de crecimiento y aprendizaje ofrece el contexto perfecto para hacer las preguntas de la entrevista de intención de permanencia.

Café o almuerzo

Los llevas a tomar café, ¿verdad? Un jefe invita a tomar café o a almorzar a cada empleado, por lo menos dos veces al año, con el propósito expreso de irlos conociendo y hacer que ellos lo conozcan un poco mejor a él. Acude a estas reuniones con algunas de sus preguntas favoritas para la entrevista de intención de permanencia en mente.

Retener a un empleado es, esencialmente, una actividad individual, no una actividad de grupo.

Nuestro trabajo, nuestras relaciones y nuestras vidas triunfan o fracasan en cada conversación. Aunque no está garantizado que ninguna conversación única transforme una empresa, una relación o una vida, cualquiera de ellas puede hacerlo.

SUSAN SCOTT, autora de *Fierce Conversations:*
Achieving Success at Work and in Life,
One Conversation at a Time

Preguntaron

Miles de jefes han hecho entrevistas de intención de permanencia y muchos nos han enviado los resultados. He aquí una muestra:

- «Un empleado que llevaba 23 años en nuestra compañía actualizó su currículum y se dispuso a distribuirlo. La conversación para "preguntar", junto con mi seguimiento de sus peticiones, rescató a este empleado para mi equipo y la organización».
- «Averigüé que un empleado estaba insatisfecho y dispuesto a marcharse. Le molestaba la ubicación del puesto de trabajo. Durante la entrevista de intención de

permanencia, conseguí negociar un compromiso de dos años por su parte, a cambio de que yo aceptara transferirlo a su destino preferido».

- «Averigüé que un empleado valoraba realmente la información, que lo mantuvieran enterado y que le pidieran su opinión. Me alegré de saberlo y me comprometí con este valioso empleado a ofrecerle esas cosas sin problemas a partir de entonces».

- «Transferí el componente de TI (tecnología de la información) del puesto de un empleado al de otro, después de descubrir en nuestras conversaciones para "preguntar" con ambos que a uno no le gustaba nada la TI y el otro quería un cometido con más TI».

- «Observé que una valiosa empleada parecía estresada y no realizaba bien su trabajo. Durante la conversación para "preguntar" afirmó que no estaba interesada en conseguir un ascenso. Le encargué un cometido con menos tensión. Estuvo encantada y ahora trabaja muy bien».

- «Una empleada que llevaba con nosotros siete años se sentía ignorada. La conversación para "preguntar" desveló sus intereses y reestructuré su puesto para darle más de lo que quería. Comprendí que, de forma totalmente involuntaria, no la teníamos en cuenta ni le dábamos importancia. Ahora que hace más de lo que le gusta, mi opinión ha cambiado completamente y veo sus aptitudes como un enorme activo para nuestro equipo».

- «Supe que un comercial deseaba cambiar de sección y pasar a RRHH. Ahora estoy ayudando a este valioso empleado a elaborar una hoja de ruta para conseguirlo. Incluido en la hoja de ruta está el trabajo en la sombra, la relación con los responsables de RRHH y, posiblemente, un futuro traslado dentro de la organización».

¿Qué habría pasado si estos jefes no hubieran preguntado?

CONCLUSIÓN

Deja de hacer suposiciones sobre lo que hace que tus estrellas se queden contigo y sean felices. Haz acopio de valor y realiza entrevistas con los empleados que quieres conservar. Reserva tiempo para empezar el diálogo. No conjetures y no des por sentado que todos quieren lo mismo (sueldo o ascenso). Programa otra reunión si necesitan pensárselo un poco.

Esta puede ser la estrategia más importante de este libro. Preguntar no solo hará que tus empleados se sientan valorados, sino que, además, sus respuestas te proporcionarán la información que necesitas para personalizar tus estrategias a fin de conservarlos a todos.

No importa mucho dónde, cuándo o cómo preguntas... solo ¡PREGUNTA!

2

B. Responsabilizarse
Todo se reduce a esto

Pienso que, en realidad, mi jefe podría haberme conservado, pero no creo que lo viera nunca como parte de su trabajo.
A. J.

Cuando preguntamos a supervisores y jefes cómo conservar a los buenos empleados, muchos responden de inmediato: «Con dinero». Las investigaciones señalan que un 89 % de jefes está convencido de que se trata, sobre todo, de dinero.[2] Estos jefes dejan la responsabilidad de conservar a los empleados clave totalmente en manos de la alta dirección. Culpan a la política o a la escala salarial de la organización de la pérdida de empleados valiosos. O señalan a la competencia o a la ubicación. Siempre es culpa de otro.

Bien, la verdad es que *tú eres quien más importa*. Si ocupas un puesto de mando en cualquier nivel, tanto si eres supervisor de primera línea o líder de un proyecto, tienes, realmente, más poder que nadie para conservar a tus mejores empleados. ¿Por qué? Porque los factores que crean satisfacción, entrega y compromiso en los empleados están, en gran medida, bajo tu control. Y los factores que los satisfacen y atraen son los que hacen que sigan en tu equipo. Estos factores no han cambiado apenas en los últimos veinticinco años. Muchos investigadores que han estudiado la retención de los empleados están de acuerdo en lo que atrae o satisface a la gente y, por ello, influye en que se queden: un trabajo significativo y estimulante, la ocasión de aprender y crecer, una compensación justa y competitiva, unos compañeros estupendos, reconocimiento, respeto y un buen jefe.[3] ¿Tú no quieres estas cosas?

Véase Preguntar

Lástima

No puedo hacer nada para frenar nuestra fuga de cerebros. La competencia ofrece más dinero y mejores prestaciones. No tenemos ninguna posibilidad.

Gerente, oficina de farmacia

Sí que *tienes* una posibilidad. Tu relación con tus empleados es clave para su satisfacción y para su decisión sobre quedarse o marcharse. Considera esto:

✓ Un estudio averiguó que el 50 % de la satisfacción en el trabajo viene determinado por la relación que un trabajador tiene con su jefe inmediato.[4]

✓ Las entrevistas realizadas por el Saratoga Institute con 20.000 trabajadores que acababan de dejar su empresa revelaron que la conducta del jefe inmediato era la razón principal de que se fueran.[5]

✓ Un estudio de veinticinco años de duración, realizado por Gallup Organization, basado en entrevistas con 12 millones de empleados, de 7.000 compañías, descubrió, igualmente, que la relación con el jefe determina, en gran medida, el tiempo que un empleado permanece en la empresa.[6]

✓ Una investigación realizada por Corporate Leadership Council descubrió que un jefe de gran calidad tiene una *importancia sobresaliente* para contratar y retener empleados valiosos clave para la empresa.[7]

✓ Un reciente estudio universitario descubrió que es más probable que fuera un jefe inmediato abusivo y no la insatisfacción con la retribución lo que impulsara a los empleados a dejar su trabajo. Además, es menos probable que estos trabajadores trabajen más horas o se hagan cargo de más tareas. [8]

✓ Las investigaciones llevadas a cabo por las autoras (con más de 17.000 encuestados) descubrieron que la mayoría de los factores de retención están dentro de la zona de influencia de los jefes.

Está en tus manos

Un buen jefe que se interesa por conservar a los buenos empleados los ayudará a encontrar lo que desean de su lugar de trabajo. No estamos diciendo que cargues con esta responsabilidad solo. Los directivos sénior y la política, sistemas y cultura de la empresa repercuten en tu capacidad para conservar a la gente valiosa. Quizá cuentes con profesionales de Recursos Humanos que te puedan ayudar en tus esfuerzos. Incluso tus empleados tienen su papel. (Consulta nuestro libro *No te vayas: 26 maneras de conseguir lo que quieres en tu trabajo*, Empresa Activa, Barcelona, 2005.)

Sin embargo, dado lo que nos dicen las investigaciones sobre *por qué* dejamos nuestros puestos de trabajo y organizaciones, sigues teniendo el máximo poder (y responsabilidad) para conservar a tus empleados con talento.

El compromiso de los empleados existe, pero es para con el jefe, el equipo y el proyecto. Es diferente de la lealtad, que era para el nombre escrito en el edificio o para la marca. Por lo tanto, cualquier estrategia de retención debe ser impulsada por todos los jefes, no solo por la gente de Recursos Humanos.

Presidente de Aon Consulting Institute

En la línea de fuego

La mayoría de vosotros tiene a su cargo ciertos activos. Sois responsables de protegerlos y de incrementarlos. Hoy, tus activos más críticos son *personas*, no *propiedades*. Personas excepcionales que te dan y dan a tu organización una ventaja competitiva. Con independencia del mercado laboral, sin duda quieres conservar a los mejores.

¿Eres el responsable de seleccionar y conservar empleados valiosos? Sabemos de un consejero delegado que dedujo 30.000 dólares del presupuesto de explotación de un jefe por haber perdido, innecesariamente, a una persona con talento. Realmente, tuvo que asumir su responsabilidad.

No proponemos que se castigue a los jefes cuando sus empleados son ascendidos o pasan a aprender algo nuevo. Es inevitable que pierdas algunos empleados valiosos de vez en cuando, en especial cuando van detrás de sus sueños profesionales. Pero sí que recomendamos que los jefes sean responsables de ser *buenos jefes* y de crear una cultura empresarial de retención donde todos se sientan motivados, cuidados y recompensados.

Llamando a todos los jefes de jefes

Si los jefes dependen directamente de ti, ¿los haces responsables de los equipos que mandan? ¿Cómo? Es probable que hayas oído la máxima de que la gente ocupada hace aquello que se *inspecciona,* no lo que se haga. Puedes esperar —y debes encontrar medios de inspeccionar— que se esforzarán sinceramente por conservar a los buenos empleados, porque estos empleados construyen tu negocio. Aquí tienes algunas opciones.

QUÉ HACER

Idea un sistema de compromiso con la retención

- ✓ Haz una lista con las 26 estrategias de este libro (utiliza el índice como resumen). Anótalas en un papel o en un documento en tu ordenador. También puedes hacer que tu equipo las reduzca a las diez que crean que son las más apropiadas para la cultura de la empresa. Pide a cada uno de tus jefes o supervisores que se comprometa a llevar a cabo dos de ellas en los próximos seis meses. Haz que las señale con un círculo y te devuelva una copia de la lista.

- ✓ Cuando hayan pasado seis meses, pídeles que te devuelvan la lista de compromiso con una descripción de lo que han hecho para cada una de las estrategias que se comprometieron a poner en práctica.

- ✓ Compruébalas y confírmalas con tus mandos. Fija un objetivo de resultados en el aumento de la retención, con un porcentaje específico, para el próximo año.

- ✓ Valora a tus jefes según este objetivo y recompénsalos en consecuencia. Destaca a los que consigan mejores resultados, igual que harías con los que fueran más innovadores o productivos. Recuerda, ¡el refuerzo positivo da mejores resultados que el negativo!

- ✓ Anima y dirige con valentía a los mandos que hacen salir huyendo a los empleados valiosos. Si no pueden o no quieren cambiar, ayúdales a que dejen su puesto o la organización.

- ✓ Envía una nota a todos los jefes. Pégala en la cubierta de este libro. Celebra una reunión al cabo de dos semanas y hablad de sus reacciones.

- ✓ Sé un modelo para lo que quieres que hagan. Informa a quienes dependen directamente de ti de las estrategias en las que estás trabajando (después de haberles preguntado qué quieren ellos), y luego trabaja en serio en esas estrategias. Recuerda que los actos valen mucho más que las palabras.

Si no eres un jefe de jefes, asume tu responsabilidad. Mira a las personas valiosas cuya contratación y retención en la organización son responsabilidad tuya. Decide qué estrategias de este libro podrías usar ya para aumentar las posibilidades de que se queden.

Véase Números

Vale, se marchan

Bueno, ¿y qué? ¿Es que no puedes sustituirlos? Quizá puedas reemplazar a tus empleados clave, pero ¿a qué precio? La mayoría de los expertos en retención están de acuerdo en que sustituir a un empleado clave te costará dos veces su salario anual. Y sustituir a los trabajadores «de platino» (los que tienen conocimientos especializados) te costará entre cuatro y cinco veces su salario anual.

Incluso si te puedes permitir sustituirlos, ¿podrás encontrar sustitutos con talento?

> *¿Crees que 1999 fue un mal año para contratar? Fue solo una señal de lo que veremos en el futuro. En los próximos cinco años, nos enfrentaremos a la peor escasez de personal de nuestra vida.*
>
> JEFF TAYLOR, fundador de Monster

Los demógrafos y los expertos en Recursos Humanos están en desacuerdo. ¿Faltarán tres o diez millones de trabajadores para 2012? ¿Y en 2015? Los factores atenuantes (globalización/

deslocalización, avances tecnológicos, jubilación retrasada, inmigración) son tantos y matemáticamente tan complejos que hay quien cree que una bola de cristal sería igual de buena que los expertos cuando se trata de prever el número real.

Lo que sabemos es esto: se habrán creado aproximadamente 56 millones de puestos de trabajo entre 2002 y 2012.[9] (¿Cuántos de estos puestos quieres llenar?) Veintidós millones de ellos representan puestos de trabajo nuevos, debidos al crecimiento de la economía (un 3 % como promedio). Los restantes 34 millones estarán disponibles porque alguien los habrá dejado. Muchos de quienes los dejen serán *baby boomers,* nacidos entre 1946 y 1964. Aproximadamente la mitad de ellos reunirá los requisitos necesarios para jubilarse en la próxima década. Anthony Carnevale, antiguo presidente de la National Commission for Employment Policy, ha advertido de que la escasez de personal hará que la guerra que hubo a finales de la década de 1990 para hacerse con empleados de talento parezca una molestia menor.

QUÉ HACER

✓ Observa qué está pasando en tu propia puerta. ¿Hay una escasez de talentos actual, o en un futuro muy cercano, en tu sector, tu zona geográfica o en tu tipo de empleo?

✓ Presta atención a las investigaciones realizadas sobre qué hace que un empleado se quede. Observa que la mayoría de las estrategias probadas está en tu mano.

✓ Si tienes jefes bajo tu mando, hazlos responsables de contratar y conservar a buenos empleados en la organización. Establece unas expectativas claras y mide los resultados.

✓ Haz solo una cosa. Elige un capítulo de este libro y pon a prueba una estrategia. Mira qué resultado da. Modifícala y adáptala para que encaje en tus necesidades. Luego prueba con otra.

CONCLUSIÓN

La responsabilidad en la retención de los empleados es tuya. No ignoramos el efecto que tiene la alta dirección, la política de la organización y las actitudes y actos de cada empleado. Pero sabemos que tú tienes un enorme poder para influir en que esos empleados decidan quedarse. Demuéstrales que te importan, tanto ellos como sus necesidades. Acuérdate de ellos. Préstales atención. Escúchalos. Dales las gracias. Cuídalos o piérdelos.

3

C. Carrera

Apoya el crecimiento

Supongo que nunca he visto que aquí hubiera un futuro para mí. No quiero decir que esperara que me ofrecieran un camino ya allanado, pero sí que suponía que, en algún momento, alguien me hablaría de mi futuro.

A. J.

Es probable que A. J. tuviera un futuro en esta empresa, pero si era un secreto, guardado en la mente de los directores sénior, no podía influir en las decisiones del empleado. Si nunca se ha hablado de la carrera de un empleado, tus posibilidades de que el compromiso de esa persona con la empresa se mantenga o de que siga contigo se reducen muchísimo.

De hecho, son demasiados los jefes que evitan hablar de la trayectoria profesional con sus empleados. ¿Cuáles de las siguientes barreras te impiden abordar este tema?

- ✓ Nadie, y mucho menos yo, sabe qué nos va a deparar el futuro.
- ✓ No es el momento oportuno.
- ✓ No estoy preparado.
- ✓ No sabría qué decir.

✓ Acabamos de reorganizarnos. Pasará un tiempo antes de que nadie sepa nada sobre las posibilidades profesionales.

✓ Nunca iniciaría algo que no pudiera terminar.

✓ No sé lo suficiente sobre lo que pasa fuera de mi departamento como para aconsejar a nadie.

✓ No quiero que nadie me culpe, si no consigue lo que quiere.

✓ ¿Por qué tendría que ayudar? A mí nunca me ha ayudado nadie.

Lo que tus empleados quieren, en realidad, es hablar contigo para comentar sus conocimientos, elecciones e ideas. Quieren que los escuches. Quizá no esperen que tengas las respuestas, pero sí que esperan y desean, realmente, tener ese diálogo contigo.

Hablar con tus empleados sobre su carrera exige tiempo y puede parecer una tarea ardua. Quizá quieras empezar con los que hayan expresado preocupación por su trayectoria profesional o con los que muestren señales de empezar a desentenderse de su trabajo. Establece prioridades y ve paso a paso. Tus esfuerzos se verán recompensados con una mayor productividad y retención.

Cuando miro a las personas maravillosas que trabajan conmigo en mi departamento y las muchas, muchísimas, cualidades que poseen, no puedo hacer otra cosa que ayudarlas a ser cada vez mejores. Me siento privilegiada por estar en situación de alentar su crecimiento... y cuando crecen, me siento feliz por haber participado, de alguna manera, en una pequeña parte de ese crecimiento.

Barbara Pattison, directora, Servicios Quirúrgicos, PBCH

Este capítulo ofrece los fundamentos para construir tu línea de comunicación con tus empleados valiosos. Son cinco pasos que puedes dar de forma automática para respaldar la búsqueda de una buena adecuación profesional por parte de tus empleados. [10]

Paso 1 Conoce sus cualidades

Paso 2 Ofrece tu punto de vista

Paso 3 Habla de las tendencias del momento

Paso 4 Descubre múltiples opciones

Paso 5 Diseña con ellos un plan de acción

Paso 1. Conoce sus cualidades

El principal objetivo de las conversaciones sobre la trayectoria profesional es reunir información que te diga algo más sobre tus empleados. Para ellos, no siempre es fácil hablar de sus conocimientos, valores e intereses. El reto estriba en abrir un diálogo que te permita aprender más sobre ellos, tanto profesional como personalmente.

Hazles preguntas que les ayuden a pensar más a fondo en sus conocimientos, intereses y valores únicos. La parte más difícil es escuchar cuando te contesten, como haría un investigador diligente. Sondea, inquiere y descubre más.

Véase Comprender

QUÉ HACER

Prueba a plantear estas preguntas; luego profundiza más en cada respuesta:

- ✓ ¿Qué hace que seas único en esta organización?
- ✓ Háblame de un logro del que estés especialmente orgulloso.
- ✓ ¿Cuáles son tus valores más importantes en relación con el trabajo? ¿Cuáles se ven satisfechos y cuáles no en el trabajo?
- ✓ Si tuvieras que elegir entre trabajar con personas, datos, cosas o ideas, ¿qué combinación sería más satisfactoria? ¿Por qué?

Hacer unas buenas preguntas de sondeo (evitando las que puedan darte solo respuestas de sí o no) es la mejor manera de llegar a comprender más profundamente qué les importa en realidad a tus empleados. Aborda esta conversación con una curiosidad genuina.

VÉASE VERDAD

Paso 2. Ofrece tu punto de vista

Es esencial que ayudes a tus empleados a reflexionar sobre su propia reputación, sobre las reacciones que recogen de los demás y sobre los aspectos que necesitan desarrollar. Es fundamental que les des tu opinión con frecuencia.

Piensa en la última revisión de rendimiento que hiciste. Probablemente se basó en los resultados anteriores y estaba relacionada con el aumento salarial para cada empleado. Es diferente cuando se trata de desarrollo. En este caso, se orienta al futuro y se centra en aspectos que el empleado puede mejorar.

Los empleados quieren una respuesta específica, con ejemplos de sus resultados y del efecto que tendrán en sus objetivos futuros. Haz que acudan a personas de su entorno profesional, de todos los niveles, que les ofrezcan un retrato más realista de sí mismos que les ayude a evolucionar más deprisa y mejor.

Lástima (casi)

Recientemente, una responsable sénior de RRHH fue a saludar a alguien que había empezado el mismo día que ella, unos seis meses antes. Estaba considerado un elemento con un alto potencial, que progresaría rápidamente. La valoración de su trabajo, por parte de los niveles más altos de la organización, era excelente. La responsable le dijo: «Hola, ¿cómo va todo?». Él se encogió de hombros y dijo que suponía que bien, pero que no estaba contento y que no le parecía estar haciendo ningún progreso. Ella se quedó atónita al descubrir que nadie le había dicho que estaba llevando a cabo un trabajo magnífico. Cuando le comunicó quién estaba impresionado por su labor, a él se le iluminó la cara. No tenía ni idea de que lo valoraran.

QUÉ HACER

Incluye estas preguntas en tu conversación:

✓ ¿Cuál es la opinión más útil que has recibido? ¿Cómo cambió tu conducta? ¿Cómo atañe a tu trabajo?

✓ ¿En qué aspectos deseas que te ofrezca más mi opinión? ¿Cómo puedo ayudarte a que te sientas más realizado y fructífero en tu trabajo?

✓ ¿Cuáles de tus aptitudes para trabajar en equipo son más valoradas por tus compañeros? ¿Cómo lo sabes? Basándose en sus opiniones, ¿en cuáles esperas mejorar?

Piensa en todas las conversaciones incómodas que has tenido con empleados cuyas metas profesionales no están en sintonía con la realidad, teniendo en cuenta sus virtudes y sus defectos. Tenemos la impresión de que *esa falta de sintonía se debía a la ausencia de opiniones sinceras.* Los empleados nos dicen continuamente que quieren hablar sin tapujos. ¿Quieres conservarlos? Sé sincero con ellos.

Paso 3. Habla de las tendencias del momento

Ayudar a tus empleados a sopesar sus opciones significa ayudarlos a mirar más allá de tu departamento para detectar movimientos y cambios que podrían afectar a su carrera. Tendrás que pensar en los campos de crecimiento de tu empresa y en las limitaciones, además de en los nuevos conocimientos que el sector requerirá. Comparte esta información con tus empleados. Es una señal de respeto que los ayudes a ver qué hay en el futuro, incluso cuando no todo sean buenas noticias.

Lástima

Lenore era exactamente lo que nuestra organización necesitaba. Era joven y quería utilizar sus conocimientos técnicos y de gestión, quería crear negocio y, de hecho, ya había aportado algo en ese sentido. Decidió buscar un nuevo trabajo cuando se enteró de que iba a haber algunos cambios en la organización y comprendió que no sabía qué iba a pasar con ella. Dijo que su primer jefe era estupendo, que la había preparado y mantenido informada, pero que, recientemente, la habían trasladado para trabajar con otro jefe que no había mostrado ningún interés en su evolución profesional. Así pues, con la amenaza de un cambio inminente y un jefe al que no parecía importarle, aceptó la oferta de una pequeña compañía recién fundada. Tenía claro que no era el salario ni las prestaciones lo que la atraían. Era la esperanza de un jefe mejor, que la mantuviera informada y que se interesara por su carrera. La entrevista de salida duró 90 minutos. Le pregunté si reconsideraría su decisión. Dijo que no.

Director de Recursos Humanos

Está claro que una buena conversación de Lenore con su nuevo jefe sobre su trayectoria futura podría haber influido en su decisión de buscar otro empleo.

QUÉ HACER

Pregúntate si tus empleados conocen los siguientes puntos relacionados con las tendencias del momento:

- ✓ Los principales cambios económicos, políticos y sociales que están teniendo lugar y que tendrán el máximo efecto en tu organización.

✓ Las oportunidades y problemas que se avecinan.

✓ Las secciones que más están cambiando dentro de tu sector.

✓ En qué cambiará su actividad profesional en los próximos dos a cinco años.

✓ Qué cuenta realmente para el éxito en tu organización.

✓ Qué publicaciones sectoriales, revistas y boletines internos de la organización proporcionan información sobre el sector y las tendencias económicas.

No tienes que cargar con todo esto tú solo. Pero sí que debes asegurarte de que tus empleados saben qué está pasando en tu organización. Al sugerir a otras personas que pueden proporcionar unos puntos de vista adicionales sobre esta y otras cuestiones, abres vías de acceso para tus empleados y les ofreces una mirada más de cerca de las necesidades de negocio claves en tu organización. ¿Lo has hecho últimamente?

Paso 4. Descubre múltiples opciones

Ayudar a tus empleados a considerar múltiples metas profesionales mientras evolucionan dentro de su posición actual es un elemento clave del desarrollo. Cuando analizan sus posibles objetivos en términos de las necesidades empresariales y del propósito de la organización, todos ganan. ¡Atención! El empleado sigue siendo el principal responsable de su carrera. Lo que proponemos no significa que le *digamos* qué debe hacer. Por el contrario, le ofrecemos opciones para que las analice y sopese.

Véase Objetivos

Esto es importante, pero a veces difícil. Durante generaciones, la única dirección aceptable en una trayectoria profesional ha sido hacia arriba. Pero hay, por lo menos, otras cinco maneras de que alguien pueda impulsar su carrera. Puedes ayudar a tus empleados a considerar opciones como las siguientes:

1. Desplazarse lateralmente. (Cambiar de puesto, pero no necesariamente cambiar el nivel de responsabilidad.)
2. Explorar. (Exige responder a preguntas como «¿Qué otra cosa puedo hacer?».)
3. Enriquecer. (Siembra más oportunidades de aprender y crecer en el actual trabajo.)
4. Reajustar. (Reconcilia las exigencias del trabajo con otras prioridades o prepara al empleado para otro ámbito.)
5. Reubicar. (Sí: dejar la organización, si el trabajo sencillamente no responde a los conocimientos, intereses o valores de una persona.)

Puedes dar a tus empleados permiso para descubrir qué posibilidades hay, según lo que les interesa, lo que valoran y lo que pueden aportar a la organización.

Cuantas más opciones identifique cada empleado, mejor. Un empleado se marcha o se desinteresa por su trabajo cuando se frustra su única meta.

QUÉ HACER

Ayuda a tus empleados a contestar estas preguntas. Todas son cruciales para establecer sus objetivos:

✓ ¿Tienes suficiente información sobre las actividades y los planes actuales de la organización para poder elegir diversas metas profesionales?

✓ ¿Cómo se puede conseguir la información que necesitas?

✓ ¿Has considerado todos los caminos disponibles al seleccionar tus opciones profesionales?

✓ ¿Tus opciones cubren adecuadamente escenarios variados?

✓ ¿Deberías seleccionar más opciones profesionales?

✓ ¿Tus objetivos son compatibles con los objetivos y planes de la organización?

Cuando hayas ayudado a tus empleados a que vean qué opciones hay y así evitar que sus planes queden atrapados en una mentalidad vertical, sentirán que tienen más fuerza para gestionar su propia trayectoria profesional.

Paso 5: Diseña con ellos un plan de acción

Diseñar conjuntamente qué pasos conviene dar aumentará el compromiso con un plan profesional. Considera todos los pasos que el empleado tendría que dar para desarrollar las mejores metas profesionales y luego elabora planes de contingencia para cada uno. Así, si se bloquea un camino, ya habrá otros preparados.

Ayuda a tus empleados a identificar qué obstáculos hay en cada camino. Luego aunad ideas para soslayarlos. Durante el proceso, ayúdalos a recordar y a maximizar los activos que ya tienen.

Los líderes tendrán que aprender lo que los grandes directores de orquesta saben desde hace tiempo: la clave para alcanzar la grandeza es buscar el potencial de cada persona y dedicar tiempo a desarrollarlo. [11]

QUÉ HACER

Trata de formular alguna o todas estas preguntas. Las respuestas forman el plan de acción:

- ✓ ¿Qué conocimientos y aptitudes necesitas conseguir para ayudarte a alcanzar tus metas?
- ✓ ¿Qué habilidades posees que te ayudarían a avanzar hacia cualquiera de tus metas?
- ✓ ¿Quién hay en tu red de relaciones que pueda abrirte una puerta?
- ✓ ¿Qué formación podría poner a tu disposición para llenar los vacíos que detectas?

✓ ¿Qué tipo de evolución en el puesto podría ayudarte a acercarte más a varias de tus opciones?

Recuerda, tu tarea es estimular a tus empleados a identificar qué conocimientos, oportunidades de desarrollo y ámbitos de saber se requieren para cada alternativa. Tu labor no es elaborar sus planes, sino apoyarlos.

Qué hacer y qué no hacer al hablar de una trayectoria profesional

Conoce sus cualidades

- Haz que esa persona se exprese y averigua qué la hace «latir».
- Ofrece aliento y apoyo.
- Haz preguntas abiertas, de sondeo, utilizando palabras como *qué, dónde* y *cuándo.*

- No pretendas que lo sabes todo de tus empleados.
- No interrogues a tus empleados; investiga.
- No digas a tus empleados qué tienen que hacer; escúchalos para saber qué quieren hacer.

Ofrece tu punto de vista

- Pídeles que se evalúen a sí mismos y pidan la opinión de otros.
- Ofrece una respuesta específica, concreta y constructiva, con ejemplos.
- Aclara niveles y expectativas.

- No digas cosas que no son verdad solo para evitar enfrentamientos.
- No te centres únicamente en tu opinión sobre los resultados; habla también del desarrollo.
- No insistas solo en los puntos débiles. Sé equilibrado y haz hincapié también en los puntos fuertes.

Habla de las tendencias

- Proporciona información sobre las tendencias de la organización, el sector y la profesión.
- Permite que las personas con talento accedan a tu red de contactos.
- Habla de tu punto de vista sobre cómo los problemas actuales pueden afectar a su carrera.

- No subestimes el impacto del cambio constante sobre el desarrollo del empleado.
- No evites hablar sobre un futuro imprevisible.
- No eludas la importancia de cómo la cultura de la empresa (las normas no escritas) puede hacer que una carrera descarrile.

Descubre múltiples opciones

- Discute objetivos profesionales múltiples y realistas.
- Alienta a tus empleados a imaginar su futuro.
- Ayúdalos a fijar objetivos que estén en línea con las necesidades de la empresa.

- No dejes que tus empleados persigan solo avances verticales.
- No hagas promesas.
- No olvides elaborar planes para diversos resultados posibles.

Diseña con ellos un plan de acción

- Propón recursos y actividades en el trabajo.
- Consigue que los empleados pasen a la acción.
- Sé directo para ayudarles a afianzar sus planes.

- No dependas solo de la formación para el desarrollo.
- No rehúyas recomendar recursos fuera de tu departamento.
- No descartes el puesto actual como un gran campo de prácticas.

CONCLUSIÓN

Los empleados tienen una cosa en común: quieren saber que alguien se interesa por su trayectoria profesional. Y ese alguien deberías ser tú si quieres contar con personas entregadas y productivas en tu equipo. Ayúdales a encontrar oportunidades para moldear su carrera de acuerdo a sus necesidades y deseos propios y exclusivos. Cuando lo hagas, descubrirás que tus mejores empleados quieren quedarse y construir su carrera dentro de *tu* organización.

4

D. Dignidad

Muestra respeto

En general, me he sentido respetado dentro de esta organización, pero no era el caso para todos. Recuerdo que me sentí avergonzado cuando un jefe humilló a su secretaria delante de sus compañeros. Fue una enorme falta de respeto, y nadie dijo ni hizo nada al respecto.

A. J.

¿Qué clase de jefe dirían tus empleados que eres? ¿Dirían que eres inteligente, entregado, motivador y dinámico? ¿Orientado a los resultados, exigente o divertido para trabajar contigo? Igual que toleras diversas conductas por parte de tus empleados, también ellos te aceptan como eres, sin duda menos que perfecto, pero haciendo todo lo que puedes. El único comportamiento que las personas con talento raramente toleran mucho tiempo es la falta de respeto. Si quieres conservarlas, es absolutamente fundamental que reconozcas las cualidades únicas de cada persona y le demuestres tu respeto de forma sistemática e indudable.

Lástima

Perdimos a una de las pasantes más importantes del bufete. Todos los abogados del despacho contaban con ella y nos quedamos estupefactos cuando se marchó. En su entrevista de salida, nos dijo que no era el sueldo ni las prestaciones la causa de que hubiera buscado otro empleo. Eran las indignidades diarias y semanales que sufría mientras trataba de hacer su trabajo lo mejor posible. Su revisión de resultados (y posible aumento) se había pasado por alto en los últimos seis meses. Su petición para incorporarse a una asociación de pasantes todavía dormía en la mesa de su jefe, después de seis semanas. Se le negó la posibilidad de asistir a un seminario gratuito que habría beneficiado a la firma, porque no podían darle tiempo libre. Nadie le había dado las gracias por su duro trabajo ni por sus excelentes resultados. Su jefe gruñía, se desahogaba y pagaba con ella sus frustraciones, sin pensárselo dos veces. Finalmente, dejó la firma porque no se sentía respetada ni valorada, pero sí utilizada y rebajada. Y todo el mundo se dio cuenta.

Abogado de un importante bufete de abogados

¿Esto podría pasar en tu lugar de trabajo? ¿Tú o alguien que conoces (incluso alguien que depende directamente de ti) habéis dejado un trabajo por razones como estas?

Estilos diferentes

No puedes respetar y honrar a otros a menos que respetes, incluso celebres, las diferencias que hay entre las personas. ¿Puedes imaginar lo ineficaz (y aburrido) que sería tu equipo si todos pensaran lo mismo, tuvieran el mismo aspecto, creyeran lo mismo y poseyeran las mismas cualidades? La mayoría estamos dispuestos a aceptar que la diversidad de aptitudes y puntos de vista fortalece a un grupo de trabajo y contribuye a que se alcancen resultados excelentes. Sin embargo, si somos sinceros, también reconocemos que las diferencias pueden ser un obstáculo. La dura realidad es que muchos de nosotros solemos tolerar las diferencias, más que celebrarlas.

El Museo de la Tolerancia, en Los Ángeles, recibe a quienes lo visitan de una forma única. Cuando se forma un grupo en el vestíbulo, lo invitan a entrar en una sala de espera que da acceso al museo. Nuestro guía nos dijo: «Observad que hay dos puertas por las que se puede entrar en el museo. En una hay un letrero que dice: "Con prejuicios" y en la otra, otro que dice: "Sin prejuicios". Podéis entrar por cualquiera que creáis que os representa». Hubo una larga pausa mientras la gente pensaba qué debía hacer, qué puerta elegir. Finalmente, un hombre avanzó intrépidamente e hizo girar el pomo de la puerta «Sin prejuicios». Unos cuantos dieron unos pasos para seguirlo, mientras el resto mirábamos. El hombre hizo girar el pomo, pareció un poco confuso y luego se puso rojo de vergüenza, cuando se dio cuenta de que la puerta estaba cerrada con llave. Solo podíamos entrar en el museo por la puerta «Con prejuicios».

SHARON JORDAN-EVANS

¿Tú qué puerta habrías elegido? ¿Cómo habrías reaccionado ante la puerta cerrada con llave? Es importante que echemos una buena mirada a nuestras preferencias y prejuicios, a nuestras *inclinaciones*. Todos las tenemos. Asoman la cabeza cuando actuamos de mentores y preparadores, cuando promocionamos, recompensamos, castigamos y contratamos (las investigaciones demuestran que tendemos a contratar a personas como nosotros). Una vez que hayas tomado nota de tus inclinaciones, puedes empezar a ver el efecto que podrían tener en tus empleados.

Los diseñadores del Museo de la Tolerancia dieron por sentado que todos tenemos prejuicios. La cuestión es cómo reaccionamos. El primer paso para aprovechar las diferencias es echar una buena mirada a tus propias opiniones. ¿Hasta qué punto respetas a quienes son muy diferentes de ti mismo? ¿Valoras lo que aportan a tu equipo? ¿Hasta qué punto quieres que se queden?

A veces, las conveniencias, las tradiciones y las preferencias se disfrazan de necesidades.

ANÓNIMO

QUÉ HACER

✓ Analiza tus actitudes y prejuicios. Reconoce tu inclinación hacia o contra los que tienen diferente
  - Color de piel
  - Estatus
  - Educación
  - Estatura o peso
  - Título
  - Acento
  - Origen geográfico
  - _____ (Añade uno)
  - _____ (Añade otro)
  - Personalidad
  - Edad
  - Función laboral
  - Género
  - Estilo de vida
  - Orientación sexual
  - Talento

✓ Añade otros aspectos a la lista anterior. ¿Hacia qué tiendes a inclinarte o de qué tiendes a apartarte?

✓ Observa cómo actúan tus inclinaciones en el trabajo. ¿Quién fue la última persona a la que ascendiste? ¿A quién tiendes a dejar de lado, a elogiar menos y con quién tiendes a mostrarte menos cordial?

✓ Averigua las diferencias que hay entre tus empleados. Un jefe celebraba un Día del Descubrimiento, donde se alentaba a todos a hablar de sí mismos, a decir cómo crecieron, qué festividades observan y por qué.

✓ Aprovecha las diferencias. Roosevelt Thomas, autor y consultor de la diversidad, la define como «la utilización máxima del talento en la fuerza laboral». [12] Aprecia y utiliza las virtudes, estilos y talento individuales.

✓ Decide cambiar. Practica la equidad y evita conscientemente discriminar de la manera en que lo hacías. Tus empleados se darán cuenta.

En Estados Unidos, un 67% de las organizaciones (y, en otras partes del mundo desarrollado, un 71%) consideran explícitamente que promover la diversidad en todos los niveles es una herramienta para retener a los empleados. [13]

Cuando nos levantamos contra la diversidad, con frecuencia nos estamos resistiendo a lo que vemos como un esfuerzo por cambiar nuestra manera de sentir. Valorar las diferencias no te obliga a cambiar lo que sientes. Tiene que ver con la manera como actúas en el trabajo para conservar a los buenos empleados.

Recuerda que no hay una predisposición genética hacia la parcialidad, ningún gen del sesgo domina tus cromosomas; ninguna prueba de ADN puede identificar quién es parcial y quién no lo es. La parcialidad se aprende. Es una manera de pensar adquirida, arraigada en el miedo y alimentada por el condicionamiento y, como tal, se puede desadquirir y descondicionar. Son buenas noticias, porque nadie puede permitir que su visión distorsionada interfiera en la capacidad de actuar con eficacia, equidad y éxito en lugares de trabajo cada vez más diversos.

SONDRA THIEDERMAN

Estados de ánimo desmandados

Honrar a los demás y tratarlos con dignidad y respeto puede exigir que controles tus estados de ánimo. ¿Has trabajado alguna vez con alguien cuyos cambios de humor hacen pensar en una montaña rusa? Ya sabes, un día está en lo más alto; al siguiente ha caído en picado. Aunque es humano tener altibajos, es de adultos controlar esos cambios de humor para que no hieran a los demás. Hay quien dice que los estados de ánimo inestables son *estados de ánimo desmandados*. Sencillamente, están descontrolados. Cualquier sentimiento se desborda e impregna a todos los empleados (o a la familia). El resultado puede ser la vergüenza, el daño, la ira, la humillación y la pérdida de dignidad.

Véase Cretino

QUÉ HACER

✓ Si eres culpable de tener estados de ánimo desmandados, presta atención y contrólate. Apártate de los demás mientras te esfuerzas por superar tus dificultades. Vete a tu habitación; tómate un tiempo muerto.

✓ Si llegaras a molestar a alguien, discúlpate. Errar es humano, y la mayoría valorará una disculpa; es una señal de respeto.

✓ Si tienes un problema grave para controlar tus cambios de humor, considera la posibilidad de consultar a un experto (en Estados Unidos, por ejemplo, a uno del Employee Assistance Program [Programa de Ayuda a los Empleados]).

La mezquindad es un concepto del milenio pasado. La amabilidad es el futuro. [14]

¿Son invisibles?

Mi jefe anterior nunca me saludaba. Pasaba a mi lado en el vestíbulo como si yo no existiera o fuera invisible. Pero sí que saludaba a todos los vicepresidentes. Mi nueva jefa me trata con respeto. Siento que me valora como persona, aunque su puesto de trabajo esté por encima del mío. Me encanta trabajar aquí.

Cajera de banco

Cuando los empleados hablan de la falta de respeto que los impulsó a marcharse a otro trabajo, a veces se refieren a esta sensación de invisibilidad. Es posible que estés absorto en tus pensamientos cuando pasas junto a tus empleados en el vestíbulo y no los saludas. Pero ellos se darán cuenta y puede que no se sientan honrados ni respetados.

QUÉ HACER

✓ Observa a tus empleados. Presta atención cuando recorras los pasillos y llámalos por su nombre.

✓ Sonríe, estrecha manos, saluda a tus empleados y preséntalos a otros, incluso a los de un rango más alto. Se sentirán honrados y, por supuesto, no invisibles.

Confía en mí

Hay quien dice que la confianza es un don. Otros dicen que hay que ganarla. Y otros se niegan a confiar en nadie en absoluto. Andy Grove, presidente de Intel, incluso escribió un libro titulado *Solo los paranoicos sobreviven*. Un gran título, pero en la práctica es difícil vivir de esa manera.

Lo que sabemos es que, cuando confías en tus empleados, la mayoría será digna de tu confianza. Se sentirán honrados y respetados cuando les confíes tareas importantes y pesadas responsabilidades y cuando les dejes hacer las cosas a su manera. Cuando no confíes en ellos, no se sentirán honrados ni respetados ni valorados. Y puedes apostar a que se marcharán en cuanto se les presente una oportunidad mejor.

Si lo dudas, piensa en algún momento de tu carrera cuando tenías un jefe que confiaba en ti implícitamente, confiaba en que descollaras, te confiaba información o activos. ¿Cómo te sentías? ¿Cuál era tu nivel de entrega a ese jefe y a la organización como resultado?

Lástima

Sencillamente, no aprendía a confiar en nosotros. Era como si creyera que todos íbamos a por él y, al final, resultó casi una profecía que se cumple a sí misma. Sabíamos que éramos dignos de su confianza y, sin embargo, empezamos casi a sentirnos culpables mientras controlaba hasta nuestros más pequeños actos y, constantemente, mirábamos por encima del hombro. Teníamos que dar explicaciones por cada minuto de nuestro tiempo y por cada centavo que gastábamos. Acabó siendo demasiado degradante. Todo el equipo decidió buscar otro empleo y un jefe que confiara en nosotros.

Jefe de una firma de ingeniería

Si ese jefe hubiera confiado en su equipo… La verdad es que no iban a por él; solo trataban de hacer su trabajo. Confiar en alguien implícitamente muestra un enorme respeto hacia esa persona.

Nueve de cada diez empleados dicen que el verdadero éxito tiene que ver con que confíen en ti y en que harás el trabajo. [15]

QUÉ HACER

- ✓ Comprueba tu capacidad para confiar en los demás. ¿Tiendes a regalar tu confianza o exiges pruebas de honradez antes de concederla?
- ✓ Prueba a confiar en tus empleados. Diles que confías en ellos, actúa como si confiaras en ellos y confía en ellos de *verdad*. Dales responsabilidades y luego deja que las lleven a la práctica.

Lo que es justo es justo

Los trabajadores con talento abandonarán a un jefe que perciban como injusto. En la mente de muchos, un tratamiento injusto se interpreta como falta de respeto. Comprueba tu manera de comunicarte y de actuar con los empleados. ¿Cómo ven tus decisiones y cambios? ¿Qué les parece justo o injusto? ¿Aceptas sus ideas y te importan sus reacciones? Si no es así, los perderás.

Haz siempre lo que está bien. Gratificará a la mayoría y asombrará al resto.

MARK TWAIN

¿Hay alguien en casa?

A veces, los jefes muy atareados parecen casi inaccesibles. A menos que el cielo se desplome (según su definición), es prácticamente imposible conseguir su atención. Un empleado quiere salir temprano el viernes para ir al partido de béisbol de su hijo y te lo pide el lunes anterior. Otro empleado necesita tu visto bueno para asistir a un congreso dentro de dos meses. La esposa de un tercero ha sido hospitalizada por una enfermedad que pone en peligro su vida. ¿Qué haces? Lo ideal es que respondas rápidamente en todos los casos.

Por desgracia, demasiados jefes atareados dicen al primer y segundo empleado que ya les comunicarán algo, pero no lo hacen. Los empleados sienten que no les dan ninguna importancia y que no los respetan y que tienen que incordiar para conseguir una respuesta u olvidarlo todo (algo que, en realidad, nunca hacen). ¿Y qué hace el jefe atareado respecto al tercer empleado? Con demasiada frecuencia, nada. Tratar a un empleado dignamente significa reconocer lo difícil y única que es esta situación.

Mi madre se estaba muriendo de cáncer y vivía a más de 1.500 kilómetros de distancia. En el trabajo, estaba hecha polvo, era incapaz de concentrarme y me sentía muy culpable por no estar con ella. Mi jefe me llamó a su despacho y me dijo que me tomara el tiempo que necesitara para ir y acompañar a mi madre en sus últimos días. Nunca lo olvidaré. Me sentí tan valorada y respetada por él que mi entrega a la organización aumentó muchísimo.

Secretaria de una firma de consultoría

QUÉ HACER

- ✓ Escucha los deseos y necesidades de tus empleados. Incluso unas preocupaciones que puedan parecerte pequeñas o insignificantes son claramente importantes para ellos.
- ✓ Responde a sus peticiones rápidamente. No esperes a que insistan e insistan.
- ✓ Sé consciente y toma medidas para ayudar a los empleados en sus momentos de necesidad. Te lo compensarán con creces.

CONCLUSIÓN

Respetar a los demás puede parecer muy fácil. Después de todo, solo se trata de una actitud, ¿no? Las actitudes y las opiniones son básicas para mostrar respeto y honrar a los demás. Pero también están la conducta y los actos. Comprueba tus opiniones sobre las diferencias y examina tus actos. Escucha a tus empleados, respóndeles y, en definitiva, trátalos con respeto y dignidad.

5

E. Enriquecer
Llena el puesto de energía

El trabajo se convirtió en pura monotonía.
Quiero decir, era bueno haciéndolo, mis clientes
estaban satisfechos, pero yo me aburría.

A. J.

¿Tu propio trabajo te dio un «electrocardiograma plano» alguna vez? ¿La sensación de reto se convirtió en una sensación de rutina? ¿Creías que faltaba algo? ¿Qué pasó con tu energía? En cualquier caso, ¿empezaste a preguntarte qué más había? ¿Empezaste a buscar?

Le puede pasar a cualquiera

Por desgracia, tus empleados más valiosos son los que con más probabilidad sufrirán esta sensación de descontento en su trabajo. Por definición, son listos, creativos, autónomos y llenos de energía. Necesitan un trabajo estimulante, oportunidades para responder a retos y para el crecimiento personal, y tienen interés en contribuir a la buena marcha de la organización.

Si los buenos trabajadores creen que tu compañía ya no les proporciona lo que necesitan, pueden decidir que se les ha quedado pequeña y pensarán en marcharse o, peor todavía, se desinteresarán del trabajo. Su alejamiento es más psicológico que físico. Se evidencia en el absentismo y en resultados mediocres. Estas personas se reservan su energía y esfuerzo, diciéndose: «Total, ¿para qué?».

En cualquier caso, tanto si se marchan como si desconectan, pierdes personas con talento que son vitales para el éxito de tu unidad y de tu compañía; es una pérdida que puedes evitar.

Lástima

Llevaba siete años haciendo el mismo trabajo cuando la organización decidió expandir el negocio en una nueva dirección. Fui a ver a mi jefe para decirle que me encantaría saber algo de las nuevas actividades de la empresa y quizás ampliar mis responsabilidades laborales. No estaba seguro de cómo encajaría todo, pero sabía que quería algo nuevo y apasionante en mi vida laboral cotidiana. Cuando le planteé el tema, me respondió, cortante: «El equipo que realizará este nuevo trabajo ya ha sido elegido. Necesitamos que tú sigas haciendo lo que estás haciendo». Nuestra conversación se acabó ahí. Me marché seis meses más tarde.

Perito de una compañía de seguros

Enriquécete rápidamente

Enriquecer un puesto de trabajo significa cambiar lo que tus empleados hacen (el contenido) o cómo lo hacen (el procedimiento). Este enriquecimiento estructura caminos para que los empleados encuentren el crecimiento, el estímulo y la renovación que buscan sin dejar sus puestos de trabajo ni sus empresas actuales.

Un trabajo enriquecido:

✓ Da a los empleados espacio para iniciar, crear y llevar a la práctica nuevas ideas.

✓ Favorece que se fijen y alcancen las metas personales y grupales.

✓ Permite que los empleados vean lo que han aportado a un producto o a un objetivo finales.

✓ Estimula a los empleados para que amplíen sus conocimientos y capacidades.

✓ Tiene un futuro más allá de sí mismo.

Un trabajo puede estar hecho tan perfectamente a medida de las metas y exigencias peculiares de un trabajador como un par de Levi's para el imperfecto físico de un cliente que los compra por la red.

DAVID ULRICH y DAVID STURM

Si ese enriquecimiento es tan beneficioso, ¿por qué no es una parte estándar de todos los trabajos? Una buena razón es esta: lo que enriquece a un empleado no es lo mismo que lo que enriquece a otro. Courtney, anonadada por la previsibilidad de su trabajo, ansía variedad en las tareas diarias. Marco, cansado de que le digan cómo elaborar los informes de sus auditorías, está dispuesto a enseñar a otro cómo hacerlos. Lindsey ve que sus programas de ordenador satisfacen las necesidades de sus superiores y ahora quiere que los utilice la compañía. ¿Cómo se personaliza el enriquecimiento del puesto de trabajo para cada persona y sus necesidades? Pregúntaselo.

VÉASE PREGUNTAR

QUÉ HACER

Prueba con estas seis preguntas para ayudar a tus empleados a buscar posibilidades de enriquecimiento:

- ✓ ¿Sabes en qué es importante tu trabajo para la compañía?
- ✓ ¿Qué conocimientos utilizas en tu trabajo? ¿Qué aptitudes tienes y no usas?
- ✓ ¿Qué encuentras estimulante en tu trabajo? ¿Gratificante?
- ✓ ¿En qué aspectos te gustaría tener más responsabilidad para tus tareas actuales?
- ✓ ¿Qué te gustaría estar haciendo en los próximos tres o cinco años?
- ✓ ¿En qué sentido querrías que cambiara tu trabajo?

La idea es ayudar a tus empleados a evaluar su trabajo y descubrir ideas para enriquecerlo. Estas ideas variarán y deben variar enormemente de un empleado a otro. Prepárate para peticiones y conversaciones centradas en estos puntos:

- ✓ Una mayor autonomía: oportunidades para dirigirse a sí mismo, responsabilidad para ser independiente y facultades discrecionales para determinar los procedimientos de trabajo.
- ✓ Recibir más reacciones de los clientes, compañeros y de ti mismo.
- ✓ Participar en las decisiones sobre los sistemas de trabajo antes de que queden grabados en piedra.
- ✓ Oportunidades para trabajar en equipo con personas de otros departamentos, así como del propio.
- ✓ Una mayor variedad de tareas.
- ✓ Más oportunidades para influir en la organización o en el trabajo de los compañeros.

✓ Estar en contacto con los clientes para averiguar cuáles son sus problemas y sus puntos de vista.

✓ Nuevos estímulos y un aprendizaje que vaya más allá de los niveles actuales.

Recuerda: se trata de un asunto importante y no es necesario discutirlo en una única conversación. No te sientas como si tuvieras que contar de antemano con todas las respuestas, y no consientas en convertirte en la persona que «lo arregla todo». Estas conversaciones deben ser de colaboración. Ambos necesitáis pensar de una forma creativa, necesaria para devolver el «jugo» al trabajo.

La tarea de aprendizaje. Un reto de enriquecimiento clave

¿Qué pasa si no los preparas... y se quedan?

Anónimo

Muchas personas sienten que su trabajo mejora cuando pueden aprender o mejorar sus conocimientos. Una vez identifiques una habilidad, introduce al empleado en este escalado de enriquecimiento del puesto de trabajo.

NIVEL 1. Observación consciente. Selecciona a un experto para que el empleado lo observe; alguien que haga una tarea excepcionalmente bien. Después del periodo de observación, habla con él de lo que ha observado, aprendido o cree que se podría hacer de una forma diferente. (Por ejemplo, haz que observe a alguien que sea un negociador fantástico.)

NIVEL 2. Participación selectiva. Da al empleado la posibilidad de desempeñar un papel bien definido, pero limitado, utilizando una nueva habilidad. Asegúrate de que tenga la oportunidad de mojarse, sin sentirse abrumado. (Por ejemplo, haz que prepare los comentarios iniciales en la negociación con el proveedor.) De nuevo, es esencial que, después, le ofrezcas tu opinión.

NIVEL 3. Responsabilidad clave. Dale a un empleado la responsabilidad principal de un proyecto que exija el uso completo de una nueva habilidad o competencia. Elige una tarea que ofrezca visibilidad y responsabilidad. (Por ejemplo, que lleve la negociación con el proveedor de principio a fin.) Ofrécele tu opinión al final del trabajo o pídele a alguien experto en este campo que lo haga. Intervén solo si es necesario.

Está en tus manos

A estas alturas puede que estés moviendo la cabeza y diciendo: «Genial, todos quieren un trabajo fascinante y más dinero». Frena. En tus manos tienes muchas posibilidades para enriquecer un puesto de trabajo. Veamos algunas técnicas que funcionan si logras adecuarlas a los deseos y necesidades individuales:

Véase Oportunidades

Lista de posibilidades de enriquecimiento

✓ *Formar equipos.* Los grupos de trabajo autodirigidos pueden tomar muchas de sus propias decisiones. Pueden redistribuir el trabajo, de forma que los componentes del equipo aprendan más, tengan una mayor variedad y sigan los proyectos hasta su terminación.

✓ *Tocar al cliente.* Por ejemplo, un cortafuegos de sistemas informáticos podría ser más efectivo conociendo las necesidades de personas y unidades reales que respondiendo solo a los problemas cuando se producen. Asigna un cortafuegos a un departamento y haz que sea responsable del sistema informático. Dale un cliente. Los clientes pueden estar fuera o dentro de la organización. Es asombrosa la cantidad de empleados que nunca ven a sus clientes.

✓ *Rotar las tareas.* Unas responsabilidades nuevas pueden hacer que un empleado se sienta estimulado y valorado. Puede adquirir nuevos conocimientos importantes que añadan profundidad al personal. ¿Los trabajos rotatorios te parecen un caos? Lanza la idea y deja que tus empleados propongan «quién» y «cómo»; te sorprenderá su capacidad para hacer que todo vaya sobre ruedas.

✓ *Aumentar la recogida de opiniones.* Haz algo más que revisiones anuales. Encuentra medios para crear oportunidades para que los compañeros y los clientes hagan una revisión. Los empleados quieren saber cómo lo están haciendo, y conocer continuamente las opiniones les permite ser sus propios agentes de control de calidad.

✓ *Establecer oportunidades de participación.* Los empleados están motivados cuando toman parte en decisiones que afectan a su trabajo, como las relativas al presupuesto y a la contratación, o en la manera de organizar el trabajo y el calendario. Al participar, los empleados pueden ver el cuadro completo y hacer una aportación que creen significativa.

✓ *Nutrir la creatividad.* La creatividad no explotada disminuye. Si los empleados piensan raras veces por sí mismos, pierden la capacidad de aportar sus mejores ideas. Sencillamente, hacen lo que se espera que hagan, sin motivación ni entrega. Puedes ayudarlos pidiendo y recompensando ideas creativas, dando a los empleados la libertad y los recursos para crear y ofreciéndoles el acicate de nuevos trabajos, tareas y aprendizaje.

✓ *Enseñar a alguien.* Enseñar a otra persona motiva a muchos. Si un empleado tiene un campo o especialidad particulares y disfruta transmitiendo ese conocimiento, aprovéchalo, estará encantado.

QUÉ HACER

Ofrece estas ideas de enriquecimiento a tus empleados. Pídeles que añadan más cosas a la lista y que sean específicos en cuanto a los objetivos de enriquecimiento que esperan alcanzar. Luego, haz que elijan dos o tres favoritos. Y antes de que se concentren en sus metas para las semanas o meses siguientes, asegúrate de que respondan el Cuestionario del Potencial de Rendimiento que viene a continuación. Mejor todavía, habla de las preguntas con ellos. Sus respuestas al cuestionario les ayudarán a decidir qué metas perseguir.

Cuestionario de Potencial de Rendimiento
Si eliges este objetivo de enriquecimiento...
✓ ¿Qué te aportará a ti?
- ¿Cómo aumentará tus conocimientos?
- ¿Cómo incrementará tu valor dentro de la organización y de la profesión?
- ¿Cómo acrecentará tu reputación como especialista o generalista?
- ¿Cómo te ayudará a ganar confianza y competencia en tu actual puesto?
- ¿Cómo ampliará tu red de contactos?
- ¿Cómo dará más sabor a tu vida diaria en el trabajo?
✓ ¿Qué aportará a tu grupo de trabajo?
- ¿Cómo te ayudará a trabajar con más eficacia con tu equipo actual?
- ¿Cómo aumentará/mejorará tu contribución a tu grupo de trabajo o departamento?

- ¿Cómo hará que su vida sea mejor, más fácil, más divertida?
- ✓ ¿Qué aportará a la organización?
- ¿Cómo aumentará tu valor para la organización?
- ¿Cómo contribuirá a la actual misión, estrategia o metas de la organización?
- ¿Cómo responde a una importante necesidad empresarial actual?

Nota: La sección «¿Qué te aportará a ti?» es la primera y más larga. Está hecho a propósito.

CONCLUSIÓN

Si ayudas a los empleados a enriquecer sus puestos de trabajo, puedes beneficiarlos a ellos, a su equipo y a toda la organización. Permanece alerta a las oportunidades de enriquecimiento para todos tus empleados. Aliéntalos a proponer medios de enriquecer sus propios trabajos. Observa los picos de su «electrocardiograma laboral».

6

F. Familia
Sé un amigo

Bueno, no es que fuera nada muy importante, pero ciertamente se sumó a todo lo demás. Hubo una vez que recuerdo claramente, cuando mi hija tenía un partido de fútbol y yo quería asistir. Mi jefe me dejó claro que no aprobaba que saliera del trabajo más temprano para verla jugar.

A. J.

¿Cómo va todo por casa? ¿Qué tal tus padres? ¿Cuándo fue la última vez que fuiste a almorzar con un miembro de la familia que necesita pasar más tiempo contigo? ¿Alguien en casa se queja de que no te ve lo suficiente?

¿De qué sirve una carrera de altos vuelos, si te hace sentir desdichado?
¿De qué sirve ser dueño de una casa preciosa, si nunca estás allí?
¿De qué sirve sentir pasión por una afición, si nunca tienes tiempo libre para dedicarte a ella? [16]

La gente deja el trabajo cuando unas normas laborales rígidas causan tensiones familiares insoportables. ¿Dejarían tu organización debido a conflictos entre el trabajo y la familia? Sí. En los últimos años, las revistas de negocios han derramado una gran cantidad de tinta sobre la importancia de crear una «cultura corporativa familiar amigable». Pero ¿qué significa realmente?

Los empleados piden un trabajo que les ayude a conciliar las exigencias laborales con las de su vida familiar, en lugar de obligarlos a elegir una de las dos. De hecho, un estudio reciente descubrió que el 56 % de empleados clasifican el equilibrio vida laboral/personal como el criterio clave para decidir incorporarse o no a una empresa o continuar en ella. La conciliación trabajo/familia ocupa el primer lugar como aspecto más importante entre los empleados de 20 a 30 años. [17] Hoy y desde ahora, las organizaciones que no lleven a cabo prácticas amigables con la familia tendrán, definitivamente, más dificultades para encontrar y conservar buenos empleados.

Los empleados con talento no tienen que ir muy lejos para encontrar empresas que ofrezcan beneficios sociales y faciliten cosas como las siguientes:

✓ Instalaciones y subsidios para el cuidado de los niños.
✓ Horarios de trabajo flexibles.
✓ Trabajo compartido.
✓ Trabajo a distancia.
✓ Ayuda para el cuidado de los mayores (por ejemplo, programas de envío a especialistas).
✓ Programas de permisos por maternidad o paternidad amplios y creativos.

Estas empresas inteligentes ofrecen a sus empleados con talento flexibilidad en cómo trabajan, cuándo trabajan y, con frecuencia, dónde trabajan. Permiten que cumplan con sus responsabilidades personales mientras continúan siendo productivos en el trabajo.

Si tu organización tiene ya instauradas estas políticas y prestaciones, estupendo. Pero si no es así, tienes dos alternativas: una es buscar puntos de referencia. Entérate de lo que ofrecen otras organizaciones y luego ve a ver a tu jefe (y/o al departamento de Recursos Humanos) con información y propuestas. Mira a ver si puedes hacer que adopten algunas de estas ideas. Tanto si eliges esta opción como si no lo haces, siempre puedes escoger la más urgente: conviértete en un jefe más amable con la familia. Empieza siendo el modelo de las actitudes que esperas ver. Cuando Dave Goebel se convirtió en consejero general de Applebee's International, informó a su plana mayor de que no empezaría ninguna reunión antes de las 9.00 h de la mañana, porque todas las mañanas daba un paseo con su esposa. Enviaba un mensaje claro a su equipo de dirección, diciéndoles que es aceptable, incluso deseable, conciliar la familia y los objetivos del negocio. [18]

Hay muchas cosas que puedes hacer para favorecer la vida de tus empleados fuera del trabajo. El resultado será colaboradores más entregados, que es menos probable que pierdas.

¿Qué significa la familia y qué quiere?

¿A qué nos referimos cuando hablamos de *familia*? Puede que algunos imaginéis inmediatamente unos niños pequeños, un papá y una mamá. Otros veréis una pareja de recién casados, un miembro de la generación X y su perro, o un hombre soltero que cuida de su padre anciano. (En Estados Unidos, hay veintitrés millones de personas que proporcionan cuidados de larga duración a un pariente o ser querido anciano.) [19]

Una carta al director de la revista Inc. decía: «He leído con un gran interés el artículo sobre los beneficios de la atención diurna en la empresa. Inc. podría seguir con otro artículo titulado: ¿Puedo traer a mis padres?». Todo lo que es válido para los hijos lo es también para el cuidado de los mayores. La próxima crisis entre los empleados vendrá de los hijos adultos que tienen que cuidar de sus parientes ancianos.

Bruce Hurwitz, Ph. D.

Una encuesta realizada entre empresas de Estados Unidos por MetLife [...] indicaba una pérdida de productividad debido a la rotación de personal, los días perdidos y un menor volumen de trabajo relacionados con el cuidado de los ancianos. Es hora de prepararse, ya.

'Inc., agosto de 2004

Una única estrategia favorable a la familia no satisfará las necesidades individuales de todos estos empleados. Es fundamental considerar los diferentes tipos de familia que hay en tu grupo y, a continuación, pensar (y discutir) qué planteamientos darán mejor resultado para cada uno de ellos. Recuerda: la manera más acertada de conseguir esta información de forma rápida es, sencillamente, preguntarles a ellos.

Véase Preguntar

QUÉ HACER

Haz a tus empleados preguntas como esta: «¿Qué te haría la vida más fácil?». En sus respuestas, busca esas pequeñas cosas que tú, su jefe, podrías hacer para ayudar. Reúnete con ellos para recabar ideas y crear soluciones innovadoras para sus problemas laborales/familiares.

Sé flexible

Puede que te sientas limitado porque en tu organización no hay programas o medidas corporativas de conciliación con la vida familiar. Sin embargo, tienes unas enormes oportunidades de favorecer la vida familiar de tu propio grupo de trabajo. Lo que haces (o dejas de hacer) como jefe puede significar muchísimo para tus empleados, cuando intentan conciliar familia y trabajo. Y gran parte de lo que puedes hacer como jefe te cuesta y le cuesta a tu organización muy poco o nada.

Lástima

Ernie se sentía frustrado y exhausto al tratar de conciliar su trabajo y su vida familiar. Su esposa también trabajaba y tenían una niña de seis meses. Ernie quería compartir el cuidado de su hija con su esposa, así que empezó a hacer su horario de trabajo un poco más flexible para poder recoger a la pequeña en la guardería o llevarla al médico. Su productividad y la calidad de su trabajo seguían siendo altas, pero trabajaba menos horas (habían bajado de 55 a 45 a la semana) y sus horarios parecían un poco erráticos. El jefe le dijo que tenía que volver a su horario anterior... y se acabó. Aunque Ernie trató de explicarle sus necesidades, el jefe no tenía tiempo ni estaba dispuesto a ser tolerante. Al cabo de dos meses, Ernie había encontrado otro empleo, que contaba con una actitud favorable a la familia y un jefe que le permitía flexibilidad en su horario de trabajo.

El jefe de Ernie perdió un empleado valioso, que quizá le resultara muy difícil sustituir, porque no se tomó el tiempo para escucharlo y buscar con él una solución laboral que tuviera en cuenta a la familia. La rigidez le costó mucho. Piensa de forma flexible la próxima vez que alguien te pida un horario de trabajo diferente o tiempo libre para ayudar a su cónyuge, a sus padres o a un amigo. Piensa en el coste real de decir sí. ¿Sufrirá la productividad? ¿Establecerás un precedente peligroso? ¿Ese empleado empezará a aprovecharse de ti? Es más probable que tus empleados aplaudan (quizás en silencio) tu actitud abierta y tu voluntad de ayudar a alguien valioso en unos momentos en que lo necesitaba. Recuerda que tienes que establecer unas expectativas claras en cuanto a los resultados de tus empleados y hacer que las cumplan. Entonces tendrás espacio para ser flexible cuando importe.

Implícate

Otra manera de apoyar a la familia es, sencillamente, ofrecer a tus empleados una lista de servicios y sitios web que puedan ayudarlos a satisfacer sus necesidades cotidianas. Hay sitios que proporcionan de todo, desde servicios de conserjería y paseo de perros hasta canguros.

SitterCity.com está entre el puñado de sitios web de más rápido crecimiento que solucionan uno de los problemas más irritantes para los padres: encontrar un buen canguro. Estos sitios funcionan de forma muy parecida a Match.com, un sitio de citas, y publican perfiles de miles de canguros, seleccionados por lugares, para que los padres se pongan en contacto con ellos, después de pagar una cuota. A partir de ahí ya es caveat emptor (responsabilidad del comprador) y la selección queda en manos de los padres. El acceso a docenas de nombres ofrece muchísimos servicios nuevos a los padres. [20]

Estos son otros sitios útiles que ayudan a la familia:

✓ www.eldercare.com
✓ www.dogwalkersrus.com (solo en Canadá)
✓ www.dogwalkers.com (solo en Estados Unidos)
✓ www.conciergeservices.com
✓ www.simonsaysconcierge.com
✓ www.clubztutoring.com
✓ www.pchefnet.com (directorio personal de chefs)

Piensa en maneras de que tus empleados puedan compartir entre ellos sus sistemas locales de apoyo. Con frecuencia, son servicios que ya se usan, pero no hay ningún foro dentro de la organización para compartirlos con los demás. ¡Sé el primero!

Presta tu apoyo

Algunos jefes creen erróneamente que deben mantenerse apartados de forma clara de la vida personal de sus empleados, pero tienes mucho más que ganar mostrando interés por su vida fuera del trabajo.

> *Estaba muy entusiasmado porque mi hija debutaba como cantante en el instituto. Había tomado lecciones de vocalización, había cultivado una voz fuerte y bonita, y aquel día era su oportunidad para exhibirla. Iba a cantar el himno nacional (sin acompañamiento) en la reunión de toda la escuela, a la una de la tarde. Mi jefe compartía mi entusiasmo y me dijo: «No hay problema» cuando le pregunté si podía ir a verla. Pero ahora viene lo mejor. Cuando volví, con mi cinta de vídeo en la mano, me preguntó cómo había ido y me pidió que le dejara visionar la cinta. Fue algo pequeño, pero significó mucho para mí. Le enseñé con orgullo la cinta y sonreí de oreja a oreja cuando él elogió a mi hija. Aquel día, me demostró su apoyo de muchas maneras.*
>
> Recepcionista, empresa industrial

Sabemos de jefes que se involucran de maneras diversas y apropiadas. Cuando leas estos planteamientos, piensa en cuáles podrían ir bien para ti y tus empleados:

✓ Permitir que los hijos de los empleados acudan al trabajo con ellos, de vez en cuando, en general para celebrar una ocasión especial o por alguna necesidad especial.

✓ Ir a la casa de una empleada para acompañarla a ella y a su familia cuando ha muerto alguien en la familia.

✓ Acompañar a los empleados a los partidos y recitales de sus hijos.

✓ Invitar a un empleado o empleada y a sus padres, parientes o hijos a almorzar.

✓ Permitir que entren animales de compañía bien adiestrados al lugar de trabajo. (Lo creas o no, hay un sitio web, www.dogfriendly.com, dedicado a lugares de trabajo con políticas amigables con las mascotas.)

✓ Quedarte en el trabajo después de la jornada laboral para ayudar a los empleados a hacer trajes de Halloween para sus hijos.

✓ Buscar opciones de cuidado a los ancianos para un empleado que necesita ayuda con sus padres.

✓ Enviar tarjetas de felicitación o pasteles de cumpleaños a los miembros de la familia de los empleados.

✓ Instalar zonas especiales de recursos y correo electrónico en la intranet de la compañía para los hijos de los empleados.

✓ Ofrecer recursos (el abogado de la empresa) para un empleado que tiene problemas con la compañía de seguros de enfermedad.

Aquí tienes un ejemplo de cómo mostrar realmente tu apoyo:

Cuando me preguntan por qué permanecí en mi empresa durante 27 años, les cuento esta historia: Cuando estaba embarazada de mi primer hijo —que ahora tiene 24 años— tuve problemas con el embarazo y tuve que guardar cama. Al cabo de dos semanas, ya no podía soportarlo más y volví al trabajo. El presidente de la compañía me llamó a su despacho y me dijo: «No permitiré que vayas y vengas en el metro». Cada mañana enviaba su coche a recogerme y cada noche me llevaba a casa. Entonces me convertí en empleada de la organización para toda la vida.

Presidenta y consejera delegada
de una agencia de publicidad

Sé creativo

«Aquí no lo hemos hecho nunca». «Las normas no lo admiten». «En buen lío me metería con mi jefe, si lo permitiera». Se trata de excusas corrientes entre jefes que no conocen su auténtico poder o que tienen miedo de poner a prueba los límites de las normas favorables (o no favorables) con la familia. Por supuesto, hay restricciones y directrices en la mayoría de las organizaciones. Y hay que jugar según esas reglas hasta cierto punto. Pero, con frecuencia, compensa actuar de forma creativa por el bien de tus empleados y de sus necesidades. El trabajo compartido es solo un ejemplo de una solución creativa para una situación conflictiva.

VÉASE CUESTIONAR

En esta organización no había nada parecido a compartir un puesto de trabajo. Tenemos una larga historia y unas normas consolidadas. Después del nacimiento de nuestros hijos, otra jefa y yo decidimos ir a ver a nuestro superior y preguntarle qué posibilidades había de que compartiéramos un único puesto. Era un trabajo de alto nivel y fundamental para la organización, así que, al principio, hubo una tremenda preocupación respecto incluso a probarlo. Pero nuestro jefe corrió el riesgo y consiguió la aprobación para un periodo de prueba de seis meses. Eso fue hace 12 años y, desde entonces, hemos compartido el trabajo eficazmente. La creatividad y la flexibilidad de nuestro jefe nos permitió que las dos conciliáramos la familia y el trabajo. Nos

sentimos enormemente agradecidas y somos unas emplea-
das leales.

Jefa de servicios públicos

QUÉ HACER

Aquí recogemos otras estrategias y soluciones que se les han ocurrido a los jefes en colaboración con sus empleados. ¿Cuáles podrían funcionar en tu caso?

- ✓ Si los empleados deben viajar los fines de semana, ofréceles algo a cambio; por ejemplo, un tiempo de compensación durante la semana o permiso para que los miembros de la familia viajen con el empleado.
- ✓ Cuando tus empleados viajen a zonas donde tienen familia o amigos, permíteles que pasen un tiempo extra con esas personas al principio o al final del viaje.
- ✓ Si la política de la compañía prohíbe absolutamente que se lleven animales de compañía al trabajo, considera la posibilidad de hacer un pícnic en un parque donde estos miembros peludos de la familia sean bienvenidos.
- ✓ Da a tus empleados un día libre «flotante» al año para que lo usen en una ocasión especial. U ofréceles que se vayan a casa más temprano en su cumpleaños o en algún aniversario.
- ✓ Celebra una fiesta para tu equipo y sus familias. Invita a los hijos (o contrata canguros para los más pequeños) e id a tomar una pizza todos juntos.
- ✓ Cuando un empleado te pregunte si puede trabajar desde casa, estudia la posibilidad de verdad. ¿Qué ventajas tiene? ¿Y desventajas? Sé creativo sobre cómo podría hacerse para beneficiar tanto al empleado como a tu equipo.
- ✓ Considera la posibilidad de ofrecer una subvención a tus empleados para los costes del servicio de Internet en casa. El

gasto mensual de Internet es pequeño comparado con la productividad que conseguirás a cambio. Esto también les permitirá trabajar con eficacia desde casa.

La mejor clase de creatividad es en colaboración. Celebra reuniones para intercambiar y elaborar una lista de ideas *con tus empleados*, y muéstrate continuamente abierto a nuevas e innovadoras maneras de conciliar la familia y el trabajo. Adapta y personaliza tus estrategias según las necesidades de los empleados.

Las compañías que, en un tiempo, daban por sentado que sus empleados se entregarían exclusivamente a aumentar los beneficios y la productividad han adaptado su punto de vista (y su declaración de objetivos) para dar cabida a los deseos y determinación de los empleados que quieren tener éxito no solo en su trabajo, sino también en casa. El equilibrio ha empezado a sustituir a la obsesión como el valor que impulsa a la mayoría de las compañías y de las personas. [21]

CONCLUSIÓN

Los buenos empleados se marchan de los lugares de trabajo que no tienen en cuenta a la familia.

¿Algunas de estas ideas te parecen extremas? Te aconsejamos que hables con el reclutador de la compañía sobre las opciones que algunas empresas están incluyendo en sus paquetes de contratación. Si tu definición de prácticas amigables con la familia es permitir que tus empleados acepten una llamada telefónica de vez en cuando, es hora de que averigües qué está pasando por ahí. Hay compensaciones positivas para tus esfuerzos, incluyendo una lealtad mayor, ahorro de dinero y la ventaja competitiva que unos empleados leales y entregados te ofrecerán. Conviértete en un jefe amigable con la familia y conserva a tus empleados valiosos en tu equipo.

7

G. Objetivos
Amplía las opciones

El único camino que veía en mi carrera era hacia arriba,
y arriba no había mucha oferta. Me sentía atascado.

A. J.

¿Se te hace un nudo en el estómago cuando un empleado valioso empieza una conversación con una de estas frases?

- ✓ Me gustaría hablar contigo de mi carrera.
- ✓ Querría entender, realmente, qué opciones profesionales tengo.
- ✓ Me interesa hablar de mi siguiente paso.
- ✓ No comprendo por qué él consiguió ese ascenso. Pensaba que yo...
- ✓ Solo me siento valorado con un ascenso.

¿Notas el nudo? Es comprensible. Valoras a los empleados con una magnífica capacidad que ya dominan su actual trabajo y quieren más. Quizá reciban ofertas de empleo. Quieren una oportunidad para dirigir un proyecto. Están en tu despacho, han acudido a ti para tener una conversación muy necesaria y muy merecida sobre su ascenso en la organización. Tú quieres conservarlos. Y «arriba» no hay mucha oferta.

Puede que pierdas a algunos de ellos. No obstante, nuestros veinte años de investigación revelan que no todos los que dicen que quieren un ascenso se marcharán si no lo consiguen. Pero sí que *se marcharán* (física o psicológicamente) si no se sienten estimulados, si no prosperan ni tienen nuevas experiencias.

Avanzar en lugar de ascender

¿Y si tus empleados empezaran a pensar en otras maneras de cambiar? ¿Y si cada cambio fuera un estímulo y una recompensa? ¿Y si pudieran avanzar en lugar de ascender?

A veces, se puede evitar la rotación de personal ayudando a tus empleados a identificar metas profesionales diversas. Si ven que puedes respaldar varias alternativas viables, verán que tienen un futuro dentro de tu organización.

La persona acertada, el lugar acertado, el momento acertado

Los profesionales de Recursos Humanos repiten esta frase con frecuencia. Nunca ha sido fácil conseguirlo. Pero se puede considerar otro aspecto: ¿Y si hubiera más lugares *acertados*? ¿No habría más momentos *acertados* para todas esas personas *acertadas*?

Pensamos que hay cinco posibles caminos, además del camino hacia arriba. También creemos que, cuanto más específico seas en la descripción de esos cambios, menos probable es que tus empleados valiosos crean que todo es mejor *en casa del vecino*. Considera la posibilidad de hablar con tus empleados sobre movimientos en varias direcciones.

Posibles opciones profesionales

✓ Enriquecimiento: crecer en el mismo sitio.

✓ Movimiento lateral: desplazarse horizontalmente o a través.

✓ Exploración: cambios temporales destinados a investigar otras opciones.

✓ Realineamiento: descender para abrir nuevas oportunidades.

✓ Reubicación: pasar a otra organización.

Véase Carrera

Si has observado que cuatro de estas opciones (todas menos el enriquecimiento) aumentan las posibilidades de que tus empleados con talento se alejen de ti, tienes razón. Si esto te pone nervioso, estás con la mayoría. Si has forjado un equipo sólido que funciona bien, no querrás perder personas clave en beneficio de otros jefes y otros departamentos de la organización. Algunos jefes tienen tanto miedo que acaparan a sus empleados con talento, sin exponerlos a otras oportunidades. Irónicamente, les sale el tiro por la culata y algunos de los mejores se marchan… a menudo a la competencia.

Entonces, ¿por qué debes ayudar a tus mejores empleados a ampliar sus opciones, aunque esto signifique que dejen tu equipo? Veamos algunas posibilidades:

✓ A la gente le gusta trabajar para alguien que se interesa lo suficiente como para ayudarlos en su carrera. En realidad, se quedarán un poco más con un jefe con una mentalidad favorable a su desarrollo.

✓ Tus esfuerzos podrían lograr que empleados valiosos se quedaran en la empresa y apartarlos de la competencia.

✓ Te ganarás la fama de ser un jefe que se interesa por los empleados y por su desarrollo. Esta fama atraerá a otras personas valiosas hacia ti.

✓ Puede que consigas una satisfacción personal al ayudar a otros a evolucionar.

Enriquecimiento

Probablemente, esta es la opción más importante de la que hay que hablar, pero también es una de las más descuidadas. La mayoría de personas parece pensar que necesita dejar su puesto actual para crecer. Esto nunca ha sido menos cierto. La mayor parte del trabajo de tus empleados cambia constantemente. El enriquecimiento significa que los empleados expanden el puesto, perfeccionan sus conocimientos o profundizan en campos que realmente les gustan. Tú puedes ayudarlos.

VÉASE ENRIQUECER

Esta es la cuestión crucial sobre la que tú (y ellos) debéis reflexionar: ¿Qué puede hacer un empleado, o aprender a hacer, que infundirá vigor a su trabajo y lo acercará a alcanzar sus objetivos y las metas de la organización?

Trabajaba para una jefa estupenda como directora de proyectos, pero sabía (y ella realmente también) que yo podía hacer más. Tenía unas aptitudes artísticas extraordinarias (aunque me esté mal decirlo), y mi jefa hizo algo al respecto. Me envió a una escuela y ha utilizado mis nuevos conocimientos en su empresa. ¡Estoy encantada!

Directora de proyectos

Asegúrate de que tus empleados comprenden que unos objetivos de enriquecimiento pueden prepararlos para futuros cambios y aumentar sus habilidades.

QUÉ HACER

Para tener una pista de las posibles oportunidades de enriquecimiento, haz a tus empleados las siguientes preguntas:

✓ ¿Qué es lo que más te gusta de tu trabajo?

✓ ¿Qué se podría añadir a tu puesto para que fuera más satisfactorio?

✓ ¿Qué tareas te harían avanzar más en tu actual puesto?

✓ ¿Cuál de tus tareas actuales es la más rutinaria?

Movimiento lateral

Hasta hace poco, un desplazamiento lateral significaba que tu carrera iba de cabeza a un callejón sin salida. Hoy ya no es así. Estos desplazamientos ofrecen una amplitud de experiencia muy necesaria y, con frecuencia, son fundamentales para alcanzar los objetivos de una carrera profesional.

Como IBM opera en distintos segmentos, los empleados que entran en la empresa tienen flexibilidad para moverse de una división a otra. Así tenemos empleados que han pasado de IBM Daksh a los laboratorios de investigación o a nuestra división de servicios globales de tecnología. Y esto sucede en los niveles medios y también en los altos. Alentamos a los empleados de gran rendimiento a pasar de una unidad de negocio a otra cada dos o tres años y esto impide que su carrera se estanque. [22]

Dar un paso lateral debe significar aplicar la experiencia actual a un nuevo puesto del mismo nivel, pero con diferentes deberes y retos. Ayuda a los empleados a ver que esos desplazamientos laterales pueden mejorar sus capacidades o trasladarlos de una función de crecimiento lento a una parte en expansión dentro de la organización. Cuando tengáis esta conversación, asegúrate de que comprendan que no tratas de librarte de ellos, sino que quieres retener su talento para la organización.

QUÉ HACER

Estimula ideas sobre posibles desplazamientos laterales; pregunta a tus empleados:

- ✓ ¿Cuáles de tus capacidades se pueden aplicar fuera de tu actual puesto y departamento?
- ✓ Si hicieras un desplazamiento lateral, ¿qué oportunidades profesionales te ofrecería a largo plazo?
- ✓ ¿Qué tres aptitudes son más fácilmente transferibles a otros departamentos?
- ✓ ¿Qué otros departamentos te interesan?

Exploración

Es algo que pasa. Alcanzamos una etapa en nuestra carrera en la que no estamos seguros de qué queremos, qué opciones hay disponibles o incluso qué es apropiado. Necesitamos información para decidir si el césped es más verde en algún otro sitio. Alienta a tus empleados a considerar opciones como estas:

- ✓ Aceptar tareas de corta duración en otros departamentos.
- ✓ Participar en equipos formados, para un proyecto, con personas de otros departamentos.
- ✓ Programar entrevistas de información. (Se trata de entrevistas con personas cuyo trabajo tu empleado *cree* que quiere.)

Dar la oportunidad de explorar otros equipos a una persona con talento cuyos conocimientos necesitas no es fácil. Pero es menos probable que tus empleados no se sientan atrapados en sus actuales puestos cuando tienen otras opciones. Quizá descubran que el césped del vecino no es más verde.

Véase Oportunidades

QUÉ HACER

Para recoger algunas ideas de exploración, plantea a tus empleados las siguientes preguntas:

- ✓ ¿Qué otros sectores de la empresa te interesan?
- ✓ Si pudieras empezar de nuevo en tu carrera, ¿qué harías de una manera diferente?
- ✓ ¿De qué trabajo querrías saber más cosas?
- ✓ ¿Cuáles de los equipos de trabajo actuales de nuestra organización te interesan?
- ✓ ¿Cuáles podrían darte la mejor visión de otra parte de esta organización?

Realineamiento

En el mundo de «el único camino es hacia arriba», es probable que la idea de descender ocupara el último lugar en la lista de opciones de cualquiera. Pero, a veces, el camino entraña dar un paso atrás para lograr una posición mejor para la siguiente jugada. Realinearse puede aliviar el estrés laboral o permitir un regreso elegante a un cometido de colaboración individual.

Lástima

Un excelente técnico fue promocionado a jefe. Al principio, le gustaba el trabajo. Seguía habiendo algunos componentes técnicos y dirigía a otros colaboradores brillantes. Pero, con el tiempo, fue pasando cada vez más a dirigir a los otros, buscar maneras de conseguir más trabajo para la unidad y librar batallas administrativas. Sentía que había cometido un error y ansiaba volver a un puesto técnico. Su puesto anterior se le había quedado pequeño, pero le gustaría hacer algo con el nuevo grupo de hardware. Fue a ver a su jefe para reconocer su error y pedir que lo trasladara. Este se resistió y le propuso que esperara un poco más o que se matriculara en un curso de formación para mejorar sus conocimientos de gestión. Pero lo que hizo, en cambio, fue solicitar y lograr un trabajo que era precisamente lo que quería, pero con un competidor.

Esta compañía perdió a una persona con talento, porque ni él ni su jefe hablaron del realineamiento.

QUÉ HACER

Cuando consideres que el realineamiento es una opción, plantea estas preguntas:

✓ Si aceptas un trabajo en otro campo, ¿cuáles serán las nuevas oportunidades para crecer y evolucionar?
✓ ¿Estás dispuesto a aceptar un salario igual o más bajo para empezar de nuevo en otro campo?
✓ ¿Cómo podría una nueva posición permitirte usar las aptitudes que te gustan?
✓ ¿Echas de menos el trabajo técnico, práctico, que solías hacer?

Reubicación

¿Para qué mencionar siquiera la reubicación cuando hablamos de retener a los empleados? ¿Por qué no decimos que significa un traslado a otro grupo dentro de tu propia organización? La respuesta es porque no es así. Reubicar significa que has pensado en todas las opciones y comprendido que la mejor decisión profesional para este empleado es buscar en otro sitio. Esto puede suceder cuando se presenta alguna de las siguientes situaciones:

✓ Las aptitudes, intereses y valores de un empleado no encajan en su trabajo.

✓ Las metas profesionales de un empleado no son realistas en vuestra organización.

✓ Un empleado está entregado a perseguir intereses empresariales.

✓ Los conocimientos técnicos de un empleado están subvalorados en la organización.

Entonces, ¿en qué medida es la reubicación un vehículo de retención? La verdad es que la mayoría de los empleados que ha tenido este tipo de conversación franca con sus propios jefes se marcha. Con frecuencia, acaban siendo los mejores embajadores de la organización después de dejarla.

Algo que he aprendido de las estrellas perdidas es que, a menudo, descubren que el césped no es más verde fuera. Vuelven. Algunas organizaciones envían postales a esos empleados a los seis meses de su partida para decirles que la puerta sigue abierta.

Es importante plantear la cuestión de la reubicación después de que hayas ayudado a tu empleado a buscar su propio mercado laboral interno o si ambos creéis que la actual organización no es el lugar adecuado.

QUÉ HACER

Al considerar la reubicación como opción, haz estas preguntas:

✓ ¿Conoces a alguien que haya dejado esta empresa y se haya ido a otro sitio? ¿Cómo son sus experiencias? ¿Puedes hablar con esas personas antes de decidir qué hacer?

✓ ¿Qué hay en esta compañía que te hace buscar fuera? ¿En qué ha cambiado? ¿Cómo te afecta ese cambio?

✓ Si te marchas, ¿cuáles son tus oportunidades profesionales a largo plazo en otra organización?

Cuando el único camino es hacia arriba

A veces, ascender es el único camino. Sí, el avance vertical por el escalafón corporativo es el movimiento clásico. Tu labor es identificar y comunicar qué podrían incluir las opciones verticales de un empleado con talento. Por supuesto, el ascenso es más probable cuando las aptitudes de un empleado encajan en las necesidades de la organización. Debes interpretar la dirección estratégica de la empresa para tus empleados de forma que puedan seleccionar tareas que los preparen para los próximos cambios y aperturas. Desde luego, la excelencia técnica y la habilidad política son, ambas, críticas para alcanzar ese nuevo peldaño. Las personas con talento necesitan conocer las reacciones de inmediato y prepararse continuamente para alcanzar sus metas de ascenso profesional. Cuando hables de ello, recuerda a tus empleados la importancia que tiene usar su actual empleo (enriquecimiento) para prepararse para un ascenso y hablar con los demás que están en la posición deseada para comprender mejor todos los aspectos del trabajo.

QUÉ HACER

Cuando hables de posibles ascensos con tus empleados, hazles preguntas como estas:

- ✓ ¿Quiénes son tus rivales para ese siguiente puesto? ¿Qué puntos fuertes y débiles tienen?
- ✓ ¿Qué tal han sido tus resultados en el trabajo durante el año pasado? ¿Cómo te han preparado para dar el siguiente paso?
- ✓ ¿Por qué la compañía debería ascenderte? ¿Qué beneficio obtendría?
- ✓ ¿Qué satisfacciones y qué dolores de cabeza podrían llegar con este ascenso?

Cuantas más opciones, mejor

Considera...	Si el empleado...
Lateral	Quiere conseguir experiencia o conocimientos en nuevos campos.
	Quiere utilizar sus aptitudes en un campo de crecimiento más rápido o con personas nuevas.
Enriquecimiento	Quiere encajar mejor en el puesto.
	Quiere un cambio de ritmo.
	Quiere utilizar nuevos conocimientos o recuperar otros antiguos.
Vertical	Quiere más responsabilidad y autoridad.
Exploración	No está seguro de qué más hacer o a qué otro lugar ir.
Realineamiento	Quiere aliviar el estrés laboral.
	Quiere volver a un trabajo técnico, dejando la gestión.
	Quiere entrar en un nuevo camino profesional.
Reubicación	No puede encontrar un trabajo que le vaya bien.

Ajústate a la realidad

Una vez que hayáis hablado de las opciones, es importante que veáis si la meta elegida es realista. Si no lo es, puede hacer que muchos pierdan la fidelidad y la confianza, y las opciones externas parezcan más atractivas.

Para comprobar si una meta es...	Pregunta al empleado...
Específica	• ¿Los demás entienden tu meta de la misma manera que tú? ¿Cómo lo sabes?
	• ¿Puedes aclararla más?
	• ¿Has especificado el tipo de trabajo, organización o función?

Alcanzable	• ¿Por qué la ves como el siguiente paso lógico para ti?
	• ¿Qué clase de competencia esperas?
	• ¿Tienes las cualificaciones necesarias?
	• ¿Hay pasos que puedas dar para aumentar tu preparación?
Realista	• ¿Esta meta es coherente con tu actual posición, conocimientos y aptitudes?
	• ¿Esta meta apoya tus valores actuales y tus intereses futuros?
	• ¿Esta meta es coherente con el ambiente de la organización?
	• ¿Cómo apoya esta meta las futuras necesidades de la organización?
Ligada al momento	• ¿El momento es realista
	• dada la frecuencia de las ofertas?
	• dado el tiempo que necesitarás para conseguir los conocimientos necesarios?
	• dado el tiempo que llevas en tu actual puesto?

CONCLUSIÓN

Con frecuencia, ayudar a los empleados a alcanzar sus objetivos significa ayudarlos a sopesar otros pasos en los que quizá no han pensado seriamente hasta ahora. Hazles preguntas clave para ayudarlos a ver qué podrían ganar probando con algo que no es un simple paso hacia arriba. Podrían surgir opciones que no habían considerado previamente. Cuantas más opciones puedas ofrecerles, más aumentarán las posibilidades de que la organización conserve a ese empleado. Y, al hacerlo, adquirirás una buena reputación como alguien que favorece el desarrollo personal.

8

H. Contratar

Encajar es lo importante

Contratamos deprisa y corriendo y no pensamos en cómo encajarían los nuevos empleados en el resto del equipo. Acabó perjudicándonos a todos.

A. J.

Consigue que formen parte de la organización las personas adecuadas y aumentarás las posibilidades de conservarlas. Como jefe, tú eres quien tienes las ideas más claras sobre quién «encajará» en tu departamento. Parece lógico, ¿no? Sin embargo, algunos jefes ven la selección como una parte menos importante de su trabajo. Dedican poco tiempo a identificar los factores críticos del éxito de un puesto, a preparar y llevar a cabo entrevistas bien hechas basadas en esos factores y, finalmente, a evaluar y comparar los perfiles de los candidatos antes de tomar una decisión. Incluso delegan buena parte del proceso de contratación a Recursos Humanos, en lugar de involucrarse.

De hecho, contratar es una de las tareas más importantes que tienes como jefe y la desempeñarás con mucha más frecuencia cuando los *baby boomers* (la generación más numerosa de la fuerza laboral) empiecen a dejar el trabajo y tengas que encontrar a quienes los sustituyan. Contratar es un aspecto fundamental para la retención. Además, no acaba con la oferta de un puesto. Hoy, volver a reclutar a tus mejores empleados es tan crucial como contratarlos la primera vez.

¿Qué es lo idóneo?

¿Cómo sabes que un candidato encajará? ¿Cómo lo mides, controlas tu parcialidad y tomas unas decisiones más objetivas al contratar? A continuación tienes unas ideas para empezar.

Cómo medir la idoneidad

Cuando las aptitudes e intereses de alguien encajan en los requisitos del puesto y sus valores fundamentales son coherentes con los de la organización, has conseguido a la persona «idónea».

Southwest Airlines busca la idoneidad, en especial respecto a la cultura de la compañía. Un piloto nos contó su entrevista y el proceso de selección. Había oído decir que [los jefes] en Southwest «contratan por la actitud y dan formación para desarrollar las capacidades». Ciertamente, las entrevistas que realizaron con él respaldan este rumor. A lo largo de múltiples reuniones, comprendió que los entrevistadores parecían más interesados en averiguar quién era como persona que en el hecho de que tuviera un historial estelar en la aviación, que debería haberlo convertido en una elección obvia. Sondearon las actitudes, opiniones y conductas que les darían la clave de cómo trataría a los compañeros o a los auxiliares de vuelo, cómo se enfrentaría a los conflictos en el trabajo y qué era lo que más le importaba.

Durante una serie de entrevistas, los jefes de Southwest pusieron a prueba su sentido del humor de muchas maneras, y comprendió claramente que buscaban, en realidad, un ajuste idóneo entre la forma en que se hace el trabajo en Southwest Airlines y su personalidad.

¿Por qué le importa a Southwest el sentido del humor de un empleado, en especial de un piloto? Porque, entre los valores de Southwest, está ofrecer un «servicio desternillante al cliente» y «divertirse» en el trabajo. «Encajar» significa igualmente alinear los requisitos del puesto y las aptitudes e intereses del candidato. ¿Cuántas veces has visto que los empleados se iban (por decisión propia o porque los empujaban) sencillamente porque no tenían las aptitudes o los intereses adecuados? ¿Cómo es que el jefe que los contrató no se dio cuenta del problema desde el principio? ¿Cómo puedes evitar ese caro error? Haz tus deberes, prepárate y ten claro lo que quieres y necesitas.

QUÉ HACER

- ✓ *Analiza el puesto.* Recaba información para aclarar qué tareas, rasgos y estilo se requieren. Luego, prepara preguntas para la entrevista que te ayuden a decidir si la persona tiene esas aptitudes o características. (Mira el caso práctico de la próxima sección.)
- ✓ *Prepara una guía para la entrevista con preguntas sobre conducta cuidadosamente construidas.* (Sigue leyendo para encontrar algunos ejemplos.) Estas preguntas te permiten averiguar cómo han manejado los candidatos ciertas situaciones. Sus respuestas te ayudarán a predecir su capacidad para enfrentarse a situaciones similares en el futuro. Utiliza las mismas preguntas para todos los candidatos, a fin de poder hacer comparaciones justas.
- ✓ *Incluye a otros en las entrevistas.* Haz que posibles miembros del equipo, subordinados directos y compañeros de estos futuros empleados se entrevisten con ellos (lo ideal sería que les hicieran unas preguntas diferentes de las tuyas) y te comuniquen su opinión. Muchas cabezas son, sin ninguna duda, mejor que una cuando se trata de contratar.

✓ *Considera la posibilidad de utilizar valoraciones de personalidad y aptitud para ayudarte a tomar una decisión.* Consigue información de tu departamento de Recursos Humanos sobre qué herramientas podrían ayudarte a evaluar las aptitudes, los intereses laborales e incluso los valores de los candidatos. Nota: No confíes en una única herramienta para tomar tu decisión.

En busca de lo idóneo

Joe, un jefe de una compañía de tecnología punta, tiene una vacante de supervisor en el departamento de marketing. Ha puesto anuncios en Internet y en la prensa y ha recibido un montón de currículums que tiene que valorar. Con la ayuda de su representante de Recursos Humanos, ha reducido el campo a los diez primeros candidatos. Sobre el papel, los diez poseen aptitudes técnicas idóneas para el puesto.

Joe es hábil y ha contratado a muchas personas. Algunas han desempeñado bien su trabajo y otras fueron un absoluto fracaso. Todas parecían buenas sobre el papel. Pero esta vez, Joe está preparado para encontrar a la persona que *encaje a la perfección.* Ha identificado los valores fundamentales de su departamento: honradez, integridad, trabajo en equipo, concentración en el cliente y conciliación vida laboral / personal.

Véase Valores

Las competencias de liderazgo cruciales para el puesto incluyen motivar a los demás, construir un equipo y resolver las ambigüedades. Joe sabe que la persona idónea ha de tener esas aptitudes. A continuación, elabora la guía de la entrevista, con las preguntas que cree que lo ayudarán. Estas son tres de las cuestiones que hay en el papel de Joe:

1. Háblame de un incidente en el trabajo en el que fuiste totalmente honrado, pese a los posibles riesgos o inconvenientes de esa honradez.

2. ¿Cómo manejaste una situación reciente en la que las instrucciones de arriba eran poco claras y las circunstancias estaban cambiando?
3. Describe cómo motivaste a un grupo de personas para que hicieran algo que no querían hacer.

Estas preguntas pueden parecer difíciles de responder, y lo son. Ya puedes imaginar que cada una de ellas lleva a Joe y a sus candidatos a discusiones potencialmente profundas que podrían revelar dónde se sitúa cada candidato en la competencia de valor o liderazgo de que se trata. Son preguntas abiertas, para que no se puedan contestar con un sí o un no. Son conductuales y obligan a los candidatos a citar ejemplos de la vida real.

Joe insiste para averiguar más, y toma nota para no olvidarse de algunas de las respuestas más críticas o de las hipótesis que ha ido haciendo a lo largo de la conversación. Por supuesto, hace preguntas para validar los conocimientos técnicos. Más tarde, compara sus notas con los otros entrevistadores y mira los resultados de la valoración para ver si hay alguna señal de alerta que debería analizar en la siguiente entrevista.

Joe compara a sus candidatos, puntuándolos en una escala del 1 al 5 (utilizando 1 para indicar la ausencia de una aptitud y 5 para indicar una aptitud muy desarrollada) en cada uno de los factores de éxito críticos que había identificado para el puesto y que incluyen:

✓ Conocimientos técnicos.
✓ Competencias de liderazgo.
✓ Valores.

Al puntuarlos, revisa sus notas y piensa en:

✓ El nivel de sinceridad de cada candidato.
✓ El entusiasmo e interés en el trabajo que ha expresado.
✓ El probable nivel de aptitud.

Aunque no existe ninguna entrevista ni proceso de selección totalmente objetivos, este sistema permite que Joe tome la decisión más objetiva posible. Procede a ofrecer el puesto al candidato que cree que mejor satisface sus criterios.

Por cierto, si ninguno de los candidatos hubiera estado a la altura de lo que Joe exigía, estaba dispuesto a volver a empezar con otra tanda de candidatos. Sus anteriores errores le habían enseñado que era demasiado costoso aceptar a un candidato mediocre.

Evita contratar por desesperación

Cuando hay pocos candidatos y tus necesidades son apremiantes, también tú puedes ser víctima del peligroso síndrome de *contratar por desesperación*. Si tus únicas preguntas en la entrevista son: «¿Cuándo puedes empezar?» y «¿Puedes empañar un espejo?» (igual a «¿Respiras?»), sabes que estás en un buen lío.

Según una encuesta de Right Management, la mayor consecuencia de una mala contratación (por encima del coste en dólares) es una baja moral de los empleados, una productividad disminuida y la pérdida de cuota de mercado/clientes.[23]

Si te sientes tentado a recurrir a una contratación a la desesperada, recuerda que un error hoy significa un dolor de cabeza mañana. Ya sabes lo difícil que es librar a tu equipo del empleado equivocado. (Alguien nos propuso recientemente que escribiéramos una secuela de *Cuídalos*, llamada *How to Lose your Losers* [Cómo deshacerte de tus perdedores]. ¡Hemos tomado buena nota!)

Ellos también eligen

Un nuevo empleado muy solicitado, al explicar cómo decidió con qué oferta quedarse, dijo: «Me pusieron en primer lugar. Me preguntaron: "¿Qué quieres hacer?", "¿Qué ideas tienes?", etcétera».

Sé consciente de que los candidatos actuales, expertos en tecnología y con talento, están bien preparados y tienen mucho donde elegir. Imagina que llegan con una cuadrícula en su cabeza (a veces también en papel). Esa cuadrícula puede parecerse a la que te mostramos. Ayuda al candidato a hacerte preguntas, evaluar la oportunidad con una cierta objetividad y comparar tu oferta con otras. [24]

Mis deseos/ necesidades (candidato)	Tu organización	Tu competidor	Otro puesto
Compensación			
Prestaciones			
Equipo			
Lugar			
Formación			
Creatividad			
Vacaciones			
Oportunidades de ascenso			

Prepárate para vender tu organización o equipo a los candidatos afrontando las cuestiones clave que te planteen. Trátalos más como clientes que como subordinados. Piensa con cuidado en lo que tú y tu equipo podéis ofrecer y disponte a dar ejemplos específicos. Cualquiera que sea tu propuesta única de venta, reconócela y explótala durante la entrevista.

Cuidado, no exageres. Según una investigación realizada entre dos mil profesionales de Recursos Humanos por Novations Group, casi la mitad (un 48 %) informó de que su marcha se debió a unas expectativas poco realistas respecto al trabajo y a la organización. [25] Si el proceso de selección es sincero y abierto, puedes evitar una rápida marcha. Pintar un cuadro demasiado de color de rosa puede hacer que te salga el tiro por la culata cuando los nuevos empleados descubran que estabas exagerando.

Una contable de éxito, que ha muerto atropellada por un autobús que iba a toda velocidad, llega a las puertas del cielo y es recibida por san Pedro, que le explica que tendrá que estar un día en el cielo y otro en el infierno antes de decidir dónde quiere pasar la eternidad.

Con un gran temor, entra en el infierno y se queda sorprendida al ver un estupendo campo de golf, amigos y compañeros que le dan la bienvenida, una comida fabulosa e, incluso, un diablo encantador. Al final de la jornada, deja el infierno a regañadientes para vivir su día en el cielo. La experiencia también es bastante buena, con las nubes, los ángeles, las arpas y los cánticos que ella esperaba.

San Pedro insiste para que tome la decisión de su vida (y más allá). ¿En qué lugar quiere pasar la eternidad: el cielo o el infierno? Lo has adivinado: elige el infierno. Cuando vuelve allí, se encuentra una tierra baldía y a sus amigos vestidos con andrajos, recogiendo basura. No hay fiestas; solo miseria y desesperación. La mujer le dice al diablo: «No lo entiendo. Ayer estuve aquí y había un campo de golf y un club, comimos langosta, bailamos y lo pasamos estupendamente. Ahora veo un lugar desértico y todos mis amigos tienen un aspecto triste». El diablo la mira y sonríe: «Ayer te estábamos contratando; hoy eres una empleada».

(Autor desconocido)

Si te has reído, con complicidad, de esta historia, quizá sea porque hay una pizca (o más) de verdad en ella. Puede que lo hayas vivido tú mismo: los agasajos durante la fase de reclutamiento (es casi como un cortejo) y luego la cruda y fría realidad, una vez que has firmado. Si tu nuevo empleado se enfrenta a la fría realidad demasiado pronto, puedes estar seguro de que lo perderás.

Lástima

Me he marchado de unas cuantas compañías después de solo tres meses. En un par de casos, los proyectos resultaron mucho menos interesantes o estimulantes de cómo me los había descrito la dirección. En un caso particularmente malo, me hablaron de un sistema que habría sido realmente interesante, pero una vez que estuve allí y empecé a hablar con ellos de los detalles, descubrí que las cosas que me describían no eran posibles técnicamente. En realidad, el sistema era solo un sitio web de introducción de datos.

Otra vez, como autónomo, me contrataron para desarrollar software, pero me pusieron a ayudar a la producción. Cuando concluyó mi contrato, tres meses más tarde, decidí, con gran disgusto por su parte, no continuar con el trabajo.

Ahora no confío en lo que me dicen sobre un puesto, pero la verdad es que no es mucho lo que puedo hacer, salvo plantear un montón de preguntas.

Ingeniero de software

QUÉ HACER

- ✓ No olvides hablar de las cualidades de tu organización a los posibles empleados con talento. Piensa en qué hace que tu compañía sea única y un gran lugar donde trabajar.
- ✓ Escucha atentamente para saber qué busca un candidato. Muéstrate abierto a diferentes posibilidades. Ejemplo: una compañía sedujo a su candidato favorito cambiando el título del puesto de trabajo de «vendedor de piensos» a «especialista en productos para el ganado».
- ✓ Ten un ejemplar de este libro encima de la mesa durante la entrevista. (Los candidatos entenderán que conservar a los buenos empleados es importante para ti.) Para ir un paso más allá, enséñales el libro y pregúntales qué capítulos (de la A a la Z) son más pertinentes para retenerlos a *ellos*.

¿Parcial? ¿Quién, yo?

¿Y si «idóneo» significa *como yo o de la edad, la constitución, la altura, el género o el color adecuados*? No es así o no debería serlo. La excusa de la «idoneidad» se ha utilizado muchas veces para situar clones (usualmente clones del jefe) en los puestos de trabajo. No es esto, ciertamente, lo que queremos decir con «idóneo». De hecho, si dedicas tiempo a identificar qué factores son cruciales para el éxito en un puesto en particular y luego seleccionas a las personas obedeciendo a estos criterios, tienes las máximas probabilidades de no descartar a candidatos potencialmente fabulosos.

Todos somos parciales y, con frecuencia, tomamos decisiones basándonos en nuestra parcialidad. Pongamos a prueba algunas de las cosas que presupones cuando piensas en conseguir a la persona adecuada para un trabajo. Al leer esta lista, pregúntate: «¿Alguna vez he pensado esto de una persona o de un puesto de trabajo?». Sé brutalmente sincero; no tienes por qué decirle a nadie cuál ha sido tu respuesta.

Pon a prueba tus supuestos

Supuesto: Las madres solteras serán un riesgo, porque, cuando sus hijos se pongan enfermos, no se presentarán a trabajar.

Hecho: Algunas madres solteras necesitan tanto este trabajo que encontrarán el medio de acudir a él. Algunas tienen una habilidad fantástica para elaborar planes de contingencia y cuentan con dos o tres planes de seguridad para cuando los niños están enfermos. De hecho, el Center for Creative Leadership ha informado de que ser un padre o una madre entregados puede aumentar la capacidad de gestión, según un nuevo estudio realizado con la Universidad de Clark. [26] (Recuerda que es ilegal preguntar a las candidatas si son madres solteras o si tienen hijos.)

Supuesto: Una persona con un gran exceso de peso no puede hacer este trabajo, porque tiene que viajar en avión.

Hecho: Sin ninguna duda, las personas obesas o con sobrepeso pueden encontrar maneras de hacer su trabajo, aunque se requiera que viajen en avión. Recuerda que, por ley, en Estados Unidos la obesidad está considerada una incapacidad y, por lo tanto, está protegida por el ADA (Americans with Disabilities Act). Esto significa que debes pensar en dar facilidades a un candidato que esté cualificado para hacer el trabajo.

Supuesto: Es demasiado viejo o demasiado joven para este trabajo.

Hecho: ¿Qué tiene que ver con esto la edad? El arquitecto Frank Lloyd Wright y el cirujano cardiólogo Michael DeBakey son ejemplos de personas que descollaron en su profesión después de cumplir los 90 años.

Supuesto: Necesitamos a un hombre para este trabajo, porque es demasiado exigente para una mujer.

Hecho: La capacidad de cumplir bien una función está hecha de una combinación de características, conocimientos, actitudes y experiencia que son *neutras respecto al género* (es decir, que el género no predice la capacidad).

Cuando te des cuenta de que estás dando cosas por supuestas sobre algún candidato, basándote en su género, constitución o color (y, por cierto, todos lo hacemos alguna vez), oblígate a volver a los criterios clave que has identificado y a tu metodología para evaluar a todos tus candidatos con imparcialidad.

Evita que se vayan enseguida

Acuérdate de prolongar el apretón de manos. Con demasiada frecuencia, elegimos a las personas adecuadas, pero olvidamos apoyarlas una vez que asumen su nuevo cometido. Tal vez sea esta la razón de que tantas personas dejen la empresa el primer año. La revista *Recruiting* publicaba que un tercio de las personas contratadas hoy empiezan a buscar un nuevo puesto desde el primer día. [27]

Otros informan de que la rotación de personal en los seis primeros meses es del 50 % o más. En el sector detallista, esta cifra puede llegar hasta el 70 %. [28] Y después de esos seis meses, tampoco estás fuera de peligro. Según una encuesta realizada en 2006 por Sirota entre 47.000 empleados, la satisfacción y entrega global de los empleados cae de forma significativa después de los seis primeros meses. [29]

La orientación y un *apoyo continuado* son piezas clave del proceso de selección y aumentarán las probabilidades de éxito de los nuevos empleados y su contribución y permanencia en el equipo. Estas personas llegan a una organización llenas de pasión, entusiasmadas con su nueva aventura y desbordantes de energía y potencial. Explotando eficazmente esa energía, conocimientos y sabiduría desde el principio, una organización puede llevar al máximo el potencial del nuevo empleado, prolongar el apretón de manos y maximizar esa energía mucho más allá del primer año.

Sabemos que muchas marchas rápidas se *pueden* evitar. Hay una correlación directa entre una estancia reducida y lo que tú haces o no haces (vaya, perdón... *tú* de nuevo). Cultiva la relación. Demuestra que te importa. Empieza sosteniendo conversaciones con tus nuevos empleados.

Charla sobre las relaciones

Ayúdalos a tejer relaciones y es más probable que se queden. En tus primeras conversaciones, puedes preguntarles cosas como estas:

- ✓ ¿Qué clase de orientación o apoyo necesitas que te preste y no estás recibiendo? ¿Qué recibes que no deseas?
- ✓ ¿Qué tal te llevas con tus compañeros de equipo? ¿A quién te gustaría que te presentara? ¿Encuentras gente para ir a almorzar? ¿Encuentras gente a quien acudir cuando necesitas ayuda?

Charla sobre el trabajo

Entraron en tu organización porque les ofreciste un trabajo que les gustaba. ¿Lo están haciendo? Si el trabajo no está a la altura de lo que les prometiste, busca medios para llenar el vacío. Estas preguntas te ayudarán:

✓ Hasta ahora, ¿el trabajo está a la altura de lo que te prometimos? ¿En qué cumplimos y en qué no? ¿Cómo podríamos corregir el rumbo?

✓ ¿Qué otros intereses te gustaría explorar, ahora o con el tiempo?

Charla sobre la organización

Las personas que seleccionaste y contrataste cuidadosamente ahora ya están a bordo. ¿Se preguntan a quién o a qué se han unido? Desde el principio, haz preguntas como las siguientes:

✓ ¿Qué tal te va el ritmo y el horario de trabajo? ¿Hay algo que tengamos que adaptar?

✓ ¿En qué es nuestra organización igual o diferente de tu anterior empresa? ¿Qué es lo que más echas en falta? ¿Y lo que menos?

✓ ¿Cómo puedo ayudarte a sacar más de lo que tú quieres de esta empresa? ¡Deseamos que seas feliz aquí!

Sí, todo este hablar y conectar exige tiempo y energía por tu parte. Pero podría impedir que un empleado se marchara al cabo de poco tiempo.

QUÉ HACER

✓ Reúnete con tus nuevos empleados con frecuencia: una vez a la semana el primer mes, una vez cada dos semanas durante el primer trimestre y, luego, por lo menos una vez al mes durante el resto del primer año. Forja tu relación de forma constante.

✓ Ten un «intercambio de expectativas» con tus empleados nuevos (y antiguos). Define claramente qué esperas de ellos y pregunta qué esperan ellos de ti. Ayúdales a comprender de qué modo su trabajo conecta con la estrategia corporativa.

✓ Preséntalos a otras personas de tu equipo, incluso antes de su primer día en la empresa. Las personas que tienen diversas opciones podrían sentirse tentadas por otra oferta antes de presentarse a trabajar por vez primera.

✓ Dedica tiempo a instruirlos sobre la organización a la que se acaban de incorporar. Cuéntales historias, comparte tus experiencias y conocimientos sobre la cultura y la historia de la compañía.

✓ Haz que tus empleados clave participen en la orientación de los recién contratados. Expón a los nuevos a los puntos de vista de los otros, además de a los tuyos.

✓ Haz de mentor y encuentra otros mentores para ellos, mientras trabajan para llenar los inevitables vacíos de conocimientos.

✓ Obsérvalos. ¿Qué es lo que más les gusta? ¿Qué les resulta más fácil o más difícil aprender?

✓ Elabora un plan de aprendizaje para asegurarte de que reciban estímulo.

✓ Haz preguntas importantes... constantemente.

Muéstrate disponible para apoyarlos en esta incierta primera etapa de su trabajo. Esto puede entrañar interesarse por cómo les va y transmitirles que cuentan con tu respaldo todo el tiempo.

Además, recluta de nuevo

¿Y qué pasa con el resto de tus empleados valiosos? Mientras te ocupas de contratar a los candidatos más idóneos para desempeñar cometidos clave en tu equipo, dedícate también, al mismo tiempo, a volver a reclutar. Con frecuencia, se considera que un candidato o un nuevo empleado son casi perfectos (sus defectos todavía no han salido a la luz), y reciben toda la atención. Si has hecho un trabajo estupendo en la selección, tendrás un grupo completamente nuevo de estrellas. Es posible que tus empleados antiguos sientan que les prestas menos atención, que los aprecias menos y, quizás, incluso que no les das importancia mientras seleccionas, orientas y preparas cuidadosamente a los nuevos. Evita este peligroso fenómeno aplicándote a reclutar de nuevo a *todos* tus empleados. Demuestra a los que tienes que son importantes y cruciales para ti y para el éxito de tu equipo, en especial cuando contrates a nuevos miembros.

Si no contratas a los mejores, eres el único que no lo haces.

CONCLUSIÓN

Los grandes jefes son grandes seleccionadores. Los mejores nunca quitan el letrero de «Se necesita personal». Recuerda que *la idoneidad es esencial* cuando se trata de contratar a alguien. Si consigues las personas adecuadas para el cometido adecuado en tu organización y en tu equipo, incrementarás las probabilidades de retenerlas. Y no dejes nunca de volver a reclutar a tus valiosos empleados clave. Recuerda, tus competidores quieren a esos que tanto te has esforzado en contratar.

9

I. Información

Compártela

Nunca sentí que realmente formara parte
de la organización... Quiero decir, con frecuencia
me enteraba de lo que estábamos haciendo
por las noticias.
A. J.

Vivimos en la era de la información. Hay nuevas y poderosas empresas que existen únicamente con el propósito de guiarte hasta la información que quieres conseguir. Esta realidad ha cambiado nuestras actitudes sobre cómo compartir o acaparar información.

La web cambiará las relaciones con los empleados. Nunca más tendremos conversaciones en las que la información está oculta en el bolsillo de alguien. Tendremos que liderar con ideas, no controlando la información.

JACK WELCH, exconsejero
delegado de General Electric

La predicción de Jack Welch se ha hecho realidad.

¿Qué pasa si no compartes la información?

Primero: Es difícil hacerlo lo mejor posible sin contar con una buena información. Lo mismo les pasa a tus empleados.

Segundo: Perderás a tus mejores empleados; quizá no hoy, pero, a la larga, los que pueden elegir te dejarán.

Tener una primicia o estar fuera del círculo

La información es poder. Pero esto hace tiempo que lo sabemos. De niños, sabíamos que estar enterados de lo que se cocía era guay y nos sentíamos importantes si nos daban una información que los demás no tenían. Si la información es poder, entonces estar fuera del círculo —carecer de información— podría dejarnos indefensos. Las investigaciones demuestran que queremos tener un jefe con influencia y poder dentro de la organización. [30] Piensa en tu propia experiencia en el trabajo y, probablemente, estarás de acuerdo en que preferirías trabajar para alguien que esté al tanto de lo que pasa que para alguien que no tenga ni idea. Tus empleados no son diferentes. Quieren que tú estés entre los informados y necesitan que hagas que ellos también lo estén.

Según un estudio de Towers Perrin, los empleados buscan los siguientes elementos en un fluir eficaz de la información. [31] Quieren:

✓ Intercambio de comunicación abierto y sincero.
✓ Documentos de la empresa claros y comprensibles.
✓ La difusión de la información antes de que sea inservible.
✓ Opiniones y reacciones que vayan en todas direcciones.
✓ Líderes visibles y accesibles.
✓ Mensajes coherentes.
✓ Visión del éxito a largo plazo.

¿Qué tal lo estás haciendo?

Si no hay información, se la inventarán

El silencio es el mayor enemigo para retener empleados. Cuando la dirección no pone al día a los empleados sobre el estado financiero y empresarial de la compañía y cuando hay un nuevo rumor cada minuto que pasa, la rotación de personal aumenta y la productividad baja. Aunque hay quien se encoge y se esconde, los mejores empiezan a buscar. [32]

Compartir la información en tiempos de tremendos cambios es incluso más crucial que hacerlo en épocas estables. Hemos visto docenas de ejemplos de directores de alto nivel que decidían ocultar información en organizaciones que pasaban por un cambio importante (reducción de plantillas, fusiones, adquisiciones...). Hemos visto cómo mandos intermedios acaparaban información por miedo a perder su poder o importancia. Reconocemos que, en ocasiones, esa información, sencillamente, no se puede compartir, pero fíjate en lo que podría suceder cuando se retiene información sobre un cambio:

Un director sénior piensa	Los empleados piensan
Es demasiado pronto para decírselo.	Ese silencio seguro que quiere decir que es algo muy malo.
Estas noticias son demasiado alarmantes.	Se van a llevar la empresa a Panamá.
Temo que, si se lo decimos, la productividad caerá.	La compañía está patas arriba. ¿Dónde puedo encontrar trabajo?

Observa que el director está tratando de proteger a los empleados e impedir todos esos rumores que pueden mermar la productividad. Es irónico que el silencio y la protección tengan el efecto contrario al buscado. La productividad cae en picado cuando los empleados empiezan a preocuparse por su puesto de trabajo y ponen al día su currículum.

Por el contrario, cuando la alta dirección informa tan pronto y sinceramente como es posible y hace que los jefes sean responsables de transmitir las noticias hacia abajo, los empleados se sienten importantes y valorados y la caída de productividad se reduce al mínimo.

Otra buena razón para compartir información es que los empleados quizá puedan ayudar. Un gran hospital ofrece un buen ejemplo:

El hospital tenía la política de no reducir nunca la plantilla por medio de despidos; era un compromiso que había mantenido a lo largo de toda su historia, incluso cuando se fusionó con otro hospital. Varios años atrás, esa política fue puesta a prueba cuando el hospital se enfrentó a un posible déficit de veinte millones de dólares. La dirección comunicó la noticia al personal y les pidió ayuda. En menos de diez días, los empleados le hicieron llegar 4.000 ideas para ahorrar gastos. Se formaron dieciséis equipos de trabajo para ocuparse de esas ideas. Aunque la mayoría de las propuestas entrañaba unos controles más estrechos sobre las compras, también se proponía renunciar a los aumentos y aplazar los permisos pagados acumulados. Al acabar el año, los equipos de trabajo habían conseguido suficientes ahorros como para eliminar la necesidad de despidos.

Conseguir la parte que te corresponde

Bien, ¿cómo se sabe qué y cuánto compartir? La respuesta es que depende. Depende sobre todo de la cultura y la filosofía de gestión de la organización. En un extremo de la línea de apertura está la filosofía de Jack Stack, fundador de Springfield Remanufacturing Company (SRC), de Springfield, Missouri. Escribió *The Great Game of Business* y *A Stake in the Outcome*, y defiende una «gestión de libro abierto», un conjunto de opiniones y prácticas empresariales que han adoptado docenas de organizaciones de éxito. Dice: «Estamos construyendo una compañía en la cual todos dicen la verdad cada día... no porque todos sean sinceros, sino porque todos tienen acceso a la misma información: estadísticas, datos financieros, cálculos de valoración. Cuanto más comprendan todos qué está pasando realmente en la empresa, más ansiosos estarán por ayudar a resolver los problemas».[33] Está claro que, cuando Jack Stack habla de un «libro abierto», se refiere a decirlo todo.

Puede que no trabajes en un ambiente tan abierto a la información, pero considera las consecuencias de tu estilo de comunicación y la cultura empresarial en la que actúas. Haz todo lo que puedas para compartir la información con tus empleados. Incrementarás su entrega y aumentarás las probabilidades de conservar a tus mejores empleados.

No, no necesitas una bola de cristal

Se espera que ayudes a tu equipo a mirar al futuro. Esto incluye proporcionarle una información que respalde el desarrollo de tus empleados y el progreso en su carrera. Es preciso que compartas lo que sabes sobre:

Véase Carrera

✓ La dirección y los objetivos estratégicos de tu organización.
✓ El futuro de tu organización, sector y profesión.
✓ Las tendencias emergentes y los nuevos acontecimientos que pueden afectar las posibilidades profesionales.
✓ La realidad cultural y política de tu organización.

Cuando hagas tus previsiones, los miembros de tu equipo aprenderán a mirar con más amplitud su profesión, su sector y su organización y a ver qué tendencias y repercusiones hay. También se sentirán más competentes y confiados en su futuro valor de mercado.

QUÉ HACER

✓ Haz circular artículos que guarden relación con tu sector para que los empleados los lean. Es probable que tengas acceso a boletines, informes y revistas, propios del sector, que ellos quizá no vean nunca. Compartirás una información crucial que puede ayudarlos a tomar decisiones sobre la evolución de su carrera profesional.

✓ Afirma de nuevo cuáles son las estrategias y miras de tu empresa. Si crees que es una pérdida de tu valioso tiempo, piénsalo dos veces.

✓ Pregunta a tus empleados qué información quieren de ti, cuándo la necesitan y en qué forma les gustaría recibirla.

Mentes inquisitivas

¿Alguna vez un jefe te ha dicho: «Lo sabía desde hacía semanas, pero no podía compartirlo contigo (o decidí no hacerlo)»? ¿No es irritante? Quizás hayas pensado: «Pues muchas gracias. ¡Para lo que me sirve ahora!» o «No esperes que confíe en ti en el futuro» o «¿Para qué te molestas en decirme que lo sabías? ¿Es un ejercicio de poder?».

Un consejero delegado aceptó la dimisión de un miembro de su equipo sénior, sabiendo que tendría repercusiones en la organización. Cuando le preguntamos cuándo pensaba informar a los principales afectados, respondió: «No quiero disgustarlos en un momento tenso, así que creo que esperaré hasta la reunión de la plana mayor, dentro de dos días».

¿Qué opinas? ¿Buena idea? No, mala idea. ¿Qué posibilidades hay de que no se enteren de la dimisión el mismo día? En realidad, lo supieron antes de que hubiera pasado una hora y se sintieron frustrados, decepcionados, incluso furiosos, porque el consejero delegado no les había informado de inmediato. Como resultado de su falta de información, muchos sintieron que su jefe no confiaba en ellos, incluso que los subestimaba.

Lástima

Trabajábamos en un amplio programa del Departamento de Defensa y pasábamos horas preparándonos para una demostración importante de «prueba de concepto». Entretanto, nuestro jefe sostenía conversaciones de alto nivel con el cliente, en las cuales este le comunicó que todo el programa estaba sometido a una profunda revisión de fondos y que era posible que lo cancelaran antes de que la demostración tuviera lugar. No supimos nada de todo esto hasta el mismo día de la demostración. Entonces nos enteramos de lo cerca que habíamos estado de que nunca se hiciera. Nos sentimos privados de nuestros derechos e infravalorados. Si nos hubieran comunicado la gravedad de la situación, podríamos haber elaborado otros argumentos de apoyo y generado otros escenarios que habrían ayudado a nuestro cliente a defender el programa ante sus superiores.

Probablemente, nuestro jefe pensaba que nos estaba protegiendo de algo de lo que no teníamos que preocuparnos o que no rendiríamos al cien por cien si conocíamos la conversación. No valoró demasiado nuestra capacidad para contribuir; nos pareció paternalista y elitista. Después de esto, mi nivel de confianza en él nunca volvió a ser el mismo. Me parece que todo el equipo sentía lo mismo.

Ingeniero sénior de una firma
de ingeniería civil

La ausencia de comunicación puede engendrar ansiedad y paranoia, lo que provoca una mayor rotación de personal, chismorreos y, en algunos casos, angustia entre compañeros que antes estaban en armonía. [34]

Así pues, como jefe, ¿cuándo deberías compartir la información? *¡Cuanto antes, mejor!* Cuando tengas claro qué quieres o necesitas compartir, busca la manera de hacerlo, en especial si la información se refiere a un cambio importante. Estos son algunos *desencadenantes* que podrían alertarte sobre la necesidad de dar información:

✓ Una fusión o adquisición.
✓ Un artículo sobre la compañía.
✓ Una solicitud para un puesto clave.
✓ Nuevas contrataciones.
✓ Una fábrica de rumores demasiado activa.

Cómo compartir

Recuerda que el interés principal de este libro es cómo conservar a tus empleados valiosos. Se han escrito volúmenes sobre estrategias de comunicación, tanto en tiempos normales como durante momentos de enormes cambios. Comunicación cara a cara, vídeo, boletines informativos, correo electrónico, correo de voz, foros abiertos y tableros de noticias, todos tienen su lugar para comunicarse eficazmente. Nuestra pregunta es: ¿Qué planteamiento funciona mejor teniendo en cuenta la cultura empresarial de tu organización y el mensaje que tratas de enviar?

Veamos unas pautas:

QUÉ HACER

✓ Comparte la información cara a cara, en especial si es algo difícil de comunicar o que afectará a tus empleados de forma significativa. Da las noticias tú mismo a tus subordinados directos, en lugar de hacer que se enteren a través de un memorando o de cualquier otra fuente. Deja que tus supervisores den la noticia a sus subordinados inmediatos. Las investigaciones muestran que la gente cree algo y reacciona más favorablemente cuando le comunican las noticias de esta manera. Si tiene que pasar por varios niveles, comprueba, para estar seguro de que el mensaje llega a su destino.

✓ Sé creativo. Cuanto más creativamente envíes un mensaje, más probabilidades hay de que tus empleados le presten atención. Considera la posibilidad de hacer algo inesperado. Si la gente está acostumbrada a enterarse de las noticias por correo electrónico, prueba un cara a cara o un vídeo la próxima vez.

¿Muy en secreto?

Construir una cultura corporativa rica en información puede ser un reto. Bien mirado, habrá veces en que tengas conocimiento de una información que no puedas compartir con tus empleados. Unas pocas y sencillas pautas te ayudarán a manejar la situación de forma apropiada sin hacer que ellos se distancien. Cuando debas mantener la confidencialidad de algo, recuerda esto:

✓ No compartas la información, por muy tentadora que sea.

✓ No uses nunca la retención de información como herramienta de poder. Si te dan una información exclusiva o «secreta», no digas a nadie que la tienes, a menos que te lo pregunte.

✓ Si te preguntan si tienes la información, sé sincero. No les cuentes que no sabes algo cuando sí que lo sabes.

✓ Diles que no tienes libertad para compartirla y explícales por qué. Por ejemplo: «Es una información delicada o exclusiva» o «Me han pedido que la mantenga confidencial y tengo que hacer honor a esa petición».

✓ Prepárate para la posibilidad de que tus respuestas quizá no les gusten y que algunos sientan que, en realidad, deberías o podrías decírselo si quisieras. Si antes siempre has compartido pronto y sinceramente cualquier información, tendrás más espacio para guardártela, cuando la situación así lo dicte.

Es una calle de dos sentidos

Conseguir información es también una manera de conservar a tus empleados. La gente quiere que la escuchen en lo relativo a su puesto, al trabajo que tienen entre manos y a las metas y estrategias de la organización. Como jefe, es preciso que pidas esa información.

Cuando empecé a visitar las plantas y a reunirme con los empleados, lo que me tranquilizaba era la tremenda energía positiva de nuestras conversaciones. Un hombre dijo que llevaba veinticinco años en la compañía y que había detestado cada minuto... hasta que le pidieron su opinión. Afirmó que esta pregunta transformó su trabajo.

Consejero delegado de uno de los tres
grandes fabricantes de automóviles

Aunque la mayoría de los jefes espera que los empleados acudan a ellos si hay un problema, con frecuencia estos no se sienten cómodos o los jefes no les ofrecen la oportunidad. Ayuda a tus empleados a sentirse cómodos cuando hablan contigo, y programa ocasiones habituales para mantener estas charlas.

¿Qué es el ROI (Retorno de la Inversión)?

Unos resultados positivos medibles nos convencerán, a la mayoría, para repetir una nueva conducta.

¿Qué resultados se pueden conseguir al compartir más información? Según las investigaciones de Watson Wyatt, las empresas que tienen una comunicación efectiva, comparadas con otras que sufren una mala comunicación:

✓ Tienen un precio de las acciones un 19,4 % más alto.
✓ Disfrutan de una rentabilidad para el accionista un 57 % más alta.
✓ Tienen una probabilidad 4,5 veces superior de conseguir un alto nivel de compromiso de los empleados.
✓ Tienen una probabilidad un 20 % mayor de que su tasa de rotación de personal sea baja. [35]

CONCLUSIÓN

Sigue informado. Mantén a tus empleados informados. Te ayudará a conservar a la gente valiosa.

10

J. Cretino

No lo seas

Conozco un departamento que siempre perdía empleados valiosos, uno tras otro. En realidad, no había ningún misterio. El jefe era un cretino integral.

A. J.

ATENCIÓN
Si este libro ha aparecido en tu mesa
con un punto de lectura aquí,
¡ten cuidado!

Nos advirtieron que no escribiéramos este capítulo o, por lo menos, que no usáramos este título. Pero eludir este tema es evitar hablar de una de las razones principales de que la gente deje su puesto de trabajo. Si a los empleados no les gustan sus jefes, se marcharán incluso si están bien pagados, reciben reconocimiento y tienen la oportunidad de aprender y crecer. De hecho, que no te guste el jefe es una de las primeras causas de la pérdida de personas con talento. Echemos un vistazo a esta entrevista de salida:

Entrevistador:	Mathew, ¿por qué has decidido dejar la orga-
	nización? Sé que pagamos de forma competiti-
	va y que acabas de recibir una prima.
Mathew:	¿Esto es confidencial?
Entrevistador:	Sí, por supuesto.
Mathew:	El sueldo está bien. El trabajo está bien. Pero mi
	jefe es insoportable. Resulta tan difícil trabajar
	con él que he decidido que la vida es demasiado
	corta como para malgastarla trabajando para
	un cretino.

¿Alguna vez has trabajado para un necio? ¿Hay algunos en tu organización? En una encuesta con 50.000 visitas a las páginas www.careerbuirlder.com y www.msn.com, una de cada tres personas describió a su jefe como «una pesadilla», y otro 11 % dijo, más suavemente, que su jefe era «una persona difícil para trabajar con él». Según otro estudio, después de veinte años de investigaciones y 60.000 entrevistas de salida, un 80 % de la rotación de personal puede relacionarse con unas relaciones insatisfactorias con el jefe. [36]

Nuestros lectores nos han enviado docenas de historias de «cretinos». En la página siguiente encontrarás algunas de las mejores.

Lástima y más lástima

✓ *Mi jefe me dijo que me habían dejado de lado para el ascenso porque había tardado demasiado en superar el dolor después de la muerte de mi padre.*

✓ *Mi jefe me dijo que fuera a hablar con él siempre que quisiera. Fui a verlo para hablar de un tema importante para mí: mi carrera. No dejó de leer (incluso de contestar) su correo electrónico mientras yo hablaba. Imagina lo importante que me sentía.*

✓ *En mi primer empleo tras terminar la universidad, mi jefe quería que cancelara mis vacaciones cuando el cliente pidió unos cambios en el plazo de entrega. Sin embargo, él no canceló su viaje a Grecia.*

✓ *El jefe al que yo llamo «Sr. Tóxico» me dijo a través de una nota que estaba engordando demasiado para representar a la compañía profesionalmente.*

✓ *Tenía un jefe que dejaba caer el boli al lado de mi mesa cuando yo estaba embarazada. Le parecía divertido ver cómo me costaba recogerlo.*

✓ *Antes de una reunión, mi jefe dijo: «Encárgate tú, lleva la reunión, afirma tu autoridad». Durante la reunión, mi jefe me interrumpía, me contradecía y socavaba mi autoridad constantemente, a pesar de que yo seguía una agenda prefijada.*

✓ *El dentista para el que trabajaba llegaba a tirarme instrumentos a la cara, cuando yo no le pasaba inmediatamente lo que me pedía. Nuestros pacientes estaban horrorizados y muchos dejaron de venir a la consulta debido a esto.*

✓ *Mi jefe suspendió durante treinta días a dos empleados valiosos porque dejaron el trabajo y se fueron a casa para ver si sus hijos estaban bien después de un terremoto de grado 7 en Seattle. Por cierto, él ya había hablado con su esposa y sabía que sus hijos estaban bien.*

¿Difícil de creer? Quizá no. Por desgracia, la mayoría hemos trabajado para un cretino así en algún momento de nuestra vida. ¡La mayor parte salimos corriendo!

Este capítulo no quiere etiquetar a alguien de cretino y dejarnos a los demás libres de culpa. Su intención es definir conductas propias de un cretino y la «actitud cretina» que algunas personas adoptan de vez en cuando. Quiere valorar si exhibes o no estas conductas y con cuánta frecuencia. Y su objetivo es cambiar a mejor. ¿Para qué? Para involucrar, motivar y conservar a tus empleados valiosos.

¿Qué es un cretino?

Se lo hemos preguntado a docenas de personas: «¿Qué hace o qué aspecto tiene un cretino?» (El libro y la película *El diablo viste de Prada* retrataban algunos de los peores de estos comportamientos, pero nuestra investigación encontró muchos más.) La siguiente lista refleja lo que oímos. [37] Te desafiamos a que te puntúes.

Lista de comprobación de comportamientos

Instrucciones: puntúa los siguientes comportamientos, empleando una escala del 0 al 5. 0 significa que nunca reaccionas de esa manera y 5 indica que lo haces a menudo.

	0-5
Intimidar	_____
Condescender o degradar	_____
Actuar de forma arrogante	_____
Negar los elogios	_____
Dar portazos, golpear las mesas	_____
Soltar tacos	_____
Actuar con grosería	_____
Menospreciar a alguien delante de otros	_____
Microdirigir/Controlarlo todo	_____
Gestionar hacia arriba, no hacia abajo	_____
Buscar siempre el número uno	_____
Dar sobre todo opiniones negativas	_____
Gritar a la gente	_____
Mentir o decir «medias verdades»	_____
Actuar saltándose las normas	_____
Disfrutar haciendo sudar a los demás	_____
Actuar con superioridad o pasándose de listo	_____
Mostrar falta de respeto	_____

Actuar de forma sexista ⎯⎯⎯⎯

Actuar de forma intolerante ⎯⎯⎯⎯

Retener información crucial ⎯⎯⎯⎯

Utilizar un humor inapropiado ⎯⎯⎯⎯

Perder los estribos en las reuniones ⎯⎯⎯⎯

Empezar todas las frases con «Yo» ⎯⎯⎯⎯

Robar el mérito o el protagonismo a otros ⎯⎯⎯⎯

Bloquear avances profesionales (impedir ascensos o
aferrarse a las «estrellas») ⎯⎯⎯⎯

Desconfiar de la mayoría de las personas ⎯⎯⎯⎯

Mostrar favoritismo ⎯⎯⎯⎯

Humillar y avergonzar a otros ⎯⎯⎯⎯

Criticar con frecuencia (a nivel personal) ⎯⎯⎯⎯

Ser sumamente sarcástico ⎯⎯⎯⎯

Dejar de lado o aislar deliberadamente a algunas
personas ⎯⎯⎯⎯

Fijar metas o plazos de entrega imposibles ⎯⎯⎯⎯

No aceptar nunca la culpa, dejar que otros reciban las
bofetadas ⎯⎯⎯⎯

Socavar la autoridad ⎯⎯⎯⎯

Mostrar falta de interés por los demás ⎯⎯⎯⎯

Traicionar la confianza o las confidencias ⎯⎯⎯⎯

Chismorrear/difundir rumores ⎯⎯⎯⎯

Actuar como si los demás fueran estúpidos ⎯⎯⎯⎯

Tener «estados de ánimo desmandados» (cuando se está
deprimido, tomarla con los demás) ⎯⎯⎯⎯

Utilizar el miedo como motivador ⎯⎯⎯⎯

Vengarse ⎯⎯⎯⎯

Interrumpir constantemente ⎯⎯⎯⎯

Hacer comentarios de «mal gusto» ⎯⎯⎯⎯

No escuchar ⎯⎯⎯⎯

Carecer de paciencia ⎯⎯⎯⎯

Exigir la perfección	_____
Incumplir las promesas	_____
Criticar *a posteriori* constantemente	_____
Tener que controlar siempre	_____
Puntuación total	_____

Nota: Esta valoración en una herramienta para ayudar a orientarte no es un instrumento validado. Para saber más sobre estas conductas, consulta nuestra Encuesta sobre cretinos en www.keepem.com. Las siguientes pautas de interpretación son solo eso: pautas.

Pautas de interpretación

0-20 Aunque tengas un mal día de vez en cuando, probablemente no te consideran un cretino. Ten cuidado con las actitudes en que puntuaste por encima de 3 y recaba más información de tus empleados.

21-60 ¡Atención! Algunos podrían verte como un cretino, por lo menos en algunas situaciones.

61 o más Corres un gran riesgo de perder empleados valiosos. Recaba más opiniones y busca ayuda (quizás un *coach*).

Si no has señalado ninguna de las actitudes de esta evaluación, o eres un santo o tienes algunos puntos ciegos. En otras palabras, la mayoría mostramos alguno de estos comportamientos alguna vez. La pregunta es cuántos y con cuánta frecuencia. Y qué efecto tiene tu conducta en tus subordinados directos. Con frecuencia, los líderes son los últimos en enterarse de que su estilo es desagradable. Ten cuidado con las caídas de productividad, la dificultad para contratar, los desplazamientos laterales en tu departamento y, por supuesto, la rotación de personal.

Warren Bennis dijo lo que opinaba sobre el despido de Jayson Blair del New York Times *por falta de honradez.* «No importa cuántos premios ganes si dañas tu auténtico premio —tu talento— en el proceso. Un liderazgo indiferente y arrogante que valora los trofeos a cualquier precio es siempre inapropiado, pero se adecúa especialmente mal a las organizaciones basadas en las ideas como el* Times. *Cualquiera que sea su título o su puesto oficial, las personas con talento tienen su propio poder. Tienen el poder de marcharse. No se quedarán en una organización que los trate como si fueran ganado, aunque el nombre que hay en el edificio sea tan augusto como* New York Times. *Raines y sus más imperiosos predecesores polarizaron a sus empleados y les hicieron competir unos contra otros para conseguir recursos en la sala de redacción, incluyendo el favor del editor ejecutivo. Una competencia intramuros de esta índole acaba haciendo que la gente sea menos creativa, no más creativa».*

Bennis señaló que parte del problema era el liderazgo del editor ejecutivo, Howell Raines. «Raines era un autócrata dominado por su ego, que gobernaba con el miedo y el favoritismo, tenía un criterio idiosincrásico para las noticias y detestaba oír verdades no deseadas».[38]

Considera el coste

Una conducta propia de cretinos acaba costando a las organizaciones algo más que dólares. En un artículo reciente de *McKinsey Quarterly*, una compañía calculaba el coste extra (o CTC = coste total de la cretinez) generado por un vendedor estrella: los auxiliares que quemaba, los costes en horas extra, los costes legales, la formación para el control de la ira, etcétera. El coste extra de un único cretino, en un año, era de 160.000 dólares.[39]

QUÉ HACER

Comprueba esta lista, cortesía de Robert Sutton, autor de No Asshole Rule. [40]

¿Cuáles de estos efectos debidos a una conducta de cretino ves en tu organización? ¿Cuáles has experimentado tú mismo?

- ✓ Distracción de las tareas debido a los esfuerzos por evitar enfrentamientos con el «jefe cretino».
- ✓ Pérdida de motivación en el trabajo.
- ✓ Enfermedad física debida al estrés.
- ✓ Absentismo frecuente.
- ✓ Disminución de la innovación.
- ✓ Incapacidad para atraer empleados de primera.
- ✓ Creciente desconexión.

¿Quién, yo?

Pasamos mucho tiempo enseñando qué hacer a los líderes. No pasamos suficiente tiempo enseñándoles qué dejar de hacer. La mitad de los líderes que conozco no necesitan aprender qué hacer. Necesitan aprender qué deben dejar de hacer.

PETER DRUCKER, experto en gestión,
citado por Marshall Goldsmith
en *Un nuevo impulso*, Empresa Activa,
Barcelona, 2007

Reflexiona seriamente sobre tus resultados de la lista de la cretinez. Pide a tus amigos del trabajo que miren la lista contigo y que te den su sincera opinión. (Si no tienes amigos, esto puede ser una pista.) Recaba también su opinión a los miembros de tu familia. Si otros están de acuerdo en que, con frecuencia, exhibes más de una o dos de esas conductas, corres un alto riesgo de perder a empleados valiosos. Los comportamientos que reflejan cretinez son tan perjudiciales que incluso solo uno o dos pueden invalidar todas tus demás virtudes como jefe.

> *No tenía ni idea de que mis empleados me veían como a un cretino. Recabamos opiniones de todas direcciones (información procedente de jefes, compañeros, subordinados, incluso clientes) como parte de un programa de desarrollo del liderazgo. Los empleados tuvieron la oportunidad de incluir comentarios al final de una larga encuesta computerizada. Básicamente, me dijeron que les parecía insensible e indiferente. Comentaron que mi impulso por conseguir resultados parecía no tener límites, incluso a costa de la salud y de la moral de los empleados. Me quedé estupefacto ante estas opiniones. Me sentía muy mal. Ahora estoy trabajando con un* coach *para que me ayude a averiguar cómo cambiar mi conducta. El primer paso fue enterarme de cómo me veían mis empleados.*

> Jefe sénior de una firma
> de ingeniería

Si nunca has llevado a cabo una valoración de *retroalimentación de 360 grados*, considera la posibilidad de hacerla. Esas opiniones deben llegarte de forma anónima y debes utilizarlas para tu conocimiento y desarrollo. Reconocer tus actitudes ineficaces y potencialmente perjudiciales es el primer paso para hacer algo al respecto.

Véase Verdad

Quien es cretino una vez, ¿lo será diez?

Igual que se pueden aprender nuevas técnicas de liderazgo a cualquier edad, puedes abandonar conductas ineficaces o sustituirlas por otras más eficaces.

Solía ponerme furioso con la gente. Cuando estaba sometido a estrés y alguien decía lo que no debía, perdía el control. Gritaba, se me enrojecía la cara y daba puñetazos contra la mesa. El resultado era que la gente andaba de puntillas a mi alrededor. Me ocultaban las malas noticias y no corrían riesgos, porque temían mi mal genio si fallaban. Estaban intimidados. Perdimos creatividad, productividad y personas valiosas... todo debido a mi mal carácter.

Hoy en día lo hago mejor, por lo menos el 90% de las veces. Me costó tiempo y mucho esfuerzo, pero ahora controlo mis emociones. Cuando noto que me sube la presión y que empiezo a ponerme furioso, me imagino una señal de «Stop». Me detengo, respiro tres veces, profunda y lentamente, y luego hablamos sobre el problema. Es toda una diferencia... en cómo me siento respecto a mí mismo y en cómo reaccionan mis empleados.

Director de departamento
de marketing y ventas

Como la conducta se aprende, sabemos que es posible cambiarla. Quizá no sea fácil, pero es posible. La dificultad de transformar las actitudes ineficaces depende de las respuestas a varias preguntas:

✓ ¿Cuán arraigada está la conducta? ¿Llevas cincuenta años o solo tres actuando así? Algunas viejas costumbres son, sin duda, más difíciles de erradicar que otras adoptadas hace menos tiempo.

✓ ¿Tienes absolutamente claro qué aspecto tendrá la conducta deseada? Ciertamente, una imagen clara de la meta hará que sea más fácil alcanzarla.

✓ ¿Cuentas con recursos disponibles para ayudarte? Es más sencillo cambiar si hay alguien que te ayuda.

✓ ¿Cuán compleja es la conducta? Puedes decidir simplemente dejar de contar chistes subidos de tono y no volver a hacerlo nunca más. Las reacciones negativas bajo estrés son más complicadas y entretejidas, así que cambiar requerirá más concentración, más recursos y más tiempo. Tal vez necesites elaborar un nuevo repertorio de conductas entre las que elegir.

✓ ¿De verdad quieres cambiar? ¿Por qué? Si no puedes contestar a esta pregunta, no cambiarás. Tienes que querer hacerlo.

Una vez decidas cambiar, puedes crear tu propio plan de acción.

Cuando era consejero delegado de PepsiCo, Andy Pearson, dada su capacidad para infligir dolor y humillación, fue nombrado uno de los jefes más duros de Estados Unidos. Hacía que gente valiosa estallara en llanto debido a sus palabras y demostraba que era muy hábil para encontrar defectos en las ideas de otros. Le oyeron diciendo a unos empleados que desempeñaban un papel fundamental en la organización: «¡Una sala llena de monos podría hacerlo mejor!». Pearson comprendió tarde en la vida que podría ser más eficaz si dirigiera de otra manera. Ahora busca respuestas e ideas de los empleados de todos los niveles, en lugar de dar órdenes. Cree que su trabajo es escuchar a la gente que trabaja para él y servirlos. Hoy dice: «Todo gira en torno a sentir un interés genuino por el otro. Hay una gran diferencia entre ser duro y ser inflexible. Hay un aspecto importante del liderazgo que tiene que ver con la humildad». Pearson cambió a sus 70 años. Incluso los «perros viejos» pueden aprender cosas nuevas... si de verdad quieren hacerlo. [41]

QUÉ HACER

✓ Arréglatelas para conseguir opiniones sinceras. Necesitas una imagen clara de cómo te ven los demás.

✓ Pregunta: «Entonces, ¿qué?». Piensa en las repercusiones de tu conducta. ¿Es un obstáculo para tu eficacia? ¿Hace que los buenos empleados se marchen?

✓ Haz un curso de control del estrés.

✓ Practica ejercicio. Come bien. Duerme más. Tú eliges.

✓ Prueba con el taichí, el yoga, la meditación o la oración.

✓ Si decides cambiar, busca ayuda de los demás:
  • Contrata un *coach*.
  • Busca orientación.
  • Asiste a un seminario de crecimiento personal.
  • Lee libros de autoperfeccionamiento.
  • Pide a alguien que te observe y luego te diga qué opina mientras tratas de cambiar.

CONCLUSIÓN

Si crees (o descubres) que con frecuencia exhibes actitudes propias de un cretino, decide cambiar. Este libro existe para ayudarte a hacerlo. Cambiar conductas propias de un cretino puede ser la decisión más importante que tomes para conservar en tu equipo a los empleados valiosos.

11

K. Placeres

Date un gusto

Mi jefe tenía la filosofía de «trabajo, solo trabajo,
nada de diversión». Sencillamente, el trabajo
no era el lugar para pasarlo bien.

A. J.

¿Qué opinas de la diversión en el trabajo? ¿Crees en ella? ¿La tienes? ¿La apoyas? ¿La fomentas? ¿La desalientas? Evalúa lo que piensas sobre divertirse en el trabajo. Luego piensa en crear y favorecer «placeres» en el trabajo como una de las maneras de conservar a tus mejores empleados.

Las investigaciones demuestran que un lugar de trabajo lleno de diversión conduce a una mayor productividad, un mejor servicio al cliente, una actitud positiva respecto a la compañía y más probabilidades de que tus mejores empleados se queden.

En el incierto ambiente de trabajo actual, el humor no es una opción, es un medio necesario para subir la moral. Cuando los empleados hacen el payaso, no están malgastando un tiempo valioso, están utilizando una de las pocas herramientas disponibles para incrementar y mantener su espíritu de compañerismo. La risa quizá no cambie la

realidad externa, pero sin ninguna duda pueda ayudarnos
a sobrevivir a ella. [42]

Diversión para uno, ¿diversión para todos?

¿Cuándo fue la última vez que te reíste con ganas en el trabajo?

- ✓ ¿El año pasado?
- ✓ ¿El mes pasado?
- ✓ ¿La semana pasada?
- ✓ ¿Ayer?

Si la respuesta es ayer, es probable que estés sonriendo al leer esto.

Por supuesto, lo que hace reír a una persona puede despertar rechazo en otra. A ti puede resultarte divertido contar chistes y a otra persona parecerle ridículo (incluso insultante). A algunas personas les estimula adornarte el despacho como sorpresa para tu cumpleaños, mientras que a otras les encanta tomarse un descanso para debatir algún tema candente o navegar por la web. Así que acuérdate de preguntar a la gente: «¿Qué hace que el trabajo sea más divertido?».

Véase Preguntar

Actúa con humor y humanizarás el lugar de trabajo.

Fran Solomon, viceemperatriz sénior,
Playfair, Inc.

Zona sin diversión

Por desgracia, muchos lugares de trabajo son zonas sin diversión. En un estudio, los empleados calificaron a sus jefes por el grado en que apoyaban o permitían la diversión en el trabajo. La puntuación media era un mísero C+. [43] Si eres uno de esos jefes C+ y no tienes ni permites diversión en el trabajo, ¿por qué es así? Tal vez no te educaron de esta manera. Los jefes de los que aprendiste quizá fueran muy estrictos y exigentes, reacios a la diversión. Tal vez pienses que permitir la diversión en el trabajo hará que pierdas el control o que no alcances los resultados. Quizá creas que unos momentos de frivolidad sentarán un mal precedente y el grupo nunca volverá a ponerse manos a la obra. Parte de tu preocupación puede basarse en *divertidos mitos* sobre el placer en el trabajo.

QUÉ HACER

Comprueba cuáles de estos mitos te inclinas a creer:

- ✓ Mito 1: Desarrollar bien el trabajo encomendado y la diversión son incompatibles.
- ✓ Mito 2: Se necesitan juguetes y dinero para divertirse en el trabajo.
- ✓ Mito 3: Pasarlo bien significa reír a carcajadas.
- ✓ Mito 4: Para divertirse, hay que planearlo.
- ✓ Mito 5: La diversión en el trabajo hará peligrar los resultados.
- ✓ Mito 6: Es preciso tener mucho sentido del humor (o ser divertido) para crear un ambiente de trabajo divertido.

Desmontemos los mitos

Estos mitos son solo eso, mitos. Desmontémoslos.

Mito 1: Desarrollar bien el trabajo encomendado y la diversión son incompatibles

¿Es posible divertirse y, al mismo tiempo, mantener un ambiente de trabajo profesional? Depende de la clase de diversión de la que hablemos. Las tonterías burdas (el humor de la tarta en la cara) no encajan bien en un entorno de trabajo serio. Pero hay muchas maneras apropiadas de divertirse incluso en el lugar más estirado.

Cada mes teníamos que entregar informes de los clientes y la mayoría temíamos las solitarias horas extra que el trabajo exigía. Así que empezamos a planear quedarnos hasta tarde una noche al mes. Íbamos a una tienda a comprar algo para picar y un buen vino y luego hacíamos una fiesta mientras trabajábamos. Cada uno estaba en su propio ordenador, en su propio despacho, pero nos tomábamos un descanso de vez en cuando, nos ayudábamos unos a otros, disfrutábamos de la comida y el vino juntos y nos reíamos en aquel ambiente relajado de después del trabajo. Esto no solo hacía que la tarea mensual fuera más agradable, además era una manera de forjar un equipo.

Consultor de una firma
de consultoría de gestión

En otro ambiente de trabajo muy profesional, cuando alguien llega tarde a una reunión, tiene que cantar algo o contar un chiste nuevo (¡sin ordinarieces!). Todos llegan a la hora más a menudo desde que se ha instaurado la nueva norma, pero también hay unas risitas garantizadas cuando alguien entra uno o dos minutos tarde.

En realidad, la mayor preocupación sobre divertirse en un lugar de trabajo serio es que haya un humor inapropiado, una conducta vulgar o se elija mal el momento. Si los empleados escogen el momento equivocado o su conducta es embarazosa o molesta, díselo, tal como harías con cualquier actitud en el trabajo.

Mito 2: Se necesitan juguetes y dinero para divertirse en el trabajo

Es un mito hermano del «Se necesitan juguetes y dinero para divertirse en la vida». Cuando pedimos a docenas de personas que reflexionaran sobre qué ocasiones divertidas recordaban en el trabajo, esto es lo que nos dijeron. (Observa cuántos de estos ejemplos cuestan dinero o requieren juguetes.)

✓ «Ningún momento específico. Eran solo las risas que mis compañeros y yo compartíamos cada día... sobre todo por cosas pequeñas».

✓ «Adornamos el despacho del jefe por su cumpleaños. Utilizamos cinco bolsas de confeti de la máquina trituradora».

✓ «Salidas espontáneas, después del trabajo, a la pizzería del barrio».

✓ «Toma y daca verbal con mis inteligentes y divertidos colegas».

✓ «Cuando teníamos un proyecto enorme, un plazo muy ajustado y teníamos que trabajar toda la noche. No lo haría muy a menudo, pero lo pasábamos bien, con las risas en mitad de la noche y la emoción cuando acabábamos el trabajo».

✓ «Recibir este poema de mis empleados, divertidos y comprometidos, a los que envié a Detroit por trabajo: "Las rosas son rojas, las violetas, azules; estamos a 30 bajo cero y te odiamos"».

✓ «En mitad de un proyecto muy importante, con mucho estrés, el jefe nos llevó, a la hora del almuerzo, a un parque del barrio para jugar un partido de voleibol. Todavía hablamos de ello».

Ciertamente, los juguetes y el dinero también pueden ayudar a la diversión. Microsoft y Amgen son dos grandes compañías que tienen un presupuesto para «entretenimiento». En las dos se espera que los empleados trabajen mucho y se diviertan mucho. En esa diversión están incluidos la fiesta ocasional o un viaje en barco por todo lo alto. Aunque los empleados valoran mucho las salidas preparadas, la mayoría dice que es el ambiente de trabajo cotidiano lo que más importa. Tiene que ser agradable.

Mito 3: Pasarlo bien significa reír a carcajadas

Con frecuencia, pasarlo bien significa reír o sonreír. A veces, sencillamente, es preciso que nos tomemos menos en serio. Se ha dicho que la risa es «el *jogging* del alma», ya que tiene el mismo efecto beneficioso para la salud que una carrera aeróbica. Se supone que actúa por medio de la liberación de endorfinas, los elementos sanadores del cuerpo. Incluso mejor: puedes perder dos kilos de grasa al año riendo quince minutos cada día.

Pero es posible pasarlo bien en el trabajo sin reír ni hacer el payaso. Un proyecto interesante y la colaboración con compañeros estupendos puede ser una auténtica diversión. Un trabajo significativo y que marca una diferencia puede ser divertido. Construir algo nuevo puede ser divertido.

Algunas de las veces que mejor lo he pasado fueron en los primeros días de crear una forma de aeroplano completamente nueva. Construíamos algo que iba a cambiar las cosas. Era difícil, resultaba un reto, pero muy divertido.

Ingeniero aeronáutico retirado

Mito 4: Para divertirse, hay que planearlo

A veces tiene sentido planear la diversión. El equipo de softball de los empleados proporciona diversión y exige planificación, igual que el ocasional pícnic o la fiesta anual. Pero mucha de la diversión en el trabajo es espontánea.

Habíamos estado trabajando muy duro y habíamos asegurado todas nuestras metas para el trimestre. El jefe nos llamó a su despacho y nos regaló entradas para el cine... para la sesión de las dos, aquel mismo día. Fue genial. Salimos en grupo y nos sentíamos como críos que hacen novillos en la escuela. Fue muy espontáneo y muy apreciado.

Empleado del ayuntamiento

La diversión no planificada puede ser algo tan sencillo como presentarse en la reunión del personal con bollos para todos, invitar a un grupo de empleados a almorzar contigo en un restaurante nuevo o hacer una pausa no prevista para tomar café, sentarse y charlar sobre la familia o las aficiones.

Mito 5: La diversión en el trabajo hará peligrar los resultados

Esta es una de las principales preocupaciones de los jefes. De alguna manera, muchos creen que cada minuto que se pasa riendo es un minuto que se pierde para alcanzar los resultados finales.

Lástima

Por casualidad, tres de nosotros salimos del despacho al mismo tiempo, nos encontramos en el pasillo y empezamos a charlar. Ni siquiera recuerdo por qué empezamos a reírnos, pero los tres nos estábamos partiendo de risa (no muy silenciosamente). Nuestro jefe salió de su despacho furioso, con la cara enrojecida y dijo: «¿Para esto os pago?». Nos sentimos violentos, humillados y furiosos. Yo me marché de la compañía poco después, y lo mismo hicieron los otros dos. Era un ambiente opresivo, donde estaba prohibido pasarlo bien. Han pasado diez años y todavía me acuerdo del incidente.

Jefe de ventas

Las investigaciones confirman que un ambiente de trabajo favorable a la diversión es más productivo que otro sin humor. Un descanso divertido puede dar nueva energía a los empleados y prepararlos para el siguiente esfuerzo concentrado. En un grupo de Microsoft, los empleados se toman un descanso siempre que quieren para navegar por la red o jugar a algo en el ordenador. Dicen que estas actividades de juego les aclaran las ideas, de forma que cuando vuelven al proyecto que tienen entre manos, están más frescos y despiertos.

Si no te diviertes en el trabajo, soluciona el problema antes de que sea grave. Pide ayuda si la necesitas. Si no puedes arreglarlo y no quieres pedir ayuda, por favor, márchate antes de aguar la fiesta a los demás.

RUSS WALDEN

Quizás estés pensando: «Si permito que mis empleados naveguen por la red por diversión durante el trabajo, nunca conseguirán terminar su tarea». Tal vez creas que solo se puede confiar, hasta ese grado, en los empleados excepcionales. El secreto de permitir la diversión en el trabajo es *ser claro como el agua* con tus subordinados respecto a los objetivos de rendimiento. Crea, en colaboración con ellos, unas metas medibles y específicas, luego evalúa sus resultados utilizando esas metas.

Algunas de las organizaciones más exitosas y productivas del mundo son famosas porque se lo pasan bien. Herb Kelleher, presidente del consejo de Southwest Airlines, encarna el famoso talante de Southwest. Ha cargado equipajes el día de Acción de Gracias; ha entrado con su Harley Davidson en las oficinas centrales de la compañía y ha participado en el torneo de golf de Southwest con un único palo. Incluso se jugó los derechos de un eslogan publicitario a un pulso con otro consejero delegado.

Los auxiliares de vuelo de Southwest se divierten al comunicar cantando las instrucciones de vuelo a los pasajeros. Tanta diversión y siguen consiguiendo resultados. En su informe de 2006 a los accionistas, Southwest anunció orgullosamente treinta y cuatro años seguidos de rentabilidad, un récord sin igual en la historia de las compañías aéreas comerciales. [44]

Mito 6: Es preciso tener mucho sentido del humor (o ser divertido) para crear un ambiente de trabajo divertido

Muchos jefes fabulosos no son necesariamente divertidos (ni siquiera amantes de la diversión). En muchos casos, se limitan a permitir el humor y las ganas de juego de los demás. Apoyan, más que crean, la diversión en el trabajo. Si la diversión no es lo tuyo, deja que sean otros quienes la pongan en marcha.

Mi jefa favorita no era necesariamente una persona amante de la diversión. La mayor parte del tiempo, estaba muy orientada al trabajo y era muy seria. Una vez que se disfrazó para Halloween nos quedamos todos estupefactos. Fue un auténtico esfuerzo para ella. La mayoría de las veces, se limitaba a dejar que nos divirtiéramos, sin juzgarnos ni aguarnos la fiesta.

Supervisora de hospital

Puedes llevar diversión a tu lugar de trabajo ofreciendo conferencias con oradores o temas interesantes a las que cada uno lleva su propia comida. Durante una de esas ocasiones, en la que se iba a hablar de aficiones, un empleado llevó a todo el mundo a un parque de la zona para enseñarles cómo funcionaban sus aviones por control remoto. Otro trajo a un comerciante del barrio para una cata de vinos. Otro invitó al profesor del club de golf a dar una clase a todos.

La diversión es rentable

La diversión alimenta la creatividad. Si añades un poco de diversión a tu ambiente de trabajo, la energía aumenta. Con ella, también aumenta la productividad. Con la productividad, aumenta la innovación. Con la innovación, se crean nuevas ideas y entra el dinero. (Bueno, no es exactamente tan sencillo. Pero pasa.)

Los jefes de Fluor Corporation, en Irvine, invitaron a un grupo de niños superdotados de una escuela de la zona a una reunión de formación de directivos. Los niños se unieron a un grupo de ejecutivos, mientras que un segundo grupo de jefes trabajaba de forma independiente. Al acabar el día, el grupo mixto de ejecutivos y niños había generado muchas más ideas innovadoras que el formado solo por ejecutivos. [45]

CONCLUSIÓN

La experiencia en compañías de todos los tamaños lo demuestra: la diversión aumenta la creatividad, promueve el compromiso, mejora la moral, soluciona conflictos y crea relaciones eficaces con el cliente. No disminuye la productividad cuando los objetivos del trabajo están claros. Deja que haya diversión. Esa diversión dará energía, motivará y retendrá a la gente de talento en tu equipo.

12

L. Vínculos
Crea conexiones

No me sentía muy vinculado. En el tiempo que estuve allí, nunca tuve muchas oportunidades de conocer a nadie fuera de mi unidad inmediata de trabajo. Y mi unidad de trabajo parecía estar formada por un montón de llaneros solitarios.

A. J.

¿Es fácil dejar tu organización? Es fácil dejar un trabajo:

✓ Donde no se tienen vínculos.
✓ Donde no tienes un grupo de compañeros que te ofrezcan apoyo, información o sencillamente sesiones para quejarte.
✓ Si es difícil transmitir tus ideas por las líneas de comunicación.
✓ Si no tienes relaciones que te ayuden a hacer el trabajo.
✓ Si no tienes ganas de ver a las personas con quienes interactúas.
✓ Si no te sientes orgulloso o no comprendes la misión y el propósito de la organización.

¿Cómo son tus vínculos con tus mejores empleados, para que sigan entregados y en tu equipo?

¿Estableces lazos o no los estableces?

Alguien *desvinculado* piensa: «Si mis empleados tienen vínculos con otras funciones o departamentos, alguien me los quitará».

Alguien *vinculado* piensa: «Si mis empleados no tienen vínculos con otras funciones o departamentos, es menos probable que sus conocimientos y habilidades crezcan. Su productividad se verá limitada a los recursos de su propia sección. Es posible que se centren demasiado en la función para alcanzar un éxito global y yo tampoco tendré tantas conexiones como necesito».

Del mismo modo que todos somos el centro de nuestro universo particular, también somos el centro de nuestra red de trabajo. Comprendemos, claro, que todos los demás son el centro de su red y que así es como debe ser. Cada persona de esa red sirve como fuente de apoyo (recomendaciones, ayuda, información, etc.) para todas las demás. Los que saben cómo usar la tremenda fuerza de una red comprenden este importante hecho: no dependemos unos de otros ni tampoco somos independientes unos de otros; todos somos interdependientes.

BOB BURG,
autor de *Endless Referrals*

Para aumentar el rendimiento y la retención, piensa en cómo puedes favorecer los lazos entre tus empleados y varias comunidades importantes. Mucho de lo que aprendemos en el trabajo procede de estas redes informales. ¿Qué puedes hacer para que tus empleados establezcan vínculos con:

✓ la organización en su conjunto?
✓ el equipo o departamento?
✓ la comunidad profesional?
✓ la comunidad local?

Los vínculos con la organización

No importa en qué negocio estás; en la organización,
todos tienen que saber por qué.

Frances Hesselbein,
consejera delegada del Leader
to Leader Institute

No es preciso que trabajes para la Cruz Roja o para Greenpeace para forjar una relación significativa entre un empleado y la organización. Según un artículo de *World at Work*, un factor crítico en la retención de personal es «lo bien que los empleados comprenden la misión, las estrategias y los objetivos de la compañía y la manera en que pueden contribuir a los resultados de la misma. Las empresas que no concian a sus empleados sobre los objetivos de negocio y de la organización y sobre las necesidades de los clientes suelen tener una tasa de rotación de personal más alta». [46]

Como jefe puedes hacer mucho para crear ese vínculo. A veces, solo es necesario hablar de la historia de la compañía, de sus fundadores, de su razón de ser, de las importantes necesidades que satisface o de lo que los clientes dicen que la empresa ha hecho por ellos mediante su línea de productos o sus servicios.

Un fabricante de dispositivos médicos trajo a la empresa algunos pacientes de un hospital cercano, cuya vida se había salvado o había mejorado gracias a los productos de la compañía. Los empleados de todos los niveles asistieron a estas reuniones y pudieron hacer preguntas a estos usuarios. Los empleados se sintieron llenos de orgullo y su vínculo con la organización se hizo más profundo.

Reunirse con el presidente, el consejero delegado y otros dirigentes sénior es crucial para que los empleados se vinculen al propósito de la compañía. Mientras que la declaración de la misión de la empresa reproduce los principios subyacentes de la organización y raramente cambia, las metas son dinámicas. Mantén a los empleados al día de estos cambios en toda la organización para ayudarles a que se sientan vinculados. Si se enteran de estos cambios de pasada, quizá se sientan ajenos al círculo y hagan correr los temidos rumores.

El Banco de la Reserva Federal de Nueva York ayuda a que la gente dentro de la organización conecte con un grupo social llamado Club de la Reserva Federal, que patrocina viajes en los que pueden participar los empleados de todas las funciones, cargos y niveles. Esto ofrece, a personas que normalmente no se relacionarían unas con otras, la oportunidad de hablar relajadamente. Cuando un empleado necesita alguna información de otro departamento, es probable que tenga un contacto allí y no tema coger el teléfono y llamarlo.

Una manera de encontrar vínculos en la organización es hacer una lista de todas las reuniones departamentales a las que asistes en una semana. (¿La lista te da dolor de cabeza?) ¿Cuáles podrías delegar en un miembro de tu equipo? Incluso puedes liberar algo de tiempo de tu propio programa.

Véase Oportunidades

¿Cómo creas un vínculo entre los empleados del departamento y aumentas las posibilidades de que su lealtad se haga más profunda? Hay muchas maneras.

QUÉ HACER

✓ Celebra reuniones de foro abiertas y regulares. Si los empleados sienten que los escuchan, su conexión contigo y con el grupo será mayor. No temas despertar motivos de queja. Aunque no puedas hacer nada para solucionar el problema, la gente se siente mejor si tiene la oportunidad de contarlo en voz alta.

✓ Anima las salidas de grupo regularmente y no esperes que tu grupo lo haga en su propio tiempo libre. Considera la posibilidad de conceder una tarde pagada al mes... siempre que sea para una actividad de equipo.

✓ Da a los empleados tiempo para hablar. Con frecuencia, a los jefes les preocupa tanto que el trabajo no se haga que desalientan las conversaciones personales entre sus empleados. Lo que no parecen entender es que estas conversaciones les ayudan a sentir que hay una conexión entre ellos.

✓ Ofrece desayunos o almuerzos informales. En tu departamento necesitan relacionarse de forma no oficial, de vez en cuando. En un ambiente distendido puedes introducir un nuevo proyecto y hacer que fluya la creatividad. Un director sénior de una firma de relaciones públicas daba «vales» de almuerzo de 25 dólares a los sesenta empleados de su unidad, tres veces al año. Cada vez, había una única instrucción: «Lleva a almorzar a alguien a quien no conozcas bien y averigua más cosas sobre él y sobre el trabajo que hace». ¡Una manera hábil de establecer vínculos!

Los vínculos con el equipo o el departamento

Las relaciones sólidas en el trabajo son fundamentales para retener a tus empleados y claves para su productividad. La mayoría queremos y necesitamos compañeros con los que pensar, trabajar y crear.

En Estados Unidos, una abrumadora mayoría de empleados percibe un fuerte lazo entre la productividad de su lugar de trabajo y la calidad de sus relaciones

154

con los compañeros, los proveedores y los antiguos becarios de la compañía, según una encuesta de Select-Minds, líder en redes sociales corporativas. De hecho, el 87% de los empleados dice que es el máximo de productivo en su trabajo cuando está rodeado de compañeros con quienes tiene una buena relación/comunicación. [47]

Lástima

La competencia me ofreció un 10% de aumento sobre mi salario y lo acepté. Mi jefe estaba anonadado por mi dimisión. Creía que me encantaba mi trabajo y no tenía ni idea de que me pudieran tentar para marcharme. ¿Qué me había pasado?

Francamente, fue una combinación de cosas. No sentía ninguna conexión con mi lugar de trabajo ni con el equipo. Quizá si hubiéramos pasado un poco más de tiempo juntos o hubiera sentido que formaba parte de las cosas, me habría quedado. La compañía a la que voy funciona, sobre todo, en equipos. Espero que esto me ofrezca más la interacción que busco. Es decir, el dinero era atractivo, pero la oportunidad de integrarme en un equipo importaba todavía más.

Ingeniero de una firma aeroespacial

La mayoría de los trabajadores que empiezan quieren vincularse a un grupo de personas con quienes les guste trabajar. De hecho, para la novísima generación que entra en la fuerza laboral, la pregunta número uno que tienen en la cabeza podría ser: ¿Trabajaré con un equipo que me guste? Esto es tan cierto que incluso se marcharán todos juntos. Recientemente, ¡hemos sabido de 13 empleados de TI que dimitieron en grupo!

El ambiente de trabajo es la principal razón de que me quede. Tenemos una filosofía de trabajo en equipo asombrosa. De hecho, no importa en qué parte del país esté. Puedo ir a cualquier concesionario y decir: «Hola, soy un técnico del servicio de combustible» y, de inmediato, soy bienvenido. Es estupendo ser parte de una familia así.

Propietario de gasolinera

Apoyar las relaciones dentro de tu equipo o departamento puede ayudarte a atraer y a conservar a empleados valiosos. Algunas ideas:

QUÉ HACER

- ✓ Crea una intranet donde los empleados puedan colaborar unos con otros, buscar recursos organizacionales y compartir ideas.
- ✓ Patrocina un equipo de deportes departamental y organiza encuentros deportivos amistosos con otras secciones o compañías.
- ✓ Celebra pícnics familiares.

Los vínculos con la comunidad profesional

Las comunidades profesionales existen dentro y fuera de la organización. En el exterior, las asociaciones nos ofrecen la oportunidad de elevarnos por encima de nuestra propia organización y averiguar qué pasa en otros sitios. Conferencias, ferias, seminarios, seminarios por internet y sitios en línea para el trabajo en red son también medios magníficos para descubrir cómo manejan problemas y presiones similares otros profesionales. ¿Qué planteamientos dan resultado en otras organizaciones?

Lo que temen las *personas desvinculadas* es que los empleados que asisten a una reunión profesional lleguen a pensar que el césped es más verde en casa del vecino. ¿Y si les hacen ofertas de empleo? ¿Y si los intereses de su asociación los alejan más de su puesto? Todo es posible. Pero es igualmente posible *incluso si* no apoyas que se involucren. Alentar a tus empleados a unirse a asociaciones profesionales externas no es tan arriesgado como piensan quienes son reacios a estas relaciones.

Alienta a tus empleados a tejer redes de trabajo uniéndose a grupos profesionales y sociales de tu organización. Vincularlos a profesionales dentro de la organización es tan importante como ayudarlos a establecer lazos fuera de ella.

Los jefes de Hallmark Cards, Inc. practican el establecimiento de vínculos dentro de la organización. Alientan a todo el personal administrativo a asistir a almuerzos mensuales de The Hallmark Chapter of the International Association of Administrative Professionals.

Aquí tienes algunas cosas que podrías llevar a cabo para apoyar y construir relaciones profesionales para tu equipo:

QUÉ HACER

- ✓ Ofrece afiliaciones gratuitas a asociaciones profesionales como recompensa por el trabajo bien hecho.
- ✓ Reserva tiempo en las reuniones de personal para que tu equipo informe sobre conferencias o eventos a los que ha asistido.
- ✓ Ofrece llevar a varios de tus empleados contigo a tus reuniones.
- ✓ Ofrece hablar en una de las reuniones de la asociación a la que pertenecen.
- ✓ Pide a todos los que sean miembros de alguna asociación que aporten los boletines o revistas de su asociación a una mesa

de lectura o un sitio intranet. Dedica algún tiempo en la reunión de personal a hablar de alguno de esos artículos.

✓ Alienta a tus empleados a conectarse a sitios en línea como LinkedIn y Ryze.

Sabemos que no puedes construir estas conexiones *para* tus empleados, pero sí que puedes servir de modelo y animarlos a establecer vínculos.

Los vínculos con la comunidad local

Hacer que tus empleados se involucren en servicios de la comunidad puede ayudar a que se sientan vinculados a ella. Para algunos, estas actividades son una importante razón para elegir una organización en lugar de otra y para permanecer en la actual. Puedes apoyar estos esfuerzos. Mejor todavía, puedes construir los tuyos. En cualquier caso, promover una causa dentro de tu departamento o empresa hace que tus empleados se sientan orgullosos, favorece el trabajo en equipo, fomenta el vínculo entre los empleados y, además, proporciona el desarrollo de conocimientos. Hay empresas que han hecho que sus empleados participaran en aulas, centros comunitarios y proyectos de viviendas públicas.

QUÉ HACER

✓ Investiga qué proyectos locales hay, coméntalo en una reunión del personal y pide voluntarios.

✓ Pide a los empleados que propongan proyectos y selecciona uno o dos (o más) al año, como grupo.

✓ Invita a varios grupos de voluntarios locales a describir qué hacen en la comunidad y anima a los miembros de tu equipo a que actúen juntos como voluntarios.

✓ Invita a otro departamento a unirse al tuyo en un proyecto comunitario local (es una forma estupenda de que tus empleados tejan redes).

¿Cómo puedes ayudar a tus empleados a establecer vínculos?

A. J. dejó la organización, en parte, porque no tenía ningún lazo con ella. Podrías impedir algo parecido preguntando a tus empleados qué quieren.

QUÉ HACER

Pregunta a tus empleados si les gustaría:

✓ Recibir unas opiniones sinceras.
✓ Aprender algo específico.
✓ Enterarse de las oportunidades.
✓ Recibir información.
✓ Recibir ayuda para una idea.
✓ Ser más visibles.
✓ Encontrar nuevos contactos.

Luego, pregúntate quién más —dentro o fuera de la organización— podría satisfacer las necesidades de cada empleado. Pon en contacto a cada uno con la persona más capaz de satisfacer sus necesidades en cuanto a las siguientes habilidades:

Véase Mentor

• **Nutrir.** Nutre a tus empleados alentándolos a tejer relaciones personales con otras personas de la organización.

- **Patrocinar.** Encuentra a alguien que los pueda ayudar a conseguir visibilidad, quizás incluso a recomendarlos para un nuevo puesto. Aunque tú mismo puedes patrocinar a tu empleado, un colega o miembro sénior del equipo podría ofrecerle algo diferente.
- **Enseñar.** Como jefe, no puedes ser el único maestro para todo tu personal. Encuentra a alguien que pueda ayudar a un empleado a aprender algo nuevo. Puede ser una experiencia de aprendizaje a corto plazo o una asociación continuada y duradera.
- **Informar.** Busca a alguien que tenga información sobre lo que pasa dentro o fuera de la organización y pueda transmitirla. Recuerda que algunos de tus compañeros están más cerca que tú de las fuentes del poder y que otras personas tienen conexiones diferentes de las tuyas.
- **Aconsejar.** Encuentra a alguien que esté en posición de dar buenos consejos, alguien que ha visto algo, que ha estado allí, que lo ha hecho. Cuantos más de estos buenos consejeros puedas señalar, mejor.[48]

Véase Información

Instrúyelos sobre el secreto de la reciprocidad

Una larga lista de nombres carece de sentido a menos que represente una relación real, forjada ofreciendo tu propia ayuda y colaboración a lo largo del tiempo. Luego, cuando llegue el día y necesites alguna pista sobre un empleo, un consejo para solucionar un problema o simplemente información sobre el nuevo jefe, estarás dentro del círculo, en lugar de desterrado en el exterior.[49]

La expresión latina *quid pro quo* significa «una cosa por la otra» o, en una traducción más contemporánea, «si tú haces algo por mí, yo haré algo por ti». Si establecer vínculos solo se utiliza para pedir algo a los demás, se convertirá en algo parcial e interesado.

Con frecuencia oímos historias de «intercambios elegantes»; cosas que tú puedes ofrecer, que a ti te resultan fáciles y que la otra persona necesita pero no cuenta con recursos para hacerlas. Por ejemplo, puedes enseñar a alguien a manejar un nuevo programa informático. Puedes hablar a alguien de un libro que has leído y que le sería de incalculable valor o incluso hacerle un resumen. Hay miles de maneras de intercambiar cosas.

QUÉ HACER

Menú **quid pro quo**. Servicios que puedes ofrecer a tus «vínculos» a cambio: [50]

SERVICIO	EJEMPLO
Iniciar vínculos con otros	Un posible cliente o proveedor
Proporcionar ideas originales	Una nueva manera de procesar pedidos
Ayudar a otros a buscar ideas	Nuevas maneras creativas de comercializar un producto
Ofrecerte a colaborar	En la actividad benéfica de alguien
Incrementar las redes de otros	Proporcionar nombres de contactos que otro necesita
Reducir la carga de trabajo de otros	Ofrecerte para escribir parte de una propuesta
Ofrecer tu opinión	Aconsejar maneras de mejorar el folleto de marketing
Recomendar a otros	Ayudar a la venta de un producto a través del boca a oreja
Compartir conocimientos	En la destreza en informática

La reciprocidad directa no tiene por qué ser la única manera de que esto funcione. Una película de éxito basada en el libro *Pay It Forward** proponía que la gente ofreciera «devolver» lo recibido dando algo a otras tres personas. Al final, todos ganamos. Imagina una organización que pone en práctica esta filosofía. Tal vez puedes empezar en tu propio departamento. Pregunta a tus empleados como pueden iniciar una «cadena de favores» con sus compañeros, sus colegas profesionales, su comunidad, su organización, quizás incluso su sector.

CONCLUSIÓN

Las relaciones son una razón importante que la gente da para quedarse en una organización. (Recuerda, era la número tres de nuestra lista.) Si los lazos son débiles o inexistentes, marcharse es más fácil. Hoy, los trabajadores del conocimiento necesitan establecer vínculos con otros para hacer su trabajo. Sus vínculos reforzarán los tuyos —en un *quid pro quo* perfecto— y será más probable que se queden.

---

* En español el libro se titula *Favor por favor* y la película, *Cadena de favores*. *(N. de la T.)*

13

M. Mentor

Tienes que serlo

Ojalá hubiera habido alguien que me advirtiera de algunos de los detalles que nunca aparecen escritos en ningún manual de normas.

A. J.

Es dos veces más probable que las personas que tienen mentores se queden. Los ejecutivos sénior y los profesionales de Recursos Humanos lo saben. Por esta razón, los programas con mentores se han doblado en los últimos años, en todas las organizaciones. Las compañías que quieren retener mujeres y minorías con un alto rendimiento están invirtiendo en programas de este tipo; hay quien cree que la ayuda de un buen mentor romperá las barreras que impiden ascender. Esta actividad se ha convertido no solo en una manera de transferir saber y habilidades cruciales, sino también de inspirar lealtad a los nuevos empleados, a los líderes emergentes y a los trabajadores más veteranos que, de lo contrario, podrían marcharse antes.

Las compañías están ofreciendo incentivos creativos a los mentores, emparejándolos con empleados recién contratados y ofreciendo este servicio en grupo y a través de la red para acelerar el desarrollo de habilidades técnicas y de gestión.

Pero este libro no trata de los programas estructurados de este tipo que preparan los profesionales de Recursos Humanos.

Trata de la actividad de mentor que *tú* puedes hacer, desde tu puesto de jefe, ahora. Además, no es tan complicado. Cuanto más actúes como mentor para tus subordinados directos, menos pensarán en marcharse.

Cuando apenas llevaba unas semanas en su trabajo como jefe de enfermería, Robert Cordo se enfrentó a la pesadilla de cualquier supervisor: cómo despedir a un empleado problemático. «Me pasaba el día llamando a Charlotte. Ella me ayudó, paso a paso, a hacerlo», dice Cordo que, con 29 años, había sido promocionado a principios de año de enfermero de plantilla a jefe de enfermería en el Baptist Hospital de Miami y se encontró como jefe de sus antiguos colegas, casi todos mujeres y muchos de más edad y con más experiencia que él. Lo que lo ayudó a evitar los posibles escollos fue la relación que tenía, como mentora, con Charlotte Gibson, también jefe de enfermería, que llevaba treinta y cinco años en el Baptist. «Aunque hayas trabajado como enfermero durante mucho tiempo, cuando te conviertes en jefe es un nuevo cometido —explica Gibson—. No necesitas un mentor para hacer preguntas sobre temas de medicina. Lo que necesitas es saber cómo moverte dentro de las normas del oficio». Charlotte orientó a Cordo para que pudiera enfrentarse a su empleado difícil, asegurándose de que documentara los pasos que daba para cambiar la situación y de que siguiera las normas del hospital en el despido. «Es lo más difícil que harás —le advirtió—. Organizarlo todo». [51]

Entonces, ¿qué tiene que hacer un mentor?

Actuar de mentor no exige una formación específica ni mucho tiempo. Los buenos jefes hacen de mentores de forma natural, con frecuencia sin siquiera darse cuenta. Aquí tienes una manera sencilla de recordar el arte y la ciencia de esta actividad y una plantilla para que la uses a fin de considerar cómo y dónde podrías mejorar tu tarea de mentor en el día a día.

Dar ejemplo	Sé un modelo de lo que quieres que hagan tus empleados. Ayúdalos a encontrar también otros modelos de comportamiento.
Estimular	Apoya y alienta a tu gente en los buenos y en los malos momentos.
Nutrir	Averigua los conocimientos y capacidades únicos de tus empleados. Nutre sus ideas, relaciones y a ellos mismos.
Enseñar la realidad organizacional	Díselo tal como es. Ayúdalos a evitar esos campos de minas organizacionales que nunca aparecen descritos en ningún manual de normas.

Modelos para «arreglárselas» y modelos para «dominar»

Una máxima maravillosa, oculta en lo más profundo de la literatura empresarial, dice que es más probable que confiemos en los que saben «arreglárselas» que en los que parecen «dominarlo» todo fácilmente. Los que se las arreglan no siempre tienen éxito ni lo consiguen a la primera. Los que dominan no parecen salirse nunca del camino y siempre lo tienen todo controlado. Si crees que tus empleados necesitan verte como si tuvieras todas las respuestas y como si no cometieras ningún error, entonces este aspecto de tu tarea de mentor será el más difícil para ti.

Un experto mundialmente conocido en crianza efectiva preguntó a un grupo de doscientos padres, muchos de los cuales eran mayores, cuál pensaban que era el medio (muy investigado) de aumentar claramente la autoestima en los niños. Se levantaron muchas manos. Nadie acertó. El orador dijo que la capacidad del padre para decir «Me he equivocado» era lo que tenía el máximo efecto en la autoestima de los niños. El orador preguntó entonces al público cuántos recordaban que sus padres pronunciaran estas palabras alguna vez. Se levantaron muy pocas manos.

Así pues, nuestra pregunta es cuán real puedes permitirte ser. Creemos que la respuesta es «bastante real». Por ejemplo, digamos que no pudiste cumplir con el orden del día predeterminado en una reunión importante. Comentarlo con un empleado («Esto es lo que creo que sucedió: ¿Viste cómo me desvié del tema por la pregunta de Max?») es una manera estupenda de hacer de mentor.

Para un mentor, ser un modelo de conducta significa estar alerta a las oportunidades de mostrar cómo te las has arreglado, permitiendo que los demás hagan lo propio.

Alentar justo en el momento oportuno

El estímulo depende de cómo lo vea quien lo recibe. Por ejemplo, una empleada dice: «Nunca me anima», mientras que su jefe dice: «La he animado todo el tiempo». ¿Cómo se puede dar ánimos eficazmente?

Está claro que la atención y la retención van de la mano. Es más fácil para los que han recibido aliento.

A algunos jefes les resulta natural alentar a sus empleados en una conversación casual. Esta es la manera más fácil de ofrecer estímulo, en el momento oportuno. Consta de tres pasos:

1. **Reconocer.** Prestar atención a algo.
2. **Verbalizar.** Decir algo.
3. **Movilizarse.** Hacer algo. [52]

Cualquiera de los tres pasos será un estímulo, pero los tres combinados son mucho más poderosos. Por ejemplo, Liliana da un desplegable magníficamente diseñado a su jefe y dice: «He estado jugando un poco con el nuevo programa de dibujo».

1. **Reconocer.** Jefe: «Vaya, tiene muy buena pinta. No sabía que te gustara esta clase de cosas». (Bien)
2. **Reconocer y verbalizar.** Jefe: «Oye, es muy bueno. ¿Te gustaría dedicarte más a este tipo de cosas?». (Mejor)
3. **Reconocer, verbalizar y mobilizarse.** Jefe: «Si te gusta este tipo de cosas, ¿por qué no se lo dices a Marc, el diseñador? Y averigua cuándo va a dar su próximo curso de diseño». (Óptimo)

Véase Carrera

Una actitud espontánea así es incluso más importante si tienes un tiempo limitado para reunirte con tus empleados. En muchos casos, estas simples interacciones les transmiten el mensaje de que son importantes.

Además, recuerda que debes alentarlos cuando las cosas no van tan bien como deberían. Si estás a su lado tanto en los buenos como en los malos momentos, confiarán en ti, rendirán por ti y se quedarán más tiempo.

Nutrir sobre la marcha

Innumerables empleados que se han marchado de sus empresas dicen que sus jefes nunca se detenían lo suficiente como para comprenderlos o interesarse por ellos.

Lástima

De una entrevista con un jefe de nivel sénior en una compañía de alta tecnología:

Entrevistador: ¿Tuvo alguna vez un mentor?

Jefe: Claro. Era mi jefe. Realmente se preocupaba por mí. Pasaba a verme todo el tiempo, me hacía preguntas fantásticas, me obligaba a pensar en lo que estaba haciendo y por qué. Me dio muchos ánimos y alimentó mi creatividad.

Entrevistador: ¿Y usted hace lo mismo con alguien?

Jefe: No... me gustaría, pero la verdad es que ahora no tenemos tiempo.

La tarea de mentor exige tiempo... pero no mucho. Lo que sí exige, sobre todo, es la voluntad de demostrar al otro que nos importa de verdad.

Nutre ideas. Cuando un empleado viene a verte con propuestas o ideas sobre cómo hacer algo de una manera diferente, ¿dices que no de inmediato? ¿Matas una idea antes, casi, de que haya salido de su boca? (Di la verdad.) Sabemos que los empleados se sienten menospreciados y rechazados con más frecuencia de lo que sus jefes creen. Y esto hace que marcharse sea más fácil. Procura escuchar toda la idea, procura tratarla como un «¿Y si...?». Pide más información. Consúltala con la almohada, medítala. Piensa: «¿No es interesante?», antes de pensar: «Nunca saldrá bien».

Nutre las relaciones. Llega a conocer a tus empleados y ofréceles todas las oportunidades para que lleguen a conocerte.

Una vicepresidenta sénior de marketing, en una compañía entre las diez primeras de la lista Fortune 500, comentó que le gustaría que los jefes de la organización reconocieran lo importante que es para sus empleados relacionarse con ellos. «Y no me refiero a nada profundo —dijo—. Son las pequeñas cosas, como tomar una taza de café juntos de vez en cuando». Los empleados quieren percibir que cuentan y que les prestan atención. Cuando se sienten invisibles, les resulta fácil marcharse.

Ayuda a tus empleados a forjar relaciones con otros en la organización. Estas conexiones les ayudarán a hacer su trabajo y aumentarán las probabilidades de que se queden.

<small>VÉASE VÍNCULOS</small>

En las organizaciones, el auténtico poder se genera a través de las relaciones. El tipo de relaciones y la capacidad de formarlas son más importantes que la tarea, la función, el cometido y el puesto.

MEG WHEATLEY

Enseñar la realidad de la organización

Todos conocemos, por lo menos, una historia triste de un empleado técnicamente brillante que descarriló debido a errores garrafales, falta de habilidad interpersonal o ignorancia de las reglas no escritas.

Innumerables libros de asesoramiento corporativo señalan que la brillantez académica por sí sola no garantiza el éxito. Daniel Goleman habla del coeficiente emocional (la capacidad para analizar los sentimientos propios y ajenos).[53] Paul Stoltz se refiere al coeficiente de adversidad (la capacidad para enfrentarnos a la mala suerte o al fracaso en los planes).[54] Otros acusan a la arrogancia, la insensibilidad hacia los demás o la gestión hacia arriba, en lugar de hacia abajo, de ser un freno al avance profesional.

Estos expertos señalan también que lo que puede ser un obstáculo en una organización no lo es forzosamente en otra. La arrogancia que puede hacer descarrilar a un empleado de tu equipo quizá sea entendida como un factor de éxito en otro lugar. La clave es ayudar a tus empleados a averiguar qué da resultado (y qué no lo da) en *esta* organización. Tu capacidad y voluntad *de decirlo tal como es* puede salvar una carrera, tal vez para beneficio de tu propia organización.

Lástima

Era técnicamente brillante. Se había graduado entre el 2% superior de su promoción, en una de las primeras escuelas del país. La cortejaban todos nuestros competidores. Ganamos nosotros. Le ofrecimos oportunidades para que continuara por la vía rápida, para que trabajara con otros compañeros brillantes, para que participara en diversos comités que tomaban decisiones sobre nuestra futura dirección. Teníamos grandes planes para ella.

Sin embargo, tenía un genio tan vivo que empezó a caerle mal a la gente. Continuamente, se saltaba nuestra cadena de mando. Ofendía a los demás. Nadie le ofreció medios alternativos de tratar con la gente cuyo respeto necesitaba.

Lentamente, su influencia se fue desgastando. Aunque seguía siendo fantástica en lo que sabía, no conseguía comunicarse con su equipo ni con sus compañeros. La gente la evitaba. Fue quedándose cada vez más aislada y sintiéndose más descontenta con nuestra organización. Antes de saber lo suficiente como para intentar hablar con ella y ayudarla, la perdimos.

Director de una empresa de alta tecnología

El estilo y la habilidad interpersonal de esta empleada quizá funcionaran estupendamente en la universidad o incluso en otra organización. Aquí no dieron resultado, dada la cultura de empresa de nuestra organización. Y nadie se lo dijo.

Actuar como un buen mentor puede entrañar tener que decir a un empleado que sus actos pueden hacerle fracasar en esta compañía. Escucha la voz que, dentro de tu cabeza, dice: «Esta actitud no va a funcionar aquí». También puede significar explicarle a qué reuniones más le vale no llegar tarde o a qué jefes más le vale no tratar de soslayar. Se trata de compartir información sobre las normas no escritas. Sobre cómo ves la organización y cómo suele actuar.

Un gerente de una compañía química mundial participaba como mentor en un programa de actuación en grupo. Su responsabilidad era reunirse con un grupo de personas con un alto potencial, una vez al mes, durante dos horas, y hablar con ellas sobre cualquier cuestión que pareciera importante. Tenía una pregunta favorita, que planteaba a cada grupo y le entusiasmaba el diálogo que seguía. Exponía: «Tengo una teoría que llamo RIE. Es una teoría de éxito. ¿Qué parte de las siglas creéis que es más importante? ¿Los resultados? ¿La imagen? ¿La experiencia?». Le encantaba oír que los jóvenes y brillantes ingenieros químicos gritaban al unísono: «¡Los resultados!».

«No —respondía, desafiante—. No son los resultados, seguro. Eso lo damos por descontado. La máxima señal del éxito es la imagen y la experiencia». A los ingenieros eso no les gustaba nada. Luchaban contra él, defendiendo su terreno centímetro a centímetro. No podían creerse que algo tan etéreo pudiera ser tan importante y esto los ponía furiosos. Pero él seguía en sus trece. Escuchaba sus comentarios y reconocía su rabia. Les explicaba que también él se sentía así cuando empezó en la compañía.

Al final, todos los grupos acababan entendiéndolo. Y le estaban agradecidos por poner la cuestión sobre la mesa y enseñarles esa lección no demasiado agradable. No sabemos si todos le hicieron caso. Probablemente, los que lo hicieron alcanzaron un éxito mayor. Pero todos valoraban la discusión y su franqueza. Nunca lo olvidaron.

Pero ¿y si tu trabajo de *coach* tiene que ver con la política de la organización y te equivocas? Tu opinión es solo tu opinión. ¿Podrías fastidiarla más todavía? No lo creemos.

Nunca hemos sabido de un jefe que se excediera en su trabajo de mentor y, por ello, perdiera un empleado. Nunca hemos sabido de un jefe que se entregara a esa tarea con demasiada frecuencia y, por ello, perdiera la confianza de alguien. Nunca hemos sabido de un jefe que hablara demasiado a menudo sobre cómo veía el mundo de la organización y, por esta razón, no consiguiera retener a alguien con talento.

Los empleados necesitan conocer tu punto de vista. Quieren saber cómo ves la manera en que la gente recibe y ofrece recursos, qué clase de estrategias de influencia funcionan o no funcionan y qué quieren encontrar algunos líderes sénior en sus informes, sus presentaciones y sus reuniones. Y quieren saber todo esto antes de meterse en el campo de minas o, por lo menos, quieren ser capaces de revisar algo que no funcionó y comprender por qué.

VÉASE VERDAD

De forma que, si ahora estás asintiendo, considera la posibilidad de usar una de tus reuniones de personal para abrir un diálogo sobre la realidad de la organización.

QUÉ HACER

Invita a tu equipo a hablar sobre cualquiera de los temas siguientes:

- ✓ ¿Qué he averiguado sobre lo que cuenta en esta organización?
- ✓ ¿Cómo han contribuido mis éxitos y mis fracasos a mi crecimiento?
- ✓ ¿Qué me ha sorprendido más sobre la cultura de la empresa?
- ✓ ¿Qué cambio me resultó más difícil llevar a cabo?
- ✓ ¿De qué manera te puedes meter en un auténtico lío aquí?
- ✓ ¿Cómo consigue alguien descarrilar?
- ✓ ¿Qué sé ahora que me gustaría haber sabido entonces?

En la actualidad, todo el mundo está ansioso por sostener una conversación franca sobre las organizaciones. Debido a la rabiosa competencia, pocos empleados sienten que pueden expresarse o plantear las preguntas que tienen en mente. La mayoría afirma que no le gustan los politiqueos. Pero, como es una realidad de la vida corporativa, un mentor supervisa el bienestar de un protegido dentro de su organización; lo educa y protege, evitando que tropiece. Un jefe decidido a conservar a los empleados valiosos puede adaptar alguno de estos principios.

Después de un seminario, las autoras recibieron esta carta de uno de los participantes:

Mi razón para escribiros es contaros una anécdota de un mentor que marcó una diferencia en mi carrera. Lo hizo de muchas maneras, pero una, relativamente reciente, cobra un relieve especial. Habíamos pasado semanas trabajando juntos en el plan de desarrollo de uno de mis empleados estrella. Fueron necesarias muchas llamadas, muchas y largas discusiones; había muchas cuestiones que tratar, pero trabajamos con el empleado en cuestión para diseñar un plan que tuviera sentido.

Pero lo más importante es lo que viene a continuación. Cuando acabamos la última conversación y estuvimos de acuerdo en que funcionaría, lo miré y dije: «Ya está». Recuerdo que me recosté en la silla y respiré hondo, lleno de alivio. Estaba contento por haber resuelto las cosas y feliz de que hubiéramos conseguido dar con una solución. Pero, además, miraba a mi alrededor y veía todos los trabajos pendientes, los informes y otras cosas acumuladas que habían tenido que pasar a segundo plano durante la dura tarea de la semana. Y dije: «Vaya, me alegro de que se haya acabado. Ahora podemos volver al trabajo».

Me miró fijamente a los ojos y dijo: «No lo entiendes, Joe; este es nuestro trabajo. Si no lo hacemos, no tenemos nada. Es nuestro trabajo. —Encontró un espacio vacío en mi mesa, entre los papeles y, señalándolo, añadió—: Esto es lo que hacemos. No lo olvides nunca».

Bien, esto sí que es todo un mentor.

Un mentor al revés

Deja que tus empleados sean tus mentores. Deja que te digan lo que saben. Deja que te enseñen cómo podrías ser más eficaz. Los jefes que están abiertos a aprender de los miembros de sus propios equipos no solo aprenden conocimientos nuevos, sino que, además, consiguen una valiosa información sobre lo que pasa en un nivel diferente de la organización.

CONCLUSIÓN

Tus empleados quieren que les enseñes cómo funciona todo y saben que su carrera sufrirá si no lo haces. Quieren que les cuentes lo que te ha pasado a ti. Tus fracasos y tus éxitos proporcionan una información valiosa que no se puede conseguir de otra manera. Quieren que seas un modelo de la conducta que esperas de ellos. Los jefes que actúan como mentores establecen una gran relación con sus empleados y descubren que reciben una fuerte recompensa en términos de entrega y retención.

14

N. Números

Hazlos

El jefe de mi amiga le dijo que podían
sustituirla fácilmente por alguien que cuesta
mucho menos. Lo dijo medio en broma,
pero ella sabía que, en parte, hablaba en serio.
Se marchó, porque quiere trabajar
para alguien que valore el trabajo que hace.
A. J.

Imagina que llegas al trabajo una mañana y te encuentras con que han entrado a robar. Un ordenador nuevo ha desaparecido de la mesa de un empleado. Llamas a la oficina de seguridad del edificio y a la policía. Luego pones en marcha tu propia investigación. Estás decidido a averiguar cómo ha sucedido y quién es el responsable. No descansarás hasta que se resuelva el caso. De inmediato, aumentas las medidas de seguridad. No va a desaparecer nada más.

Ahora piensa en la última vez que uno de tus empleados con más talento te fue arrebatado por la competencia o que, simplemente, él se marchó. ¿Qué clase de investigación pusiste en marcha? ¿Qué medidas aplicaste para impedir que volviera a pasar? Tal vez la pérdida de un activo que vale entre 40.000 y 200.000 dólares no disparó ninguna alarma porque nadie calculó el coste de perder a alguien con talento. No lleva mucho tiempo hacer los números. Y quizá te sorprendas.

Los números y los balances generales son el lenguaje universal de los negocios. Tanto los trabajadores de primera línea como los directores de alto nivel los entienden.

Una importante organización de atención sanitaria calculó, conservadoramente, que la rotación de personal «lamentable» le costaba 60 millones de dólares al año, mientras que una firma de alta tecnología de Silicon Valley descubrió que el coste de ese movimiento de empleados superaba los 120 millones al año.

No solo estamos perdiendo buenos empleados; estamos perdiendo a personas estupendas. Casi una de cada cinco personas que nos dejan voluntariamente cada año es el empleado que más rinde. El coste de este movimiento en productividad perdida, papeleo y nueva contratación es enorme; está en decenas de millones de dólares.

Director General
de un importante banco

Es posible que una cuidadosa valoración de los números te convenza para que te centres más en retener a tus empleados con talento.

¿Qué dice la etiqueta del precio?

Quizá creas que estas personas comprometidas, con talento, que han tenido un papel fundamental en tu éxito, pueden ser fácilmente sustituidas. Y sí, es posible que les encuentres sustitutos con un salario más bajo. Con frecuencia, oímos este argumento, en especial durante los periodos en los que el desempleo es alto, cuando muchos buenos elementos buscan trabajo. Sin embargo, con frecuencia, los jefes que dicen esto no han calculado el coste real del movimiento de personal. La mayoría de los expertos está de acuerdo en que sustituir a un empleado clave te costará el doble de la retribución económica anual de esa persona. Los trabajadores «de platino» (profesionales muy cualificados) podrían costarte, fácilmente, cuatro o cinco veces su salario anual.

Lástima

John era uno de nuestros ingenieros con más talento y responsable de inventar parte de nuestra tecnología clave. Después de un año con un éxito fenomenal, esperaba algún tipo de recompensa o reconocimiento por parte de su jefe. Cuando no le ofrecieron nada (ni siquiera le dieron las gracias) fue a ver a su jefe y le pidió un aumento del 15 % (unos 15.000 dólares). Su jefe respondió inmediatamente: «¡Olvídalo!». John lo hizo y dejó la organización para ir a trabajar con un competidor que estuvo encantado de pagarle un 30 % más de lo que había estado ganando. Hubo quien dijo: «Oh, bueno, lo sustituiremos en cuestión de semanas».

Esto es lo que sucedió realmente:

✓ *Contratamos a un cazatalentos por 40.000 dólares para que tratara de arrebatarle a la competencia alguien como John.*

✓ *Después de una búsqueda de tres meses, encontramos cinco buenos candidatos y les pagamos el viaje en avión para que vinieran a hacer una entrevista, con un coste total de 5.000 dólares.*

✓ *Seleccionamos al nuevo ingeniero (después de muchos agasajos, comidas y persuasión) y acordamos una prima inicial de 10.000 dólares y un complemento de 25.000 dólares por la mudanza. El salario que negociamos era un 25 % superior al de John (20.000 dólares de diferencia el primer año).*

Así que la suma total, en salario y gastos, estaba alrededor de 100.000 dólares para que el nuevo empleado entrara en la empresa. Pero espera, que eso no es todo.

✓ *Nuestro competidor ganó a John (con su brillante cerebro y sus conocimientos técnicos incluidos) y a continuación consiguió un contrato multimillonario que habría sido nuestro.*

✓ *Todos los compañeros de John empezaron a buscar, a ver qué encontraban, y la noticia llegó a los ejecutivos de la compañía. La alta dirección decidió darles un aumento del 15 % durante dos años seguidos (con un coste de 200.000 dólares).*

✓ *Perdimos dos o tres personas clave en beneficio de la competencia. Sus conocimientos técnicos se fueron con ellos. Nuestra tecnología de vanguardia se filtró puertas afuera y nuestros competidores se vieron fortalecidos de la noche a la mañana.*

Es decir, al final no supuso un coste de 100.000 dólares; fueron miles de millones, literalmente. Y esto sin tener en cuenta los costes más difíciles de medir, que son una moral más baja, el descontento y una menor productividad después de la marcha de John. En retrospectiva, está claro que su jefe (y otros) deberían haberse esforzado un poco más para conservarlo. Tendrían que haberle mostrado reconocimiento, pagarle lo que valía en el mercado y también asegurarse de que se sentía estimulado y feliz con su trabajo cotidiano. Perderlo fue un error muy caro.

Director de una compañía aeroespacial

Esta historia real puede parecer inusual. Por supuesto, no todos los empleados valen miles de millones para el resultado final. Sin embargo, nadie, excepto el director de nuestra historia, hizo los cálculos para ver cuánto había costado, realmente, perder a John. Nadie lo hace, casi nunca, porque tendrían que buscar las verdaderas causas de la rotación de personal o encontrar a quién echarle la culpa. Quizás incluso necesitaran crear estrategias de retención. La mayoría de los líderes sencillamente no quiere hacer todo eso.

Algunos lectores han reaccionado a esta historia diciendo: «Eh, espera un momento; John se fue por más dinero. ¡Creíamos que habíais dicho que raramente era por el dinero!». No se marchó, realmente, por el dinero, ni siquiera en esta historia. Fue porque quería que lo escucharan, lo apreciaran y lo valoraran. John se sintió dolido y frustrado por un jefe que no reconocía ni recompensaba sus esfuerzos y que descartó automáticamente su petición de aumento. Veamos: ¿qué podía haber hecho de otra manera el jefe de John? Podría haber:

- ✓ Elogiado a John y agradecido sus importantes aportaciones.
- ✓ Escuchado su petición y reconocido que se merecía el aumento... y dicho que vería qué se podía hacer y cuándo.
- ✓ Preguntado qué más podía hacer (si no era darle un aumento inmediato) para recompensarlo por sus aportaciones.
- ✓ Calculado el coste de conservar a John (15.000 dólares) comparado con el coste de perderlo (ya lo has visto... ¡miles de millones!).

Véase Preguntar

Nunca sabrás cuánto cuesta perder a un empleado con talento si nunca calculas el coste. Con el coste real de perder a un empleado con talento en mente, recomendamos utilizar la siguiente tabla para calcular el precio que tiene sustituir a uno de tus empleados excelentes. [55] *Hemos dejado espacios en blanco para que añadas aspectos que son importantes en tu organización.*

Haz números

Punto	Coste
Anuncios en prensa e Internet	_____
Empresa de búsqueda	_____
Primas por remisiones	_____
Costes de la entrevista: líneas aéreas, hoteles, comidas, etc.	_____
Mayor salario, prima a la firma y otros extras	_____
Suplemento por traslado	_____
Pérdida de productividad del empleado antes de marcharse (desinterés, puesta al día del currículum, tiempo en Monster.com buscando trabajo, tiempo pasado entrevistándose, negociando y aceptando el nuevo puesto)	_____
Tiempo del jefe y de los miembros del equipo invertido en las entrevistas	_____
Trabajo detenido hasta que el sustituto se ha incorporado	_____
Sobrecarga de trabajo en el equipo, incluyendo horas extra para hacer el trabajo durante la selección y la formación del sustituto	_____
Tiempo de orientación y formación para el sustituto	_____
Clientes perdidos	_____
Contratos o negocio perdidos	_____
Baja de moral y productividad	_____
Pérdida de continuidad de los asuntos a través de los límites departamentales y reducción de la productividad como resultado	_____
Pérdida de otros empleados (¡se siguen unos a otros!)	_____
_____	_____
_____	_____
_____	_____
_____	_____
Coste total calculado por perder a un único empleado clave	_____

Observa que algunos de estos gastos son *directos* (los primeros seis de la lista), mientras que otros son *indirectos*, como la sobrecarga de trabajo en el equipo, los clientes o el negocio perdidos (costes de oportunidad). Es irónico que algunos de los costes indirectos sean los más altos. ¿Los has calculado?

Lástima

Como parte de una campaña de reducción de gastos, un director dijo al jefe de su departamento que despidiera a uno de sus cuatro auxiliares. El jefe se tomó su tiempo para decidir a qué persona echar, porque todos tenían la misma responsabilidad laboral. Finalmente, seleccionó al que tenía peores resultados. Pero, antes de informar al desdichado, el que más rendía y más experiencia tenía dimitió. El jefe se sintió aliviado por no tener que pasar el mal trago de despedir a nadie. El director se alegró porque habían reducido la plantilla. Sin embargo, la historia no tiene un final feliz. La productividad de la persona que dimitió era casi cinco veces superior a la de la que habría sido despedida. [56]

¿Qué pasa si «dimiten», pero se quedan?

¿Alguna vez has tenido un empleo donde, cada día, solo llevaras al trabajo una parte de ti? ¿Qué le costó tu actitud a la organización?

Una investigación actual de Gallup muestra que los empleados activamente indiferentes (los que no están contentos pero representan activamente su infelicidad) cuestan a Estados Unidos más de 300.000 millones de dólares al año en productividad perdida. [57] Y los estudios de Towers Perrin, The Conference Board y Bain Consulting respaldan estos resultados.

Así que, aunque sabíamos que el movimiento físico de personal te cuesta un dineral, ahora sabemos también que el cambio psicológico puede costarte tanto o más.

La buena noticia es que lo que atrae a la gente también la conserva.

Piensa en esto:

✓ ¿Cuánto dinero ahorraría tu organización si redujera la rotación de personal en un 1 %? ¿Cómo utilizaría esos dólares si no tuviera que dedicar tiempo a reclutar, contratar y formar a nuevos empleados? (Ten en cuenta el desarrollo del empleado, los programas de enriquecimiento, las primas, los incentivos o la investigación y desarrollo.)

✓ ¿Cuánto ganaría la organización si sus empleados con talento llevaran un 5 % más de su corazón y su cabeza al trabajo? ¿Qué podríais hacer con ese dinero?

CONCLUSIÓN

Haz números. Calcula el coste de perder y sustituir a empleados valiosos, fundamentales. Evaluar estos costes puede ser revelador para los jefes que tienen una actitud de «tal como viene, se va» respecto al movimiento de personal. Acentúa tu compromiso para lograr que tus empleados más valiosos sigan plenamente entregados a tu equipo.

15

O. Oportunidades
Explótalas

Me fui porque se me presentó
una oportunidad mejor.
A. J.

La afirmación de A. J. resume innumerables respuestas recogidas en la entrevista de salida. A veces, se trata de decir lo políticamente correcto (en lugar de decir «Mi jefe era un cretino») y, a veces, es la verdad. Las personas con talento tienen mucho donde elegir respecto al lugar de trabajo. Para conservarlas, aprende cómo «explotar las oportunidades» con ellas.

Explotar las oportunidades significa buscar, encontrar y luego aprovechar esas oportunidades con tus empleados. Esto *no* significa que seas responsable de su trayectoria profesional. Pero si de verdad quieres conservarlos, debes ayudarlos a encontrar oportunidades en tu propio terreno, para competir con las que encontrarán en otros lugares.

Lástima

Lynne era una nueva promesa, destinada a hacer grandes cosas para el equipo... Además, su excelente trabajo siempre dejaba en un lugar fantástico a su supervisor. Cuando dijo que se iba y su jefe le preguntó por qué, respondió: «He estado muy bien aquí. Eres un jefe fantástico y todos son estupendos. Es solo que estoy lista para algo nuevo y ha surgido esta oportunidad en otra compañía. No la buscaba, simplemente se presentó. He decidido ir a por ella».

El jefe se sentía absolutamente consternado por perderla. ¿Qué iba a hacer el equipo? Le ofreció más dinero, pero el atractivo de esta nueva y apasionante oportunidad hacía que, mental y emocionalmente, Lynne ya se hubiera marchado. Y cuando el jefe ahondó un poco más, se dio cuenta de que, en su propio departamento, había una oportunidad idéntica a la que hacía que se fuera.

La responsabilidad es de los dos lados. Ella no lo pidió y su jefe no se ofreció para ayudarla a buscar la siguiente oportunidad.

Evita esta situación y conserva a tus empleados valiosos por medio de un proceso de tres pasos que llamamos «explotación de oportunidades». Antes de pensar en los tres pasos, considera tus propias opiniones sobre las oportunidades que hay en el trabajo.

¿Eres generoso en oportunidades o avaro de ellas?

Para descubrir oportunidades, se debe mirar el mundo de una manera diferente, a través de un cristal distinto. Es imposible volver más lista a la gente, pero podemos ayudarla a mirar con nuevos ojos.

GARY HAMEL,
Harvard Business Review

Explotar las oportunidades significa oportunismo en el sentido más positivo de la palabra. Sus tres conductas clave son *buscar*, *ver* y *aprovechar*. (Lo opuesto de alguien que aprovecha las oportunidades es alguien que lloriquea por no tenerlas; ya sabes, ese que no para de quejarse, constantemente, de su mala suerte en el trabajo y en la vida.)

Como jefe, puedes asociarte con tus empleados en la explotación de oportunidades. Empieza por tantear hasta qué punto estás mentalizado sobre ellas. Completa la Auditoría de oportunidades que hay a continuación para averiguar *si estás muy mentalizado o poco mentalizado*.

AUDITORÍA DE OPORTUNIDADES [58]

Utilizando la escala siguiente, apunta el número que mejor indique el grado en que cada afirmación es verdad para ti: 1 = raramente, 2 = a veces, 3 = usualmente, 4 = siempre.

Me siento cómodo cuando considero los puntos de
vista de otros. _____

Busco y utilizo nuevas tecnologías para mejorar la
productividad. _____

Conozco las tendencias del mercado; podría decirte
qué competidores hacen qué y por qué. _____

Tomo parte activamente en grupo(s) profesional(es). _____

Utilizo mis redes de contacto para lanzar y apoyar mi
avance profesional. _____

Soy flexible en cuanto a adaptar los planes, cuando el
primer o el segundo intento fallan. _____

Me siento cómodo interpretando las zonas «grises» de
la política y la práctica. _____

Hago conocer mis intereses profesionales por medio de
canales oficiales (anuncios de empleo) y oficiosos
(conversaciones). _____

Sé cómo conectar con la gente y la información, y otros
buscan mi ayuda para conseguir acceso o
información. _____

¿Qué tal? Si tienes un nivel alto en oportunidades (una puntuación superior a 27), probablemente ya estás buscando, viendo y aprovechando las oportunidades para ti y, quizás incluso, para tus empleados. Si puntúas muy bajo (menos de 18), podrías beneficiarte de los consejos que siguen. Solo un jefe que tiene siempre presentes las oportunidades puede ayudar de verdad a que los empleados encuentren ocasiones propias.

No hay seguridad en este mundo; solo oportunidades.

DOUGLAS MACARTHUR [59]

Buscar oportunidades

Demasiados empleados y jefes dan vueltas por sus organizaciones sin buscar ninguna oportunidad. O parece que solo vean los aspectos negativos o los negros nubarrones en cualquier horizonte despejado. No obstante, quienes buscan salidas, con frecuencia ven el brillo de algo nuevo, y pueden actuar a favor de ellos mismos y de sus empleados. Tu voluntad de buscar será un ejemplo de esta acción positiva para tus empleados. *También es importante para ti.*

¿Alguna vez preguntas a los empleados sobre el tipo de oportunidades que pueden estar buscando e, incluso, los ayudas a buscar? (Sí, aunque eso signifique que algunos buenos elementos dejen el equipo.)

Conocemos una firma de ingeniería que es una organización rica en oportunidades, donde los jefes las buscan. Han creado una cultura corporativa donde los empleados se sienten cómodos diciendo lo que piensan cuando se aburren o necesitan o quieren un nuevo reto, una promoción o una clase diferente de trabajo. Los jefes celebran, regularmente, reuniones para el desarrollo de los empleados, a fin de hablar de los intereses y deseos de estos. Hacen aflorar nuevas posibilidades y vinculan las metas de los empleados con oportunidades que ya existen o que empiezan a asomar por el horizonte. Después de varios años, los resultados son medibles y positivos. No solo conservan a su gente de talento, sino que además han mejorado el reclutamiento, ya que los entrevistados ven la compañía como una organización rica en oportunidades.

Aunque esta empresa lanzó oficialmente su fórmula para aplicarla a todo el sistema, no es necesario hacerlo de esta manera. Lo puedes hacer tú mismo.

Organiza reuniones de desarrollo con tus empleados. El único tema debería ser sus carreras y las salidas que están buscando. «¿Y si aquí no hay oportunidades? —preguntas—. ¿Y si al preguntar a mis empleados qué buscan abro una caja de Pandora? ¿Y si no puedo, sencillamente, ayudarlos o, al hablar del tema, los animo a marcharse?». Para responder a estas difíciles preguntas, ponte en su lugar. ¿Qué te parece un jefe que quiere ayudarte a buscar oportunidades? ¿Qué pasa con tu nivel de respeto y entrega mientras trabajas para él o para ella? ¿Qué pasa con tu lealtad hacia este jefe o incluso hacia el equipo o la compañía? ¡Todo *sube*!

QUÉ HACER

✓ Pregunta a tus empleados qué oportunidades buscan. Ayúdales a pensar con amplitud y creatividad, yendo más allá de algunas primeras respuestas que se les ocurran, tales como una promoción. Pregúntales, por ejemplo, qué les gustaría aprender este año.

Los jefes del Hotel Hilton ayudan a sus empleados a encontrar ocasiones de aprender. Un camino es la plataforma de aprendizaje Hilton, por Internet. Un reciente estudio realizado por la empresa demostró que, al dar a los empleados la posibilidad de aumentar sus conocimientos por medio de la plataforma de aprendizaje en línea, los convencieron para quedarse. Un 40% de encuestados cree que la oportunidad de reforzar sus conocimientos fue el principal factor para continuar su carrera en el Hilton. [60]

✓ Intercambia ideas abiertamente con ellos para que afloren oportunidades que enriquezcan los puestos que tienen actualmente.
✓ Habla con los jefes de otros departamentos para averiguar dónde puede haber nuevas posibilidades.

VÉASE ENRIQUECER

Y recuerda: No lo verás hasta que lo busques.

Ver oportunidades

¿Qué dice aquí?

OPPORTUNITY
ISNOWHERE[*]

✓ La oportunidad está aquí ahora.
✓ La oportunidad no está en ninguna parte.
✓ La oportunidad la nievo aquí. (Estás en un aprieto si has elegido esta.)

La mayoría de nosotros nos encasillamos en un único punto de vista y nos mantenemos seguros de lo que hemos descubierto.

---

[*] Según se divida la segunda palabra, dirá cosas distintas: IS NOW HERE = Está aquí ahora. IS NOWHERE = No está en ninguna parte. I SNOW HERE = (Yo) nievo aquí. *(N. de la T.)*

Puede que hayas escogido la primera respuesta o la segunda y ni siquiera hayas pensado que puede existir otro punto de vista. Pruébalo con tus empleados. Es una estupenda manera de empezar a hablar de oportunidades.

Del mismo modo que, en el ejercicio, puede que hayas visto una frase diferente de la que vio tu empleado o tu compañero, también puedes ver muchas oportunidades en la organización mientras que tus empleados no ven ninguna.

Si tienes una mentalidad abierta a las oportunidades, ayudarás a tus empleados a *buscarlas*, pero también les ayudarás a verlas cuando las tienen delante de las narices.

Puedo ver cómo una importante tarea de aprendizaje que un jefe me asignó en una ocasión me estableció como experto al que los demás respetan. Antes era invisible. Ahora comprendo lo importante que es que yo haga lo mismo con mis subordinados directos.

Gerente, alta tecnología

Puedes arrojar luz sobre algo, señalar las características y diferencias y dar la vuelta a una oportunidad o ponerla cabeza abajo para hacer que sea más visible. Mejor todavía, puedes ayudar a tus empleados a hacer estas cosas por sí mismos. Junto con tus empleados, pregunta: «¿Dónde y con cuánta atención estamos mirando?».

Una compañía industrial tiene una red interna de más de 360 personas en toda la organización, que están dispuestas a tomarse el tiempo necesario para hablar con los empleados que quieran enterarse de la naturaleza de su trabajo y de las exigencias de su puesto. Esta red tiene una base de datos informatizada (llamada Internal Information Interview Network) con los nombres y antecedentes de todos los empleados que participan.

Otra organización que conocemos celebra ferias profesionales internas. El mensaje a sus empleados valiosos es que, si están buscando una nueva oportunidad, ¡primero pueden mirar en casa!

Son maneras estupendas de compartir información sobre las oportunidades. Y medios geniales de ver si una actividad que parece mejor, lo es realmente. Si tu organización no tiene bases de datos ni ferias profesionales internas, también puedes animar a quienes estén dudando (y mirando por ahí) a entrevistarse o a enviar un correo electrónico a personas que conozcas en otras áreas. Algunos jefes dejan que sus empleados vean cómo son las cosas, ofreciéndoles la oportunidad de sustituir a otros que están de vacaciones o que disfrutan de un periodo sabático. ¿Podrías hacerlo?

QUÉ HACER

✓ Mira alrededor para ver qué está cambiando en tu departamento, división u organización. ¿Qué nuevos proyectos asoman por el horizonte? ¿Qué departamento crece y cuál se reduce? ¿Quién puede estar a punto de retirarse o de marcharse en busca de otras salidas, abriendo una puerta para uno de tus empleados? Habla de estas posibles oportunidades con tus empleados. Observa atentamente y busca a fondo para encontrarlas.

Atrapar la oportunidad

Muchas personas son buenas buscando y viendo oportunidades incluso cuando están camufladas. Pero otras muchas no son tan hábiles en la actividad más crucial para quien busca nuevas oportunidades: aprovecharlas. Por ejemplo, seguramente conoces a alguien que tiene una lista de acciones o propiedades que *estuvo a punto* de comprar, un deporte que *estuvo a punto* de aprender, un viaje que *estuvo a punto* de emprender.

Si conseguiste una puntuación alta en la Auditoría de oportunidades, es probable que las busques, encuentres y aproveches bien. Si quieres retener a tus empleados con talento, ayúdales para que aprendan a atrapar las oportunidades que se les presenten. ¿Qué obstáculos hay para que las aprovechen? Puede ser útil averiguar por qué tus empleados no actúan y qué puedes hacer para ayudarlos.

QUÉ HACER

✓ Si tus empleados no crean un plan de acción para su carrera, ayúdales a analizar por qué no lo hacen y luego ayúdales a realizarlo. Estos planes deberían estar divididos en pasos, con programas de tiempo, posibles obstáculos y ayuda necesaria (de qué clase y de quién).

✓ Si tus empleados no cumplen los planes (demasiado ocupados, demora en los recursos), podrías ayudarlos. Proponles reuniones regulares para hablar del progreso que hacen, y buscad, juntos, ideas para superar los obstáculos.

✓ Si tus empleados empiezan a dudar (parálisis analítica), podrías ayudarlos a evitarlo. Con su acuerdo, señala las actitudes de duda que más probablemente son tácticas dilatorias que auténticas valoraciones. De nuevo, con su permiso, empújalos a la acción cuando ya hayan hecho el suficiente análisis.

✓ Si tus empleados deciden que una oportunidad en particular no es para ellos, podrías ayudarlos a decidir si de verdad no es la elección adecuada. Después de estudiarlas atentamente, algunas oportunidades es mejor dejarlas de lado.

✓ Si tus empleados dejan que otras personas los convenzan para dejarlo, podrías ayudarlos a ser fuertes frente a los «amigos» y colegas negativistas y enemigos del riesgo. Son personas que desconfían de las oportunidades (a veces incluso son del tipo quejica).

✓ Si tus empleados tienen miedo a actuar, podrías ayudarlos a enfrentarse a ese miedo y pasar a la acción. A veces, lo único que necesitamos es un aliado que nos proporcione apoyo y valor cuando nos asustamos. Habla de los ¿y si...? con ellos: ¿Qué pasa si lo pruebas y no sale bien? Por lo general los riesgos no entrañan un peligro de muerte, aunque quizás ellos lo perciban así.

Hay dos maneras de llegar a la copa de un roble. Una es sentarse en una bellota y esperar... la otra es trepar hasta allí.

KEMMONS WINSOL,
fundador de los hoteles Holiday Inn

CONCLUSIÓN

Nuestras investigaciones demuestran que, más que por cualquier otro factor, la gente se queda en una organización debido a las oportunidades que le ofrece para superarse, para hacer un trabajo significativo y para aprender.

Si esperas conservar a tus empleados valiosos en el equipo, debes tener una mente abierta a las oportunidades —ser un oportunista en el mejor sentido de la palabra— por el bien de tu gente. Si acuden a ti queriendo algo nuevo o algo más, colabora con ellos para encontrar oportunidades. Alégrate de tener unos buscadores de oportunidades ambiciosos en tu equipo.

Una advertencia: Si no puedes ayudarlos a buscar, ver y atrapar las oportunidades que hay en casa, puedes estar seguro de que los perderás en beneficio de organizaciones que sí pueden.

16

P. Pasión

Aliéntala

El trabajo estaba bien, pero no ponía el alma en él.

A. J.

¿Ayudas a tus empleados a encontrar un trabajo que les entusiasmaría realizar? Quizá no siempre sea fácil; incluso es posible que corras el riesgo de perderlos. Pero si no colaboras con tus empleados de talento para encontrar un trabajo que les apasione, no lo dudes, acabarás perdiéndolos igualmente.

Elige un trabajo que te guste y no tendrás que trabajar ni un solo día en tu vida.

CONFUCIO

La pasión por el trabajo significa que lo que hacemos nos parece tan apasionante que, a veces, ni siquiera parece trabajo; tan apasionante que nos electriza, que nos da un «subidón». Lo reconocemos: incluso los que sienten esta pasión raramente la sienten cada día, pero sí que conocen la sensación y se dan cuenta de cuándo la pierden.

Somos apasionados

¿Sabes qué despierta la pasión de tus empleados? ¿Tienes idea de qué hace que se levanten cada mañana, con ganas y entusiasmo por lo que el día les aportará? Hemos preguntado a docenas de personas sobre sus pasiones laborales y estas son algunas de las respuestas:

- ✓ «Me encanta crear algo nuevo, algo que nadie ha visto ni imaginado nunca antes».
- ✓ «Me entusiasma trabajar en un equipo tan de élite. Hay gente muy brillante aquí».
- ✓ «Me fascina dibujar, soldar, construir algo».
- ✓ «Me apasionan los números. Prefiero trabajar con ellos que con la gente».
- ✓ «Me emociona de verdad descubrir una nueva regla matemática».
- ✓ «Me encanta ayudar a alguien a hacer algo mejor y sentirse más feliz mientras lo hace».
- ✓ «Me entusiasma dirigir a otros. Es estupendo motivar y guiar un equipo para que haga grandes cosas».
- ✓ «Mi pasión es dar la vuelta a las cosas; coger algo que está roto y arreglarlo».
- ✓ «Me encanta ser parte de una gran compañía que está haciendo un trabajo importante».

De estas respuestas tan diversas emerge un factor común: cuando alguien hace algo que le gusta, es cuando mejor trabaja. Si ayudas a conectar lo que apasiona a tus empleados con su trabajo, ellos y tú cosecharéis la recompensa.

Las pasiones están conectadas con el mundo real más directamente que las tareas cotidianas. Si te apasiona algo, pondrás tanto de ti en hacerlo que forjará tu futuro.

FRANCIS FORD COPPOLA

VÉASE PREGUNTAR

Desvela y descubre

Veamos: ¿qué puedes hacer para ayudar a alguien a encontrar un trabajo que lo atraiga profundamente? Primero, pregunta. Pregunta de diferentes maneras, porque la gente responde de formas distintas a diferentes palabras. Prueba: «¿Qué trabajo te gusta hacer realmente?» o «¿Qué te apasiona?» o «¿Qué te produce el máximo entusiasmo o placer en el trabajo?». Cuando contesten, ahonda un poco más. Luego piensa creativamente cómo puedes emplear su pasión.

En un artículo de *Harvard Business Review* se describían los esfuerzos de Mark Levin, consejero delegado de Millennium Pharmaceuticals, por mantener vivo el espíritu emprendedor en su compañía.

> *Todos los meses, nos reunimos para aportar ideas. El objetivo es recrear la pasión y el fanatismo que teníamos cuando todos los empleados de Millenniun cabíamos sentados en torno a una única mesa. Cada líder es responsable de comunicar a su grupo lo que hemos discutido y, también, de alimentar su entusiasmo. Como resultado, en Millennium tenemos muchas reuniones informales de pequeño tamaño. Todo esto ayuda a mantener viva la pasión.* [61]

¿Cuándo fue la última vez que reuniste a tu equipo para pedirle ideas y alentarlo a contar con la creatividad de los demás? ¿Cuándo te sentaste con uno de los miembros de tu propio equipo y pensasteis juntos? A los empleados les gusta mucho tener la oportunidad de pensar en voz alta con sus jefes; quieren «dejarse ir» de vez en cuando. ¿Sabes quién lo desea más? ¿Quién se nutre más con esta clase de interacción? ¿Has encontrado tiempo para hacerlo? ¿Has encontrado tiempo para ellos?

Un jefe tuvo una «conversación apasionada» con su empleada, y así se desarrolló:

Jefe: ¿Qué te gusta hacer? ¿Por qué sientes pasión?

Tara: Recientemente he aprendido a utilizar un programa de autoedición y he creado unos folletos para mi iglesia. Me lo estoy pasando en grande.

Jefe: Me gustaría saber si podríamos usar tu talento e intereses de alguna manera en el trabajo.

Tara: Lo he estado pensando y me pregunto si podría encargarme del diseño de ese nuevo boletín de la compañía del que hemos estado hablando.

Jefe: ¿Cómo encajaría eso en tu actual carga de trabajo, que ya es muy pesada?

Tara: Por supuesto, no dejaría de hacer mi trabajo. Esto ya lo sabes. El proyecto se sumaría a mi trabajo actual.

Jefe: ¿Qué tal si lo probamos? Tenme al día según trabajes en el primer número. Dime qué va bien y qué no va bien.

Tara se sentía bastante aburrida con su trabajo. Llevaba años haciendo lo mismo, y el interés había desaparecido. Incluso había estado pensando en marcharse. Se volcó en el nuevo proyecto, formó equipo con sus compañeros y produjo un boletín de primera. Sus compañeros y su jefe la elogiaron y se quedaron asombrados de su habilidad.

Desde entonces, Tara ha ampliado su trabajo para incluir múltiples proyectos de autoedición. Su jefe ha trabajado con ella para reestructurar su puesto, de forma que parte de sus deberes anteriores pasaran a otros empleados. La energía y la productividad de Tara se han disparado y se despierta con muchas ganas de ir al trabajo. La clave de su renovado entusiasmo es que su jefe colaboró con ella para poner al descubierto, y luego capitalizar, su pasión.

¿Y si la pasión está fuera del trabajo? Hay personas que se apasionan más por esquiar o por sus hijos que por el trabajo. ¿Qué hacemos entonces? Piensa de qué manera su lugar de trabajo puede permitirles hacer más de lo que les gusta. El trabajo a distancia, la jornada flexible y los servicios de guardería infantil en la empresa son medidas que favorecen la pasión de la gente.

No puedo ni imaginar dejar este empleo. El trabajo día a día es bueno y el equipo es estupendo. Pero uno de los mejores aspectos es que unos cuantos nos vamos a esquiar los viernes. Trabajamos duro toda la semana para acabar el trabajo; a veces, trabajamos por la noche e, incluso, el fin de semana cuando es necesario. Luego nos vamos. Esquiar es mi pasión y este empleo me permite disfrutar de ella cada semana. ¿Cuántos trabajos hay así?

Contable de una empresa de software

Este empleado muy productivo continuará produciendo para su jefe y su equipo. Es la compensación de la flexibilidad de su director.

QUÉ HACER

✓ Pregunta a tus empleados qué les gusta hacer. ¿Qué les apasiona?
✓ Ahonda. Comprende realmente lo que te están diciendo.
✓ Sé creativo. Colabora con ellos para encontrar medios de:
  • Incorporar su pasión al trabajo que hacen.
  • Flexibilizar, de alguna manera, su trabajo para que tengan tiempo de dedicarse a su pasión fuera del trabajo.

Cómo inflamar la pasión

La mayoría de los jefes necesita un poco de ayuda para construir equipos apasionados. Veamos unos cuantos elementos de ignición:

Contrata por la pasión

¿Por qué no seleccionar la pasión en primer lugar? Averigua si el candidato siente pasión por marcar una diferencia o por el producto o el servicio de tu empresa. ¿Le apasiona el trabajo que hace tu unidad o trabajar en un equipo? Si construyes un equipo de gente apasionada, no solo producirán para ti; en realidad, se ayudarán unos a otros a quedarse.

Muestra tu pasión

Comparte la pasión que sientes por trabajar con tu equipo. Lo que haces es el modelo de lo que esperas de los demás.

> *Ray Thousand, presidente y consejero delegado de United PanAm Financial Corporation, una empresa de rápido crecimiento, habló a sus 150 líderes principales en un congreso reciente. Cuando entró en la estancia, recibió una ovación clamorosa. Su charla era sobre los problemas y éxitos de la compañía, y se centró ampliamente en el papel que tienen las personas en la ecuación del éxito. Hacia la mitad de su discurso, dijo: «Todo se basa en el producto, los procesos y las personas. Sin las personas, lo único que tendríamos sería un edificio vacío... nada más». En sus comentarios finales, afirmó: «¡Me encanta esta empresa! ¡Y me encantan las personas que hay en ella!». La sala estalló en aplausos.*
>
> *Ray siente pasión por su trabajo y por las personas que dirige. Y no le da miedo mostrarlo.*

Comparte una misión significativa

Douglas Conant, consejero delegado de Campbell Soup, cree en esforzarse por concentrar las emociones de sus empleados en el trabajo que realizan. Dice que hay que conseguir que los empleados «se enamoren del programa de trabajo de su compañía».[62]

¿Qué programa tiene tu compañía? ¿Por qué existe tu equipo o tu organización? ¿Cuál es tu misión? Compártela con tus empleados. Luego, vincúlalos claramente con ella. Diles de qué manera su trabajo contribuye a hacerla realidad. Diles lo fundamentales que son para ti, para la misión del equipo y para la organización.

He sido conserje y experto en mantenimiento aquí durante treinta años. Cuidamos de ancianos que necesitan atención médica y ayuda en su vida diaria. Se merecen lo mejor, después de todo lo que han hecho y dado en su vida. Me encanta mi trabajo. Ayudo a que este edificio sea bonito y seguro para los que trabajan y viven aquí. El director me concedió un premio por mis servicios y dijo a todos lo fundamental que soy para que nuestros residentes estén bien atendidos. El premio está colgado en la pared de mi casa.

Experto en mantenimiento de un hogar
para ancianos

Este hombre tiene más claro que el agua cuál es el valor de su trabajo. Lo inspira la misión de la organización y la razón de que él esté aquí.

QUÉ HACER

- ✓ Contrata a personas apasionadas para tu equipo.
- ✓ Comparte y muestra tu pasión por el trabajo y por las personas.
- ✓ Expresa claramente la misión de tu organización o equipo y vincula tus empleados a ella.

Elementos que destruyen la pasión

A veces, el fuego está ahí y luego, sin más, se extingue. Las personas con pasión pueden quemarse si alguien sofoca su pasión.

Hay dos tipos de cosas que pueden destruir la pasión: uno es la propia organización y el otro, tanto si lo crees como si no, eres tú.

Lástima

Le encantaba formar y enseñar a los demás y me dijo que quería hacer más en ese sentido. En todas las oportunidades que se presentaban, se ofrecía voluntario para dar una clase, cualquier clase, incluso si no era de formación técnica. Aprendió a favorecer un proceso de formación de equipo que demostró tener mucho éxito en su unidad de negocio. Pero yo no podía dejarlo libre para que hiciera más de lo que tanto le gustaba. Era uno de nuestros mejores ingenieros y no podíamos permitirnos apartarlo de sus proyectos clave para que se ocupara de este otro trabajo. Pensándolo ahora, es absurdo que fuera tan protector con él y con su tiempo... ahora no tengo ninguno de los dos. Se marchó hace seis meses a un puesto que le permite utilizar tanto su talento como su pasión.

Director de un servicio público

Limitaciones organizativas

¿Qué limitaciones te impiden dar a tus empleados un trabajo diferente o más trabajo de la clase que les gusta? Con frecuencia, la lista es larga. A esas limitaciones, algunos las llaman simplemente la «realidad». Se podría pensar que, en realidad, no tenemos suficiente:

- ✓ Tiempo.
- ✓ Dinero.
- ✓ Personal.
- ✓ Apoyo de la dirección.
- ✓ _____ (llena el espacio en blanco).

Véase Cuestionar

Estas limitaciones pueden ser reales. Pero recuerda, si no ayudas a tus empleados valiosos a encontrar un trabajo que les guste en tu organización, los perderás. ¿Tienes suficiente tiempo, dinero y personal para enfrentarte a su pérdida y sustitución?

Interés propio

Cuando ayudas a tus mejores empleados a destapar y perseguir su pasión, quizá te dejen para perseguir esos sueños. Por propio interés (a veces, por interés del grupo), es posible que te inclines por no querer hablar de la pasión. Sin embargo, tus probabilidades de conservar a esas personas son mayores cuando colaboras con ellas para que encuentren un trabajo apasionante y significativo aquí mismo, donde están.

Mi pasión era el trabajo voluntario que hacía en mi comunidad. Pasaba las noches y los fines de semana con un grupo que trabajaba con chicos de los barrios degradados de Los Ángeles. Éramos sus mentores y les ofrecíamos campos de deporte seguros y oportunidades educativas. En cuanto al trabajo... sinceramente solo aparecía por allí, hacía lo mínimo y luego, a las cinco en punto, me marchaba disparado. Un día me reuní con mi jefe y le describí el trabajo voluntario que estaba haciendo y lo mucho que significaba para mí y tuvo una idea brillante. Me explicó que su jefe le había dicho que la organización se estaba involucrando en unos nuevos programas sociales de la comunidad y que estaban pensando en crear un nuevo puesto dentro de la organización. Antes de darme cuenta, me había convertido en director de los proyectos comunitarios de nuestra corporación. Mi trabajo y mi pasión son ahora una misma cosa. Mientras pueda hacer esto, no me marcharé de esta organización.

Director de una compañía de entretenimiento

El jefe perdió a este empleado para su equipo (era inevitable), pero lo *salvó* —a él y a su pasión— para la organización.

QUÉ HACER

- ✓ Calibra qué limitaciones de la organización extinguen la pasión. ¿Son reales? ¿Cómo las puedes superar?
- ✓ Sé sincero respecto a tus propios intereses. Sé claro sobre los costes y los beneficios que conlleva ayudar a tus empleados a encontrar un trabajo que les entusiasme.
- ✓ Respalda y alienta a tus empleados mientras persiguen su pasión.

En los comentarios finales de su libro, *What Should I Do with My Life* (¿Qué debo hacer con mi vida?), Po Bronson cuenta cómo Michael Dell, de Dell Computer, lo invitó a participar en un panel de expertos en una reunión del Business Council, un grupo de más de cien consejeros delegados de algunas de las mayores compañías del país. Al grupo le hicieron una gran pregunta: «¿Qué quieren los empleados? ¿Qué se necesitaría para conseguir que se comprometieran más, que aportaran más ideas, para sacarles más valor?».

He aquí la respuesta de Bronson:

Quieren encontrar un trabajo que les apasione. Ofrecerles prestaciones e incentivos es un mero compromiso. Ofrecerles educación es importante, pero no suficiente... demasiados de nuestros empleados con un nivel muy alto de formación están actuando al 25 % de su capacidad, inseguros de cuál es su lugar en el mundo, aportando demasiado poco a la máquina productiva de la civilización moderna, sintiéndose todavía como observadores, como si no estuvieran, ni de lejos, a la altura de su potencial.

Tenemos que orientarlos mejor. Es preciso que los alente-
mos a encontrar su propio punto dulce. La productividad
estalla cuando alguien ama lo que hace. [63]

CONCLUSIÓN

Los que llevan a cabo lo que les gusta suelen hacerlo muy bien. Si falta la pasión en el trabajo, tus mejores empleados quizá no aporten lo mejor de sí mismos al trabajo. Así pues, colabora con ellos para desvelar y descubrir lo que les gusta hacer. Vincúlalos, a ellos y a su trabajo, a tu misión y ayúdalos a eliminar las barreras que haya para hacer lo que les gusta. Ganarás unos empleados entusiastas que permanecerán entregados y productivos... y en tu equipo.

17

Q. Cuestionar

Reconsidera las normas

El año pasado, por dos veces, se me ocurrió una manera un tanto poco ortodoxa de abordar un problema. Las dos veces me dijeron simplemente: «Iría en contra de nuestras reglas hacerlo de esa forma». Ya no he vuelto a ofrecer mis ideas.

A. J.

Si la innovación es tan importante, ¿por qué resulta tan difícil apoyarla? ¿Por qué es tan fácil decir no antes que sí? ¿Por qué es más sencillo mirar si hay un precedente para lo que un empleado quiere hacer?

Cuando tus empleados vienen a verte con ideas y conceptos nuevos o con algo que transgrede las normas, lo que quieren oír es: «Vaya, pues tienes razón», «Probemos, a ver qué pasa» o «A lo mejor funciona». Quieren reconocimiento por sus ideas y soluciones innovadoras y quieren que *tú* los apoyes cuando cuestionan lo existente. Aumentarás las probabilidades de conservar a los empleados valiosos si les permites que pongan en tela de juicio las reglas que rigen su puesto, su lugar de trabajo, incluso la empresa.

Una norma es una norma

El mundo sería todavía más caótico si no hubiera reglas. Contamos con que las normas darán seguridad y cordura a nuestra comunidad y lugar de trabajo. Sin embargo, la mayoría estaríamos de acuerdo en que el progreso exige cuestionar esas normas.

¿Qué hubiera pasado si estas personas no hubieran puesto en duda lo establecido como norma?

✓ *Hermanos Wright:* ¿Por qué las personas no pueden volar?

✓ *Steve Jobs:* ¿Por qué no todos pueden tener su ordenador?

✓ *Thomas Edison:* ¿Por qué no podemos iluminar nuestras casas con electricidad?

✓ *Fred Smith:* ¿Por qué no podemos trasladar paquetes por todo el mundo de la noche a la mañana?

✓ *Jonas Salk:* ¿Por qué no podemos evitar la polio?

¿Y si otros no hubieran hecho estas preguntas?

✓ ¿Por qué no podemos ir a la Luna?

✓ ¿Por qué no podemos usar el láser para las operaciones quirúrgicas?

✓ ¿Por qué no podemos compartir datos al instante a través de largas distancias?

✓ ¿Por qué no podemos fabricar un ordenador después de que nos lo encarguen?

✓ ¿Por qué no podemos crear aviones y barcos invisibles para el radar?

Ya te haces una idea, ¿verdad? Los que cuestionan las normas y, finalmente, las transgreden son nuestros innovadores. Mejoran nuestra vida y son la columna vertebral de las organizaciones que tienen éxito.

Lástima

Darren era un nuevo empleado, que habíamos contratado para que nos trajera ideas frescas y una nueva perspectiva del exterior. Empezó a incordiarnos ya durante su primer mes. Continuamente planteaba cosas como: «¿Habéis pensado en hacerlo de esta manera?» y «¿Por qué este proceso necesita ocho pasos, cuando podría hacerse en cuatro?». Nos aferrábamos a la manera en que lo habíamos hecho siempre... ¿Por qué arreglarlo si no está roto? Darren aguantó seis meses y luego nos dejó estupefactos a todos al marcharse. Dijo que aquí no se apreciaban las nuevas ideas. Lo triste es que tiene razón.

Jefe de una firma de tecnología médica

Tal vez estés pensando que Darren podía haber esperado unos meses antes de proponer todos esos cambios. Pero ¿no lo contrataron por la frescura de sus ideas? Darren habría prosperado en un lugar de trabajo que alentara de verdad la creatividad.

Veamos: ¿cuán abierto estás a las cuestiones que tus empleados te plantean?

QUÉ HACER

Completa las siguientes frases para determinar si te pareces más al Jefe A o al Jefe B:

Cuando los empleados me piden que cuestione las normas, por lo general:

Jefe A	Jefe B
☐ Les digo que sí o que no rápidamente.	☐ Les digo que me gustaría estudiarlo mejor, con ellos.
☐ Les explicó por qué razones lo hacemos de esta manera.	☐ Evito justificar cómo lo hacemos.
☐ Les digo que no tengo tiempo de ocuparme de eso.	☐ Propongo un espacio de tiempo para ocuparme de su planteamiento.
☐ Propongo que se lo pregunten a otro.	☐ Colaboro con ellos para encontrar otros recursos si es necesario.

Si eres más parecido al Jefe A, es posible que estés orientado a la acción y que seas muy productivo. Aunque puedes tener unos rasgos excelentes, también podrías ser un *jefe poco favorable a las propuestas*. Tus empleados no tardarán en darse cuenta y:

✓ Dejarán de presentarte propuestas.
✓ Cerrarán su mente creativa e innovadora.
✓ Serán menos entusiastas respecto a su trabajo (y, posiblemente, también menos productivos).
✓ Te dejarán por otro trabajo donde se alienten sus propuestas.

Si te pareces más al Jefe B, también es posible que seas muy productivo. Pero tiendes a responder abiertamente y con entusiasmo a las propuestas de tus empleados y eres un *jefe favorable a las propuestas*. Estás acostumbrado a pensar: «¿Y si diera resultado?» o «¿Por qué no ver si podríamos cambiar esa política?» o «¿Cómo podría esta idea hacer que fuéramos más productivos?». Dedicas tiempo a intercambiar ideas con tus empleados y colaboras con ellos para buscar respuestas a sus planteamientos.

Quince años atrás (antes de que la jornada flexible fuera popular), Barry fue a ver a su jefe y le preguntó si podía hacer una semana de cuatro días. El quinto día quería ayudar en el negocio de su esposa, que estaba creciendo. La petición era inusual y representaba, claramente, una ruptura de las normas, pero Barry era un científico muy valorado y su jefe no quería perderlo. Consideró cuidadosamente la petición y se esforzó en conseguir que la aprobaran. Salió bien. Barry sigue produciendo e innovando para la misma organización, porque su jefe se replanteó las normas.

Piensa en los primeros que plantearon propuestas sobre estas normas:

- ✓ Trabajo compartido.
- ✓ Jornada flexible.
- ✓ Trabajo desde casa.
- ✓ Ropa informal.
- ✓ Equipos autogestionados.
- ✓ Guarderías.
- ✓ Planes de titularidad para los empleados.
- ✓ Permisos por maternidad/paternidad.

Son solo unas cuantas de las innovaciones laborales que ahora muchos empleados dan por sentadas. ¿Cómo habrían sido recibidas en tu organización quince años atrás? ¿Y hoy? Si van en contra de las reglas de tu lugar de trabajo, habla con quienes podrían cambiarlas.

Un grupo de ingenieros muy valorado, procedente de la India, tenía lo que algunos interpretaron como un par de peticiones

*raras. Pidieron a su jefe que solicitara al jefe sénior de inge-
niería lo siguiente:*

✓ *Que pusiera moqueta en su zona de trabajo, para que pudieran quitarse los zapatos y colocarlos contra la pared,
según su costumbre.*
✓ *Que instalara una pequeña cocina para que sus esposas
pudieran ir a prepararles sus platos indios preferidos.*

*No había precedentes para estas peticiones y el manual de
normas ciertamente no las apoyaba. El jefe sénior de ingeniería consideró el coste (5.000 dólares) y el beneficio (un equipo
muy feliz) y dijo que sí. Afirmó que eran los 5.000 dólares
mejor invertidos en motivar y retener a un grupo de trabajo
desbordante de talento.*

VÉASE ESPACIO

El jefe de este equipo tuvo el valor de presentar su petición. Y
el jefe sénior tuvo la prudencia de escuchar, además del valor de
actuar. ¿Eres como ellos?

Por favor, no hagáis preguntas hasta el final

¿Cuántas veces has oído esto? Por lo general, luego no queda
tiempo para las preguntas. Quizás el orador no quería realmente
que le plantearan nada. Si eres un jefe favorable a las preguntas,
las acoges calurosamente, igual que haces con las ideas innovadoras de los empleados, en cualquier momento, en cualquier cantidad y sobre cualquier tema.

Una pregunta no hecha es una puerta no abierta.

MARILEE ADAMS, autora de *Change Your
Questions, Change Your Life*

Imagina el talento que se pierde (con frecuencia en favor de un competidor) porque nadie se tomó el tiempo de escuchar las estimulantes preguntas hechas por personas innovadoras.

Lástima

Siempre estaba demasiado ocupado, y sabíamos que no teníamos que molestarlo con preguntas o nuevas ideas para nuestros sistemas. Le gustaba trabajar estrictamente según las normas y quería que nosotros también las siguiéramos a rajatabla y nos limitáramos a hacer el trabajo. Lo triste fue que a nuestro equipo se le ocurrió una manera mejor y más rápida de elaborar un producto superior. Sabíamos que si les dábamos la oportunidad, nuestras ideas podían ganar dinero para la compañía. Mantuvimos la boca cerrada y seguimos trabajando. Yo me marché de la empresa y encontré un lugar más innovador donde trabajar.

Supervisor de un equipo de producción

Demasiado de algo bueno: normas, directrices, políticas, procedimientos

Todos son necesarios hasta cierto punto, en especial para dirigir con eficacia organizaciones grandes y complejas. Pero las normas, con frecuencia, cobran vida propia. Se multiplican, viven en unos enormes manuales y empiezan a ahogar la productividad y la creatividad. Un equipo dijo, bromeando, que ellos mismos eran «un barco de normas».

Serena: ¿Sabías que este formulario de aprobación para gastar treinta dólares me llegó de vuelta, después de tres semanas en la organización, con quince firmas, incluyendo la del director financiero?

Jefe: ¿Por qué demonios se necesita todo ese tiempo y ese esfuerzo absurdos?

Serena: Es la norma.

Jefe: ¡Veamos qué podemos hacer para cargárnosla!

La reformulación del negocio (un proceso ampliamente usado en la década de 1990) tenía que ver con transgredir esas normas restrictivas. Muchas organizaciones empezaron literalmente con una hoja de papel en blanco y crearon procedimientos nuevos, por lo general con menos normas y etapas. Un hospital reunió a todos sus empleados en una gran sala para examinar la manera en que realizaban el trabajo. Hicieron que una supuesta paciente entrara en el sistema. Ella y sus papeles fueron recorriendo la estancia y hablando con quienes representaban las admisiones, el diagnóstico, el envío a un especialista y el tratamiento. Cada parada representaba la norma aceptada y el paso necesario para el paciente o para el papeleo. El ejercicio reveló (con gran horror por parte de todos) que una paciente y su papeleo habían hecho cincuenta paradas, a través de un laberinto burocrático, antes de empezar el tratamiento.

A veces, es necesario cuestionar las normas desmedidas. Si tus empleados valiosos se empantanan en ellas, pasarán demasiado tiempo navegando por la burocracia, por no hablar de rellenando papeles. Pasarán demasiado poco tiempo innovando y creando nuevas soluciones, servicios o productos. También buscarán una oportunidad para trabajar en otro sitio, en un lugar de trabajo más libre, con menos normas y restricciones.

QUÉ HACER

- ✓ Alienta las preguntas de tus empleados. Que sepan que cualquier momento es bueno para preguntar.
- ✓ Apoya los esfuerzos de tus empleados por reducir el número de normas que hay en tu organización.
- ✓ Sostén reuniones regulares encaminadas a eliminar normas, solo para mirar qué reglas, sistemas y procedimientos ya no

sirven para nada. Haz que un empleado diferente sea el responsable de cada reunión.

¿Estás encajonado?

Sin duda, te han pedido (probablemente más de una vez) que pienses «fuera de la caja». Es irónico que la mayoría de los jefes sientan como si la caja les hubiera sido entregada (con frecuencia por sus jefes) y se supusiera que tienen que pensar y actuar sin salirse de ella. Por lo general, la caja da una sensación de rigidez, como si estuviera hecha de paredes de hormigón... las normas. Pero con un cambio de perspectiva, la caja puede estar compuesta de diferentes materiales, cada uno con propiedades únicas. Veamos un ejemplo.

Las paredes de esta caja están hechas de cuatro materiales.

- ✓ **Hormigón.** Esta pared representa las normas que son realmente rígidas. No se puede romper, estirar, torcer ni hacer añicos. «Debes tener un título en medicina para ser médico en este hospital».
- ✓ **Vidrio.** Esta pared es fuerte y resistente, pero si la golpeas de la manera adecuada, con el instrumento adecuado, en el momento adecuado, se partirá. Representa las normas que pueden parecer irrompibles, pero que, en realidad, es posible romper. «Una mujer nunca será presidenta de la Cámara».
- ✓ **Goma.** Esta pared es gruesa y fuerte, pero cede si estás dispuesto a empujar con fuerza. Representa las normas que pueden ser maleables. «Todos hacemos una semana de cuarenta horas, de ocho a cinco, cinco días a la semana».
- ✓ **Vapor.** Esta pared está hecha de nuestras creencias, suposiciones y percepciones respecto a las normas. «El hombre nunca volará».

Si examinas las normas por las que te riges, descubrirás que pocas son realmente de hormigón. Solo dan la sensación de serlo.

Con frecuencia, la que tiene un aspecto más formidable en la caja es la pared de vapor. Tus creencias y suposiciones —o las de la compañía— suelen ser las que te impiden cuestionar las normas. También te impiden oír las preguntas de tus empleados.

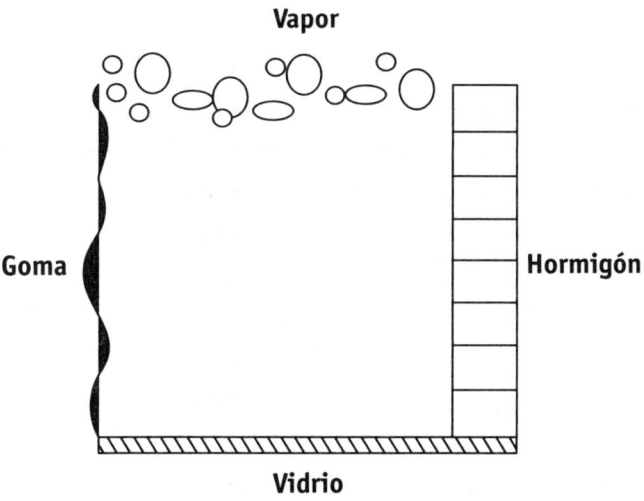

Vapor

Goma

Hormigón

Vidrio

SportsMind es una organización que se especializa en el aprendizaje experimental y en la formación de equipos de alto rendimiento para directivos. Uno de los ejercicios que hay que hacer en una sesión de formación de una semana es trepar por un poste de nueve metros de alto y saltar desde arriba para atrapar un trapecio (sujeto por cables de seguridad, claro). En uno de los grupos había un jefe parapléjico que quería, a toda costa, participar en todas las actividades. Muchos de los participantes tenían una pared de vapor, hecha de opiniones y suposiciones que decían que esta persona no podía tomar parte en el ejercicio del poste. Pero él insistió; los preparadores se reunieron y encontraron una solución. Trepó por el poste, usando la fuerza de los brazos y la ayuda de los cables de seguridad, mientras su equipo le lanzaba palabras de ánimo desde abajo. Cuando llegó arriba, se echó a llorar... y nosotros también.

Antiguo preparador de SportsMind

Aquel participante y los preparadores que trabajaron con él encontraron un medio de soslayar el vapor. Cuando todo acabó, él dijo que nunca más volvería a sentirse constreñido por las normas.

QUÉ HACER

✓ La próxima vez que tus empleados te vengan poniendo en duda las normas (sus puestos de trabajo, la organización o el trabajo que tienen entre manos), detente antes de decir: «No se puede hacer».

✓ Comprueba qué pared no te deja salir (a ti y a los demás) de la caja.

✓ A menos que sea verdaderamente la pared de hormigón, trabaja con tus empleados para doblegar o transgredir las normas. Pon a prueba la pared de vapor y las convicciones que te encajonan. Evalúa nuevas ideas con imparcialidad antes de descartarlas.

Un jefe de una gran empresa de paisajismo echó una mirada a las normas (la mayoría de vapor) que lo habían tenido encajonado. Todo su equipo está formado por personas de una generación más joven que la suya. Se dio cuenta de que actuar según las normas de su generación entorpecía su capacidad para contratar y retener a gente joven y valiosa. Decidió dejar que su equipo hiciera dos cosas que a él le parecían horribles pero que ellos veían como algo absolutamente normal. Les dijo que podían pintar las oficinas del color (o colores) que quisieran y que podían escuchar sus iPods mientras trabajaban. El equipo estaba eufórico. Pintaron las oficinas con colores vivos y modernos, se encasquetaron los iPods y se fueron a trabajar. La productividad y la entrega se dispararon. El jefe está entusiasmado por haber reconsiderado las «normas».

Véase La generación X y otras

Cuestiónate tú también

No solo tienes que poder cuestionar a otros. Los mejores jefes que conocemos también son capaces de cuestionarse a ellos mismos. Son capaces de dar un paso atrás y poner en duda las medidas que han tomado e, incluso, considerar las que no han tomado. Su continua autoevaluación se contagia a sus empleados. Estas son algunas de las cuestiones que puedes plantear, sacadas del libro de Marilee Adams *Change Your Questions, Change Your Life*:

✓ ¿Qué ha pasado?
✓ ¿Qué es útil en esto?
✓ ¿Qué quiero?
✓ ¿Qué puedo aprender?
✓ ¿Qué piensa, siente, necesita y quiere la otra persona?
✓ ¿Cómo puedo hacer que esto sea un gana-gana?
✓ ¿Qué es posible?
✓ ¿Qué opciones tengo?
✓ ¿Qué es lo mejor que se puede hacer ahora? [64]

CONCLUSIÓN

¿Cuánto hace desde la última vez que cuestionaste las normas? ¿Hasta qué punto alientas que otros las pongan en tela de juicio? Permite que tus empleados cuestionen cómo se hace el trabajo y sobre las normas que obstaculizan su productividad y satisfacción. Apóyalos y dobla o transgrede las normas para ayudarlos a conseguir lo que necesitan. Aumentarás con mucho las posibilidades de conservar a tus empleados valiosos.

18

R. Recompensa
Ofrece reconocimiento

En realidad, no fue por el dinero. Sí, claro, habría sido
agradable que me dieran una gratificación cuando
conseguí aquel nuevo cliente o cuando acabé aquella
tarea mucho antes de lo previsto. Pero la verdad es que
habría agradecido mucho que me dijeran: «Gracias,
me he dado cuenta».

A. J.

Vale, ya hemos llegado al capítulo sobre el dinero, ¿verdad? Si no, ¿dónde está ese capítulo? ¿Acaso el dinero no es un motivador muy importante y una razón fundamental de que la gente se quede en una empresa?

Todos nuestros competidores pagan un 10% o un 20% más
por el mismo trabajo. Año tras año tratan de arrebatarnos a
nuestra organización. Unos cuantos se han dejado seducir.
Aunque, sin ninguna duda, agradecería un aumento, no me
marcharía solo por eso. La razón es que me siento recompen-
sado de muchas otras maneras, menos tangibles. Me recom-
pensa el propio trabajo que hago y el aprecio que mi jefe me
muestra siempre. Me ha dicho muchas veces lo decisivo que
soy para el éxito del equipo. Se interesa y siempre encuentra

maneras creativas de reconocer nuestros esfuerzos. Me siento importante y valorado.

Supervisor de una empresa de entretenimiento

Décadas de investigaciones y sentido común nos dicen que paguemos lo que es justo o nuestros mejores empleados se marcharán. Que busquemos la referencia de otras organizaciones similares en nuestro sector y averigüemos cuáles son la escala salarial, las primas y los extras. Si descubres que tu sistema de retribución no es competitivo con el de empresas parecidas, preocúpate. Comunica lo que has averiguado a tu jefe o al experto en retribución de la compañía y trata de que cambien las cosas.

Lástima
Para: Comité ejecutivo y Recursos Humanos

Trabajar en TGP ha sido una experiencia maravillosa. Acepté el reto debido a todos los rumores que corrían en el sector de los viajes, según los cuales los billetes electrónicos acabarían eliminando, más o menos, nuestros puestos como agentes de viajes. Quería ser polifacética y estar en el mercado laboral, y parecía que los ordenadores eran el medio de conseguirlo. De inmediato, aprendí Windows 95, Outlook, Word, Excel y PowerPoint, algo que nunca habría tenido la oportunidad de hacer en una agencia de viajes.

También disfruté trabajando con mis muchos clientes internos. Al principio fue un reto, eso de ganarme la confianza de todos, pero, poco a poco, hice progresos y logré que el departamento de viajes fuera un éxito.

Debido a mi decisión de trasladarme a Nueva Jersey y comprar una casa, empecé a ver qué puestos de trabajo se ofrecían y con qué salarios. Comprendí que mi salario ahora estaba por debajo del valor de mercado para una agente con diez años de experiencia. Parecía que TGP y yo íbamos a encontrar una solución, pero, por desgracia, no fue así.

He aceptado otro puesto, a partir del 12 de julio. Volveré a ser agente de viajes oficial, con mi tarjeta IATA, incentivos y un salario con valor de mercado. También van a poner en práctica un sistema de reservas puntero, absolutamente nuevo, que me mantendrá al día de lo último en tecnología informática. Haré todo lo que pueda para dejarlo todo organizado antes de marcharme.

Administradora de viajes

P.D. En una nota enviada a las autoras, su jefe comenta:
Esto lo dice todo sobre lo que retiene a los empleados y también proporciona una premisa subyacente: es preciso hacer que la retribución continúe siendo competitiva; de lo contrario, encontrarán otro sitio donde lo será. Esta persona era una joya en el trabajo. Luché para que le aumentaran el sueldo (un aumento que habría representado 3.000 dólares), pero los ejecutivos se negaron a que los «extorsionaran». Hice lo que pude. Ahora nos costará mucho más encontrarle un sustituto.

Paga equitativamente y *paga competitivamente. Pero no te detengas ahí.* Las investigaciones que señalan que hay que pagar equitativamente para conservar a tus empleados también dicen que solo el dinero no los retendrá en tu equipo. No es el principal motivador. El reto, las oportunidades de crecimiento, la flexibilidad, unos compañeros estupendos, un trabajo significativo y el reconocimiento (con frecuencia bajo formas no monetarias) son ejemplos de cosas que importan más a la mayoría de empleados. Cuando esto falla, las personas con talento se marchan.

Véase Preguntar

Una palabra sobre los extras

A través de Google puedes hacer la colada, dejar tu ropa en la tintorería, pedir que te cambien el aceite del coche y luego te lo laven; practicar ejercicio en el gimnasio, asistir a clases subvencionadas de gimnasia, darte un masaje, estudiar mandarín, japonés y francés, y solicitar a un conserje que te reserve una mesa para cenar. Naturalmente, puedes cortarte el pelo aquí mismo. [65]

Durante las luchas de los últimos años por conseguir gente con talento, hemos visto cómo proliferaban los extras en el trabajo. Las empresas lo han probado todo, desde pistas de voleibol hasta entregas de coches BMW, pasando por suministro de servicios domésticos, en un intento de mejorar la vida laboral y retener a los empleados valiosos. Aunque es posible que den resultado para reclutar a algunas personas y que, con frecuencia, sean bien recibidos por la plantilla, no hay pruebas de que te ayudarán a conservar a tus estrellas. Es lógico que, si unos empleados muy cotizados en el mercado se aburren, no les gusta el jefe o ven que su carrera no tiene futuro, un masaje los viernes por la tarde no los retendrá.

En este capítulo nos centraremos en las recompensas que sí dan resultado y que están en tus manos.

Reglas de las recompensas

Regla n.º 1: *si un empleado lo espera, ya no se puede considerar una recompensa.*

Lástima

Cada año recibía una prima, algunas opciones de compra de acciones y un aumento. Alcanzaba todos los objetivos y hacía un buen trabajo. Es curioso que, a pesar de aquellas revisiones anuales, me

*sintiera vacío. La recompensa que quería por encima de todas era
la opinión favorable de mi jefe. Quería que me dijera que me valoraba y que valoraba mi aportación a la empresa. La verdad es que
nunca me sentí reconocido. Esa fue la principal razón de que dejara
la compañía por otro puesto de trabajo.*

Gerente de una fábrica de automóviles

Se puede pensar que la prima del incentivo anual es suficiente reconocimiento por un trabajo bien hecho. Tus empleados pueden verlo de forma diferente. Ahora, muchos empleados esperan primas, coches de la compañía, móviles, servicios de planificación financiera familiar y magníficos planes de atención médica, como parte del paquete salarial. Ya no son útiles como herramientas especiales de reconocimiento o recompensa.

Regla n.º 2: *las recompensas tienen que corresponder a las necesidades y deseos de tus empleados.* ¿Cómo te gustaría que te mostraran reconocimiento? Hemos hecho esta pregunta a docenas de personas. La siguiente lista recoge parte de lo que nos dijeron. Observa las diferencias.

QUÉ HACER

Comprueba qué formas de reconocimiento, que no sean monetarias, agradecerías. Observa también cuáles no tendrían importancia para ti. Las siguientes son, todas, peticiones que los empleados han realizado a sus jefes.

- ☐ Un premio, preferiblemente entregado delante de mis compañeros.
- ☐ Una placa para colgar en la pared.
- ☐ Una nota de agradecimiento, escrita por mi jefe.
- ☐ Una nota al jefe de mi jefe sobre mis excelentes resultados.
- ☐ Frecuentes palmaditas en la espalda.
- ☐ Que mi jefe llevara a la práctica alguna de mis ideas.

- ☐ La oportunidad de participar en un proyecto realmente apasionante, puntero.
- ☐ Un día libre.
- ☐ Unas palabras de elogio delante de mi familia.
- ☐ La oportunidad de almorzar con altos cargos de la empresa.
- ☐ La oportunidad de trabajar con personas de otras secciones de la empresa.
- ☐ La oportunidad de estar en uno de los importantes comités directivos.
- ☐ Una promoción.
- ☐ Un cambio del título de mi puesto.
- ☐ Un pequeño recuerdo o regalo.
- ☐ Algo de flexibilidad en mi programa.
- ☐ Más libertad o autonomía.
- ☐ Un seminario o una clase de formación.

Muchos jefes suponen, equivocadamente, que a todos les gusta o quieren el mismo tipo de recompensa o reconocimiento.

Nunca olvidaré la emoción que sentí al recibir un premio a la excelencia en el congreso anual de la compañía. Allí estaban setecientos de mis compañeros. Pronunciaron mi nombre y apareció escrito en letras enormes en una gran pantalla. Mientras avanzaba, me parecía de verdad estar a punto de recibir un Oscar... era casi surrealista. Había un premio en dinero que acompañaba un trofeo de cristal, con mi nombre inscrito en él. Me fotografiaron con los altos directivos.

El dinero lo gasté en unas semanas, pero el trofeo sigue en mi mesa y el recuerdo de aquel asombroso momento de reconocimiento me durará toda la vida. Nunca me había sentido tan apreciado ni recompensado.

Vicepresidente de una importante
firma de consultoría

Mientras que esta persona se sintió plenamente recompensada por todo el bombo y platillo del congreso, otros quizá se habrían sentido incómodos o habrían preferido otra forma de reconocimiento. *Pregunta a tus empleados qué clase de reconocimiento o recompensa agradecerían más.*

Véase Preguntar

La recompensa universal

La retribución es un derecho; el reconocimiento, un regalo.

Rosabeth Moss Kanter, escritora
y consultora de gestión empresarial

Mira tus archivos. En algún sitio hay una carta de un jefe agradeciéndote un trabajo bien hecho, ¿no es verdad? A lo largo de los años, has tirado todas las demás, pero esta carta de elogio la has guardado. ¿Por qué? Los elogios dan resultado con todo el mundo. No existe el exceso de elogios (siempre que sean sinceros). Independientemente de las diferencias individuales, casi todos los empleados quieren que les digan lo valiosos que son para el equipo, lo importante que es su labor y el espléndido trabajo que hacen. Y les alegra oírlo una y otra vez.

El famoso libro de Ken Blanchard, *El ejecutivo al minuto*, recuerda a los jefes que deben elogiar a sus empleados. [66] Y en un estudio de la revista *Incentive*, un 57 % de los encuestados señaló que prefería el reconocimiento de su supervisor inmediato, comparado con solo un 21 % que daba más valor a un regalo entregado por el presidente de la compañía. [67]

Te aconsejamos que tengas en cuenta las preferencias individuales de tus empleados y que hagas lo siguiente:

QUÉ HACER

Elogia a tus empleados de las siguientes maneras:

- ✓ *Espontáneamente.* Cuando encuentres a alguien haciendo algo bien, dale las gracias allí, en aquel mismo momento. (Gracias, Ken Blanchard.) Deja mensajes de agradecimiento en su buzón de voz. Es algo que solo te llevará un minuto.
- ✓ *Específicamente.* Elogia por logros o esfuerzos específicos (en lugar de genéricos). Mira en «Frases para conquistar a tus mejores empleados» (en la página siguiente).
- ✓ *Expresamente.* Invita a un empleado a almorzar o a cenar en un gran restaurante para mostrarle tu reconocimiento por un trabajo bien hecho.
- ✓ *En privado.* Ve al despacho de un empleado para darle las gracias y elogiarlo personalmente. (El agradecimiento verbal es fundamental.)
- ✓ *En público.* Elogia a un empleado en presencia de otros (compañeros, familia, tu jefe). Un equipo añade «alarde desvergonzado» como parte, breve, de la agenda en todas las reuniones de personal.
- ✓ *Por escrito.* Envía una carta, una nota o un correo electrónico. Si es posible, manda una copia a los miembros del equipo o a la dirección de alto nivel. No lo olvides: las gracias por escrito son un incentivo muy codiciado en el trabajo.

Una enfermera llevaba cinco años trabajando en el mismo hospital. Pensaba que trabajaba mucho y que daba más de lo que el puesto exigía. No obstante, no había recibido muchas reacciones positivas de su supervisora. Recientemente, recibió por correo una nota de agradecimiento de su jefa. Le decía cuánto valoraba lo mucho que trabajaba y los esfuerzos extra que hacía. La enfermera nos dijo que aquella tarjeta significó tanto para ella que ahora la lleva en el monedero (quizá le echa una ojeada de vez en cuando). Además, comentó que aquel agradecimiento —saber que su jefa aprecia sus esfuerzos— «hace que todo el duro trabajo merezca la pena».

Frases para conquistar a tus mejores empleados

Son muchos los jefes, por lo demás competentes, que actúan como si los cumplidos salieran de sus cuentas bancarias.

WARREN BENNIS, escritor y consultor

El equipo de Recursos Humanos de un importante banco envió una nota en la que recomendaba a sus jefes que fueran más específicos en sus elogios. Señalaban que «Estás haciendo un gran trabajo» no iba a hacer que un empleado quisiera quedarse. El elogio puede ayudarte a retener a tus mejores elementos, pero solo si es detallado y pertinente. Estas son las «aperturas» que recomendamos. Prueba a usarlas con tus propios empleados:

✓ *«La verdad es que marcaste una diferencia al...».*
✓ *«Estoy impresionado por...».*
✓ *«Captaste mi atención con...».*
✓ *«Estás haciendo un trabajo de primera en...».*
✓ *«Has dado justo en el blanco con...».*
✓ *«Una de las cosas que más me gustan de ti es...».*
✓ *«Puedes estar orgulloso de ti mismo por...».*
✓ *«No podríamos haberlo hecho sin tu...».*
✓ *«¡Qué manera tan eficaz de...!».*
✓ *«Me has dado una alegría porque...».*

Sé creativo

Cuando te esfuerces en encontrar otros medios de recompensar y mostrar reconocimiento a tus empleados, prueba con esto: piensa en ti mismo. ¿Qué podría hacer tu jefe para demostrarte, realmente, lo mucho que te valora (aparte de concederte un aumento o elogiarte)? Sin olvidar las diferencias individuales, puedes utilizar tu propia lista para pensar en cómo recompensar a tus empleados. Aquí tienes algunas sugerencias para ponerte en marcha.

Tiempo

¡Qué bien tan preciado! Da la tarde libre a un empleado excepcional. Deja que otro llegue tarde. Da las gracias a un equipo completo concediéndoles un viernes libre. Deja que decidan cuándo utilizar este regalo de tiempo.

Un jefe creó un banco de días libres. Puso 25 días en el banco y luego los utilizó para recompensar a las personas y los equipos cuando sus resultados eran excepcionales.

«Juguetes»

¿Qué juguetes les gustarían? ¿Una máquina de capuchinos? ¿Un tablero de dardos en la sala? ¿Un campo de voleibol entre edificios? ¿Entradas para el cine?

Alan estaba muy orgulloso. Terminó un conjunto de tareas de última hora, se quedó hasta tarde y, en general, hizo todo y más. Para agradecérselo, su jefe le dio un cheque de 150 dólares y le dijo que lo gastara en un «juguete». Alan compró una mesa de airball en miniatura y se la llevó orgullosamente a casa. Sus hijos estaban entusiasmados y, cuando le preguntaron el porqué del regalo, respondió: «No es un regalo para vosotros. Es para mí, de mi empresa, por hacer un gran trabajo». Los chicos quedaron impresionados. Cuatro años después, el juguete sigue en uso en la sala de estar. Cuando alguien

dice a los chicos: «¡Qué guay!», ellos contestan: «Se lo dieron
a mi padre por lo bien que trabaja». Alan sonríe cada vez.

Trofeos y baratijas

¿Qué pequeño recuerdo o trofeo sería significativo? Podría ser una placa personalizada, una taza de café con una nota personal de agradecimiento grabada o un imán para la nevera con el mensaje perfecto. Con frecuencia, estas formas de reconocimiento dan derecho a alardear y ofrecen una oportunidad para decir: «Me lo agradecieron porque...», y esa misma oportunidad pública significa mucho para algunos.

> *La simple observación indica que la mayoría adora las baratijas... si representan un agradecimiento genuino por una contribución genuina.*

> TOM PETERS, escritor y consultor
> de gestión empresarial

Diversión

¿A tus empleados les gustaría salir en horas de trabajo? ¿Marcharse temprano, en grupo, para jugar a la pelota o dar un paseo? ¿Hacer novillos, en grupo, e ir al cine? ¿Montar una fiesta espontánea con pizza en la oficina una tarde?

VÉASE PLACERES

> *El equipo había estado trabajando muchas horas, incluso los fines de semana. El jefe nos propuso que alquiláramos una limusina, compráramos buena comida y vino y fuéramos a un concierto al aire libre. Él pagaba la cuenta. Nos sentimos muy mimados y recompensados por todos los esfuerzos realizados y por los excepcionales resultados conseguidos.*

> Vicepresidente de una firma de indemnizaciones

Libertad

¿Qué clase de libertad pueden querer? ¿Jornada flexible? ¿Libertad para trabajar en casa, para vestirse cómodamente, para cambiar la manera en que hacen parte del trabajo? ¿Libertad para trabajar sin supervisión? ¿Libertad para administrar un presupuesto?

VÉASE ESPACIO

Un jefe recompensó a su secretaria asignándole un presupuesto mensual de 400 dólares para que los gastara como mejor le pareciera. Podía usar su criterio para comprar suministros de oficina, pedir el almuerzo para el departamento o cualquier otra cosa. Demostraba que su jefe la apreciaba y confiaba en ella.

Comida

Alguna de las recompensas más populares y de bajo coste es la comida. Un jefe pregunta a todos los nuevos empleados cuáles son sus golosinas favoritas, y se las envía cuando cumplen seis meses de haber entrado a trabajar en la empresa. (A Bev le encanta Chuckles; a Sharon, los M&Ms de cacahuete.) Y la gente adora los bonos de regalo para cenar en un buen restaurante. (Una cena para dos es maravillosa... para toda la familia, fantástica.) Usa tu imaginación y descubre con qué disfrutaría de verdad tu equipo.

Reconocimiento de compañero a compañero

¿Has recibido alguna vez el reconocimiento de un compañero? ¿Qué te pareció?

El premio Gumby se ha convertido en algo muy preciado. Todo empezó cuando un empleado demostró una flexibilidad fenomenal para ayudar a sus compañeros a acabar un proyecto a tiempo. Cuando se presentó a trabajar al día siguiente, se encontró con un muñeco Gumby gigante sentado en su silla. Seguramente, costó solo cinco dólares, pero ese trofeo se convirtió en el premio más buscado y todos se sentían eufóricos cuando sus compañeros lo ponían en su despacho.

Consultor de una empresa de consultoría

Un poco de dinero

A veces, es una suma pequeña (50 o 100 dólares) para gastar en cualquier cosa que el empleado quiera. Este premio en dinero discrecional, en mano, en ocasiones, es más apreciado de lo que uno podría suponer.

Un grupo de marketing interno de una compañía de tamaño medio decidió recompensar a las personas con las que trabajaban todos los meses. Reservaron 1.200 dólares para poder regalar un bono de regalo de 100 dólares a una persona de la organización (de cualquier departamento) que hubiera trabajado con ellos, les hubiera ayudado de alguna manera y fuera apreciada. El receptor era seleccionado por todo el equipo de marketing y, mensualmente, alguien le daba una sorpresa entregándole el regalo en el momento más inesperado. La idea fue bien recibida por todos. El departamento de marketing disfrutó haciéndolo y representaba «poco dinero».

Mucho dinero

Peter Cappelli, de la Wharton School of Business, dice que un salario más alto ya no es necesariamente el principal medio para seducir a los buenos trabajadores. Sin embargo, puede ser, exactamente, lo que algunos quieren. Averigua cuáles de tus empleados valiosos están auténticamente motivados por el dinero. Mira a ver qué puedes hacer por ellos. ¿Ayudaría una prima por superar los objetivos y expectativas? ¿Y un aumento mayor de lo esperado? Piensa en dónde puedes estirar tu presupuesto para recompensarlos con dinero cuando está justificado y lo desean. Recuerda, por lo general te costará más sustituir a una estrella que satisfacer sus peticiones salariales.

Si crees que tienes las manos atadas porque es imposible gastar más dinero, haz lo siguiente: di la verdad. Luego pregunta a tu empleado qué otra cosa querría. Al principio, esto puede resultar incómodo para ambos. No obstante, si tienes paciencia, aparecerán otras alternativas. Descubrirás una cosa, por lo menos, que tu empleado con talento quiere y tú puedes ofrecerle. Lo fundamental es lograr que tus empleados sepan lo mucho que los valoras y valoras sus aportaciones.

QUÉ HACER

Desde la primera edición en inglés de Cuídalos o piérdelos, docenas de jefes nos han enviado sus ideas de «recompensas creativas». Marca las que quizá quieras utilizar con tus empleados.

- ☐ *El genio de oro.* Conseguí estos estupendos juguetes de cuerda en McDonald's... unos geniecillos que caminan. Cuando alguien se merece una palmada en la espalda, pongo el genio en su mesa y dejo que dé vueltas por allí. Luego les concedo cualquier deseo no monetario que tengan. Es asombroso, hasta ahora no ha habido nada que no haya podido concederles.
- ☐ *Personalizar los cheques del sueldo.* Tengo una pequeña unidad que depende directamente de mí. Escribo una nota personal cada dos semanas y la meto en el sobre con el cheque. Cada dos semanas, esto me obliga a pensar en algo que he observado y valorado. Las reacciones han sido fantásticas.
- ☐ *Un regalo de ensueño.* Tuve la oportunidad de hacer un regalo de unos miles de dólares a una empleada fundamental (estrella de oro). En lugar de darle el regalo, me tomé un tiempo para averiguar más sobre ella y lo que le gustaba hacer fuera del trabajo. Descubrí, con gran asombro por mi parte, que era una entusiasta del kayak. Fui a comprar uno con varias personas del

equipo, lo llevamos al trabajo y se lo regalamos. Claro, no puedes hacer algo así constantemente, pero ¡si hubierais visto la expresión de su cara!

- ❏ *El Snoopy de plata.* Johnson Space Center (NASA) da 20 alfileres de Snoopy, de plata, a los empleados que han marcado una gran diferencia en la organización. En realidad, el Snoopy de plata ha volado al espacio, así que es un regalo muy valorado.

- ❏ *Una gran idea.* Doy una bombilla llena de golosinas a cualquiera que tenga una gran idea y venga a contármela. Genero un entusiasmo que transmite «que sigan llegando ideas». Entrego varias cada mes. En realidad la gente trata de no comerse las golosinas, porque le gusta tener la bombilla encima de la mesa.

- ❏ *Sin perderse ni uno.* Mi organización concede recompensas económicas a los empleados que no se ausentan. Uno de ellos recibió una recientemente; había trabajado veintitrés años sin faltar ni un solo día. La recompensa monetaria anual es por el número de años trabajados sin ausencias. Empecé a hacerlo en mi departamento a una escala mucho más pequeña y funciona igual de bien.

- ❏ *Ser el mejor.* Una vez por trimestre pido a mi equipo que me cuenten un logro que les haya impresionado. Leo todos los informes y doy un día libre al ganador. Me ofrece la oportunidad de enterarme de cosas de las que ni siquiera tenía idea y da a todos la oportunidad de mostrar su reconocimiento a sus compañeros.

- ❏ *La pared de la fama.* Trabajo en un centro de servicio al cliente y mantengo nuestra «pared de la fama». Cada vez que uno de mis empleados recibe una carta de un cliente elogiando el servicio prestado, la enmarcamos y la colgamos de la pared. También doy al empleado un pequeño bono de regalo. Sin embargo, creo que la carta «enmarcada» significa más para ellos que el regalo. A los que vienen de visita les encanta leer las cartas. Así que, además, también es estupendo para nuestras relaciones públicas internas.

- ❏ *El cofre del tesoro.* Tengo un montón de cosas de poco precio en una caja grande en mi despacho. La llamo el «Cofre del tesoro»... son cosas como vales para el cine, cajas de caramelos especiales y vales para el restaurante. Cuando quiero agradecer algo a alguien, voy a verlo, le digo por qué le doy las gracias y lo invito a coger algo del cofre. Vale, es tonto, pero me sigue sorprendiendo lo mucho que les gusta.

☐ ***Fuera de la silla.*** Procuro recordar que todos —personas buenas, inteligentes y capaces— pueden necesitar que los elogies y les des las gracias, a diario, por el trabajo que hacen. Procuro acordarme de dejar mi silla, cerrar el ordenador, ir a sentarme o quedarme de pie junto a ellos y ver qué están haciendo. Les pregunto qué problemas tienen, averiguo si necesitan ayuda adicional, y se la ofrezco si es posible. Sobre todo, les digo muy sinceramente que lo que hacen es importante para mí, para la empresa y para nuestros clientes.

~~~~~~

Las personas son el único activo que tiene una organización que puede apreciarse con el tiempo… si de verdad las apreciamos.

ANÓNIMO

CONCLUSIÓN

Una y otra vez, las investigaciones nos muestran que el dinero no es lo fundamental para retener a los buenos empleados. Hemos contrastado estas investigaciones con las nuestras y han demostrado ser ciertas. Cuando los empleados de todo el país contestaron a la pregunta «¿Qué hizo que te quedaras?», pocos pusieron el dinero entre sus tres primeras razones. Lo que quieren es reconocimiento por un trabajo bien hecho. Comprueba tu escala salarial para asegurarte de que es justa. Luego elogia a tus empleados. Busca maneras creativas de demostrarles tu reconocimiento y aumentarás las probabilidades de conservarlos.

19

S. Espacio

Dáselo

*Mi jefe no me daba ningún espacio para pensar o crear
o incluso administrar mi propio tiempo. Me sentía
controlado, encerrado, sin espacio para crecer.*

A. J.

NOTA

Si te preguntas cómo retener
a tus empleados más jóvenes,
¡lee este capítulo!

Cualquiera que haya educado a un adolescente (o recuerda cuando él lo era) conoce la frase «¡Dame un poco de espacio!». Las personas que se sienten encerradas, demasiado controladas o frustradas por su falta de poder sobre su propia situación suelen decirla. Dilbert, el caricaturista portavoz de los empleados del mundo empresarial estadounidense, dibuja constantemente a los jefes como obsesos del control que ofrecen a sus empleados poco o ningún espacio, sea física (cubículos) o figurativamente (margen para controlar tu propia existencia cotidiana).

Piensa en el último jefe que tuviste que dictaba todos y cada uno de tus movimientos, se ceñía restrictivamente al manual de normas o no estaba nunca abierto a nuevas maneras de hacer las cosas. ¿Cuánto tiempo te quedaste en esa empresa? (¡Esperamos que no estés allí ahora!) Ese jefe no comprendía el espacio interior o exterior. Los empleados se marcharán si no tienen suficiente de ambos.

Espacio interior y exterior

Con *espacio interior* nos referimos al espacio mental y emocional que tus empleados quieren y necesitan para sentirse miembros creativos y productivos del equipo. Se trata de espacio para:

- ✓ Autodirigirse.
- ✓ Administrar su propio tiempo.
- ✓ Trabajar y pensar de maneras nuevas.

Como jefe, puedes dar a tus empleados valiosos el espacio interior que desean y, así, aumentar las probabilidades de que se queden en tu equipo. (Por lo general, no te costará nada.)

El *espacio exterior* se refiere al mundo físico y, principalmente, al ambiente de trabajo. Se trata de espacio para:

- ✓ Diseñar la propia zona de trabajo.
- ✓ Trabajar desde lugares diferentes.
- ✓ Tomarse un descanso.
- ✓ Vestir como quieran.

Administrar el espacio exterior de tus empleados puede requerir que fuerces un poco los límites, en especial si tu organización nunca lo ha hecho de esta manera. Antes de decirte qué hacen otros jefes para dar más espacio, responde a este corto cuestionario para determinar tus propias tendencias en cuanto a conceder espacio. Anota la puntuación.

Véase Cuestionar

QUÉ HACER

Lee las siguientes situaciones, imaginando que eres el jefe de este equipo. Decide cuándo dirías «Claro, no hay problema», «Ni hablar» o «Deja que vea qué puedo hacer». Utiliza la Plantilla de respuestas que hay a continuación.

1. Por razones personales, quiero llegar media hora antes y salir también media hora antes, tres días a la semana.
2. Quiero hacer esta tarea de una manera completamente nueva, no como se ha hecho hasta ahora.
3. Quiero completar las cinco primeras etapas de este proyecto antes de que lo revises conmigo.
4. Quiero probar una nueva técnica, con la que me sienta más cómodo, para aumentar las ventas.
5. En lugar de hacer aquellas clases que me recomendaste, he buscado un mentor para que me enseñe esos conocimientos.
6. He hecho unas fotos estupendas en mis vacaciones y quiero colgarlas en las paredes de mi oficina/cubículo.
7. Quiero trabajar desde casa dos días a la semana.
8. Tengo el plan de trabajar los sábados, unas cuantas semanas, para acabar a tiempo un proyecto. Quiero traer conmigo a mi perro, que está muy bien adiestrado.
9. Quiero vestir ropa informal en el trabajo, en lugar de un traje y corbata. Me siento mucho más cómodo y creativo con vaqueros y zapatillas deportivas.
10. Sé que siempre hemos hecho estos proyectos de forma individual, pero, esta vez, quiero formar un equipo, porque estoy convencido de que lo haremos mejor y en menos tiempo.
11. Quiero tener seis semanas libres (sin paga) para empezar a construirme mi propia casa.
12. Quiero traer a mi bebé al trabajo, de vez en cuando.

Plantilla de respuestas

Tu respuesta	1	2	3	4	5	6	7	8	9	10	11	12
Claro, no hay problema												
Ni hablar												
Deja que vea qué puedo hacer												

La lista de peticiones que acabas de ver te dará una idea de la clase de espacio de que hablamos. Las cinco primeras tienen más que ver con el espacio interior y las otras siete, con el espacio exterior.

1. Cuenta el número de situaciones en las que has dicho: «Claro, no hay problema, siempre y cuando hagas el trabajo».
2. Ahora suma el número de ocasiones en las que has dicho: «Ni hablar», «Nunca se ha hecho así» o «El manual de normas lo prohíbe».
3. Finalmente, contabiliza el número de veces que has dicho: «Deja que vea qué puedo hacer», «Tendré que planteárselo a mi jefe» o «Explícame un poco más qué necesitas y hablemos de cómo podría hacerse».

¿Qué puntuación has obtenido?

«Claro, no hay problema»	8 o más	Eres *favorable a dar espacio*. ¡Sigue haciendo lo que va bien!
«Ni hablar»	3 o más	Eres *desfavorable a dar espacio*. Prueba a responder «Déjame ver» la próxima vez.
«Deja que vea qué puedo hacer»	Cualquier número	Eres *consciente del espacio*. ¡Tus empleados apreciarán tus esfuerzos!

En algunas organizaciones, todas estas peticiones recibirían una respuesta positiva. Pero lo contrario continúa siendo verdad en demasiadas. ¿Te sorprendería saber que estas organizaciones no están en la lista de empresas favoritas de nadie y que tienen mayores dificultades para contratar y retener a sus empleados? Creemos que, por muy bien que paguen, finalmente perderán a sus empleados valiosos, sencillamente porque no les dan espacio. Así pues, ¿puedes conceder a tus empleados el margen que precisan?

Cómo dar espacio exterior

Espacio para trabajar en diferentes lugares

Entre las fórmulas más frecuentes sobre la necesidad de espacio está la de permitir el teletrabajo. Un artículo en la revista *CFO* (*chief financial officer*) decía:

> No todo el mundo está de acuerdo en qué constituye un teletrabajador. El *International Telework Association & Council* lo define como un empleado que trabaja en casa, en la oficina de un cliente, en una oficina satélite, en un centro de teletrabajo o en la carretera, por lo menos un día al mes. Incluso restringiendo la definición a un empleado que trabaja en casa un día al mes, hay 23,5 millones de teletrabajadores en Estados Unidos. La mayoría de corporaciones que tiene un gran número de teletrabajadores informa de un aumento de la productividad, no de una disminución. «Hay un número de compañías que teme que, en casa, los empleados estarán tumbados a la bartola, delante de la tele, y no es así».[68]

Muchos jefes que lo han probado afirman que los teletrabajadores tienden a trabajar más horas, porque les parece que el teletrabajo es un privilegio y quieren asegurarse de que no se lo quitan. La productividad y la moral suben, mientras que los gastos de locales y movimiento de personal bajan. Veamos dos ejemplos.

Best Buy ha inventado un sistema que llaman ROWE* (Results-Only Work Environment), según el cual solo vas a las oficinas cuando quieres. Dicen: «El trabajo es algo que haces, no un lugar al que vas». La productividad ha aumentado un 35%, y la rotación de personal y la moral baja casi han desaparecido.

Sun Microsystems ha ahorrado unos 400 millones en los gastos inmobiliarios al permitir que casi la mitad de los empleados trabajen en el lugar que deseen. Y en IBM, en un día cualquiera, un 42% de la fuerza laboral total no está en el lugar de trabajo. [69]

Pero ¿y si tu organización no lo permite?

Mi compañía nunca ha permitido el teletrabajo y yo creía que nunca lo haría. Una de mis mejores empleadas me preguntó si podía trabajar en casa dos días a la semana y mi reacción inmediata fue negarme. Un mes más tarde me entregó su dimisión y dijo que había encontrado una empresa que le permitía teletrabajar. Sencillamente, no podía permitirme perderla, así que fui a ver a mi jefe y le pregunté si podíamos forzar un poco las reglas, a modo de prueba, y ofrecerle teletrabajar dos días a la semana para ver lo productiva que era. Se quedó con nosotros, aumentó su productividad real en un 10% y es una empleada leal y agradecida. Desde entonces, hemos flexibilizado nuestras normas en un grado importante y consideramos el teletrabajo, en cada caso, para cualquier empleado que nos lo pida.

Jefe de contabilidad de un ayuntamiento

---

* Véase *Sin horarios*, Empresa Activa, Barcelona, 2009. (*N. del E.*)

Este jefe no solo forzó las normas (probablemente después de leer el capítulo Q), sino que, además, comprendió la importancia del espacio.

El teletrabajo no es una opción para las tareas que deben realizarse en el lugar de trabajo. (Considera el caso de una enfermera de guardia, el jardinero paisajista de tu casa, el obrero en la cadena de montaje.) Si este es el caso, piensa en otras maneras de dar espacio a tus empleados.

A veces, la organización no tiene normas sobre trabajar desde otro lugar, pero el jefe dice que no de todos modos. Si eres uno de esos jefes, pregúntate por qué. ¿Es falta de confianza en tus empleados? ¿Te preocupa que «holgazaneen» o que no sean productivos sin tu mirada siempre supervisora? Si es así, considera la posibilidad de una gestión basada en los resultados. Deja claras cuáles son tus expectativas: ¿Qué quieres que produzcan o creen? ¿Para cuándo? Piensa en la posibilidad de dejarles que consigan estos resultados en cualquier lugar que deseen.

Lástima

Pienso en mí como vanguardista en muchos sentidos. Pero en otros, creo que me he quedado anclado en viejos paradigmas y atado por viejas normas. He perdido tres empleados fundamentales en el último año. Cada uno quería algo que no podía (o pensaba que no podía) darle; por ejemplo, teletrabajar dos días a la semana o vestir de manera informal. Recientemente, he visto cómo otra jefa llegaba a un acuerdo con uno de sus empleados más preciados. Consiguió que le dieran permiso para hacer un horario muy diferente de todos los demás. Está encantado y rinde como un loco. Ahora estoy replanteándome mi tendencia a decir «no» de inmediato a las peticiones que me hacen. Tal vez necesite ser más flexible para conservar a los empleados valiosos que tengo en mi equipo.

Jefe en una cadena hotelera

Espacio para tomarse un descanso

Un joven ingeniero de una gran firma aeroespacial pidió a su jefe inmediato seis semanas de permiso (sin paga) para empezar a construir su casa. El jefe se las concedió, aunque la ausencia del ingeniero sería un problema. Al acabar las seis semanas, el ingeniero pidió otras cuatro, ya que no había conseguido hacer todo lo que esperaba. El jefe sopesó la petición, pensó en lo valioso que era este empleado, llevó la petición al ingeniero jefe de la división y volvió con la aceptación. El ingeniero siguió en la empresa otros veinticuatro años, y siempre fue un empleado comprometido y leal. Más tarde, llegó a ser miembro del equipo de alta dirección y contribuyó a que la compañía tuviera un tremendo éxito. Cuando le preguntaron qué habría hecho si le hubieran denegado su petición, dijo que se habría marchado y habría buscado otro empleo una vez terminada la construcción de su casa.

Pocas veces encontramos a jefes que valoren a sus empleados lo suficiente como para darles el espacio que necesitan para tomarse un descanso laboral. Sin embargo, en algunos países y en ciertos campos (como la enseñanza universitaria), se alientan los periodos sabáticos. Los empleadores apoyan a los empleados valiosos en su decisión de viajar, aprender algo nuevo o, sencillamente, irse a la montaña a meditar. La próxima vez que un empleado valioso te pida un descanso, sé creativo (en colaboración con el empleado) para encontrar el medio de hacerlo realidad. Se sentirá respaldado y las posibilidades de que lo conserves aumentarán.

Yo: ¿Adónde va?

Compañero de asiento en el avión: Me he tomado una excedencia. Mi esposa y yo estamos haciendo un viaje a Nueva Zelanda, Australia e Indonesia. Estaremos fuera dos meses.

Yo: Uau. ¿Para quién trabaja?

Compañero: Para Boeing.

Yo: Vaya. ¿Boeing es una buena empresa para esta clase de cosas? ¿Para este tipo de flexibilidad?

Compañero: Todo depende del jefe en concreto. El mío dice: «Si puedes conseguirlo, puedes hacerlo».

¡Esto es dar espacio!

Espacio para vestir como quieras

Todos hemos leído sobre los ambientes de alta tecnología donde la gente de mente creativa y brillante va vestida con todo tipo de prendas extrañas. Algunos se preguntan si es apropiado o profesional o si favorece la productividad. Parece que los resultados hablan por sí solos. Echa un vistazo a las compañías que triunfan, como Microsoft, donde no hay *códigos de vestuario* en muchos departamentos. ¿Han sido productivos a lo largo de los años? Los jefes de esos ambientes comentan que, con frecuencia, sus empleados trabajan muchas horas (a veces hacen semanas de setenta horas) por propia elección, mientras se esfuerzan por completar un proyecto o sacar un nuevo producto al mercado. Permitir que vistan como quieran es una pequeña concesión, considerando su compromiso y su gran productividad.

No entiendo que tenga que vestirme de tiros largos para resolver una ecuación.

Ingeniero aeroespacial

Piensa cuándo puedes ofrecer flexibilidad en el vestir. ¿Será los viernes? ¿En verano? ¿Hay códigos de vestuario diferentes para los que nunca ven a un cliente? De vez en cuando, pon en entredicho las normas. ¿Son razonables? Si es realmente necesario llevar ropa de negocios, entonces tendrás que respaldar esa norma, pero piensa en las exigencias de forma realista y con una visión creativa. Es realmente asombroso lo favorables que son muchos empleados a un código flexible en el vestir.

Espacio para diseñar el propio espacio

¿Todas las zonas de tu organización deben tener el mismo aspecto? Cualquiera que haya estudiado las diferencias de personalidad sabe que una manera de expresar nuestra singularidad es por medio de lo que nos rodea. Nuestra casa, nuestro despacho y nuestro cubículo reflejarán nuestro estilo, si tenemos libertad para hacerlo.

En la actualidad, muchas organizaciones contratan firmas de decoración de interiores que diseñan zonas de trabajo bonitas y perfectas. En algunos de esos lugares, las normas de decoración son muy explícitas y no cabe la personalización. ¿Y en tu organización? Si las normas permiten cierta flexibilidad, entonces tú, como jefe, tienes margen para conceder espacio a tus empleados. Déjales que traigan sus cuadros favoritos y que organicen sus mesas como deseen. No exijas a nadie que tenga un espacio de trabajo igual que el tuyo.

Un empleado de Apple, alguien que pensaba de una manera muy visual, se quedó bloqueado cuando se vio obligado a sentarse ante un ordenador para anotar lo que se le ocurría. Para facilitar sus ideas, su jefe cubrió todas las paredes de su despacho con pizarras para tizas.

Los cubículos de los empleados podrían ser su castillo... con un poquito de ayuda. Un jefe dio a sus empleados un pequeño estipendio para decoración, a fin de que personalizaran sus lugares de trabajo. Se mostraron entusiasmados y han hecho algunas cosas muy creativas para convertir su cubo en su castillo.

Cómo dar espacio interior

Espacio para autodirigirse… para trabajar y pensar según su propio estilo

Dar espacio interior exige que los jefes *suelten a sus empleados y confíen* en ellos para que administren y mejoren continuamente su trabajo.

> *Nordstrom, el gigante de la venta minorista, sabe mucho sobre dar espacio y poder a sus empleados para que tomen decisiones y organicen su propio trabajo. De hecho, estos jefes dicen que el mérito de que la empresa tenga uno de los índices de retención más altos del sector es el ambiente de trabajo de la corporación. La regla principal, que consta en el manual de los empleados de Nordstrom es esta: usa tu buen criterio en todo momento.*
>
> Como los trabajadores tienen poder para asegurarse de que el cliente está satisfecho, los clientes de la firma suelen recibir un servicio extraordinario. El empleado que le planchó una camisa nueva a un cliente que la necesitaba para una reunión y la empleada que envolvió para regalo unas cosas que el cliente había comprado en Macy's son dos ejemplos de cómo los empleados de Nordstrom proporcionan un gran servicio al cliente. Tienen el espacio para organizar su trabajo a su manera, propia y singular.
>
> Un empleado que llevaba cinco años en la empresa y tenía un historial destacado de servicio al cliente, lo resumió de esta forma: «¿En qué otro sitio me pagarían tan bien y tendría tanta autonomía? Nordstrom es uno de los primeros lugares donde realmente he sentido que pertenecía a algo especial. Claro que trabajo mucho, pero me gusta hacerlo. Nadie me dice qué tengo que hacer y siento que puedo ir hasta donde me lleve mi dedicación. Me siento como un emprendedor». [70]

Un piloto de Southwest Airlines y un contable de Microsoft cuentan, los dos, historias parecidas de ambientes flexibles, con un mínimo de burocracia. Los dos se sienten afortunados de tener un nivel tan alto de control sobre su trabajo. Aunque el piloto tiene que cumplir unos horarios muy estrictos y unas normas de seguridad claramente definidas, siente que su jefe y la cultura corporativa de Southwest le dan una tremenda flexibilidad personal. El contable describe un ambiente que es típico de las compañías de alta tecnología, donde es difícil encontrar gente con talento y más difícil todavía conservarla. El horario de los empleados, el espacio físico, la *ropa* e *incluso la manera en que abordan sus tareas* están en manos de cada persona o equipo.

Los jefes favorables al espacio:

✓ Han presionado para que haya salas donde los empleados que necesitan echar una cabezadita a media mañana o a media tarde para recuperar energía puedan hacer la siesta.

✓ Han dicho «Pues claro» a sus empleados más jóvenes que querían trabajar escuchando música con un iPod metido en sus oídos.

✓ Han permitido que un empleado trabajara con su ordenador portátil en el césped (¡donde podía pensar!).

✓ Han aceptado un seminario en red, en lugar de en un aula.

QUÉ HACER

✓ Deja que un número mayor de tus empleados organicen más aspectos de su propio trabajo, sin supervisión directa.

✓ Confía en que lo harán bien y luego ayúdalos, cuando necesiten tu ayuda.

✓ Permíteles que prueben con nuevas maneras de realizar sus tareas, incluso si «nunca se ha hecho así antes».

Probablemente, como jefe, tienes más margen para *dar espacio a tus empleados* en este terreno que en cualquier otro y los beneficios son enormes. Si no puedes ofrecerles el teletrabajo o que vistan con ropa informal, puedes darles el poder de gestionar el modo en que hacen el trabajo cotidiano.

Espacio para gestionar el propio tiempo

Todas las investigaciones destacan el hecho de que los trabajadores emergentes (de cualquier edad) quieren flexibilidad en sus programas de trabajo.

Así pues, ¿qué hacen las organizaciones en respuesta a estos deseos? Estas dos historias ilustran lo que está pasando en la actualidad.

Encargado de reunir una plantilla diversa y del más alto nivel, el Office of Personnel Management ofrece horarios de trabajo alternativos como medio de conseguir que los organismos federales aumenten la productividad, atraigan a personas con talento del sector privado y tengan contentos a los empleados.

Con el programa, cada organismo puede abandonar las tradicionales jornadas de ocho horas y semanas de cuarenta horas y favorecer acuerdos a medida de las necesidades individuales. Al conseguir un mejor equilibrio en la balanza vida personal/vida profesional, se espera que los empleados tengan un mayor éxito en el trabajo.

Ya que casi todos los organismos utilizan alguna forma de jornada flexible, y dado que son 1,8 millones de empleados los que se benefician de ella, según el recuento más reciente del OPM, los jefes se han formado opiniones muy claras sobre el programa: a unos les encanta y otros lo odian. Pero la mayoría de ellos está de acuerdo en que es una poderosa herramienta de los departamentos de Recursos Humanos. [71]

El director de Recursos Humanos de Saint John

El Regional Medical Center descubrió que el mercado laboral de las profesiones médicas, como enfermeros y farmacéuticos, impulsaba, en parte, un horario flexible. Ofrecer horarios que se adaptaran a diferentes modos de vida y necesidades hacía que la organización fuera más competitiva. Por ejemplo, una enfermera de urgencias eligió trabajar «un fin de semana intensivo», que hace que esté de guardia doce horas seguidas el sábado y doce el domingo, y le permite tener tiempo libre durante la semana para recoger a sus nietos en la escuela y asistir a sus competiciones deportivas. [72]

¿Y si tu empresa no es favorable a la flexibilidad? Puede ser otro campo en el que digas: «No tengo el control. Nuestra organización tiene normas estrictas sobre las horas de trabajo y sobre el lugar donde se pasan». Si es verdad, entonces tendrás que pensar en otros medios de ofrecer espacio a tus empleados. No obstante, te animamos a ver dónde *podría* haber algo de flexibilidad para dar a tus empleados espacio para organizar su horario de trabajo según sus propias y exclusivas necesidades. Por ejemplo, conocemos a un supervisor que permitía que sus empleados llegaran diez minutos antes de que empezara su turno y se fueran también diez minutos antes, o viceversa. Se dio cuenta de que este margen de diez minutos podía reducir de forma importante el tiempo del viaje en coche durante las horas punta, y representar una diferencia enorme en el estrés de los empleados.

Ah, y piensa en la reciente «B-Society», un grupo danés que presiona para que las empresas sean flexibles y den cabida a personas que no son capaces de ponerse en marcha antes de las 10.00 h o las 11.00 h de la mañana. [73] Tener en cuenta a los dormilones de la B-Society está ganando popularidad en todo el mundo. ¿Puedes encontrar un medio de aprovechar la energía de tus empleados valiosos cuando están en su mejor momento?

¿Qué hay de la equidad?

Nuestros lectores nos han preguntado sobre la equidad. «¿Cómo doy a un empleado tiempo libre el viernes por la tarde sin hacer lo mismo con todos los demás?» Ser justo no significa tratar a todos de forma idéntica.

¿Tienes más de un hijo? Si es así, ¿les das exactamente los mismos regalos de Navidad? Probablemente no.

La respuesta es práctica a medida para todo el mundo (parece un oxímoron, ¿verdad?), lo que ofrece un nuevo tipo de equidad institucional. La fuerza laboral está más diferenciada y una única norma no va bien a todo el mundo. (¿Quién dijo que dirigir era fácil?) Escucha las peticiones de tus empleados y trabaja con ellos para crear soluciones innovadoras que sean *justas*, tanto para ellos como para sus compañeros... esos que también quieres conservar.

Claro que hay una pega. Por supuesto, puedes tomarte el viernes libre para entrenarte para el Ironman Triathlon o para ir al partido de fútbol de tu hijo. Solo asegúrate de que haces tu trabajo... y averigua cómo hacerlo mejor que todos los demás. Con la libertad y la flexibilidad vienen la responsabilidad y la necesidad de rendir cuentas... en gran cantidad.

PAULA LAWLOR,
de MediHealth Outsourcing [74]

CONCLUSIÓN

Permitir el trabajo compartido, el horario flexible, el teletrabajo o trabajar sentado en el césped con tu ordenador portátil no es consentir a nadie. Son medios para alcanzar los objetivos de negocio. Esto entraña escuchar lo que la gente quiere, defender sus necesidades y, finalmente, darle opciones y oportunidades para hacer las cosas de otra manera. Escucha de verdad las peticiones singulares que tus empleados te plantean. Pídeles que te ofrezcan ideas para que este cambio funcione... para ti, para el equipo y para la organización. Haz un esfuerzo sincero para conseguir flexibilidad y mejores condiciones de trabajo para tus empleados.

Espacio para jugar, pasarlo bien, tomarse un descanso, celebrar los éxitos, abordar los problemas de forma creativa... todo esto conforma una cultura corporativa que favorece la permanencia de los trabajadores en la empresa. Tu recompensa será la lealtad y la entrega de tus mejores empleados.

20

T. Verdad

No la ocultes

Puedo aceptar la verdad. ¿Por qué no me lo dijeron?
A. J.

¿Eres una persona sincera? ¿Crees que hay que decir la verdad? La mayoría de nosotros responderá que sí a ambas preguntas. Pero piensa en cuántas veces has dicho a alguien «¡Estás muy bien!», cuando no era cierto. Sabemos que la sinceridad es la mejor política, pero eso no significa que siempre digamos la verdad.

Nuestros estudios muestran que los empleados ansían que les hablen sinceramente. Quieren *oír* la verdad sobre su rendimiento y sobre la organización. Quieren *decirte* la verdad sobre tu actuación. Cuando falta la verdad, pueden sentirse desmoralizados, perder la confianza y acabar siendo menos leales. Por supuesto que sabes adónde puede conducir esto... a que dejen tu empresa y se vayan a la competencia. Di la verdad si quieres atraer y conservar a los buenos empleados.

Una nueva perspectiva sobre decir la verdad

El secreto de decir la verdad es considerarla un *regalo*. Si crees que dar una opinión sincera y equilibrada a alguien le ayudará a ser más eficaz en su profesión y, quizás, en la vida, entonces te sentirás más inclinado a darle esa opinión.

¿Alguna vez has tomado clases de música o de danza o has tenido un profesor de tenis o de golf? Piensa en esa experiencia y recuerda una de tus lecciones.

¿Te enseñaron una manera mejor de coger la raqueta o el palo? ¿Te ayudaron a conseguir un ritmo mejor? ¿No te ayudaban constantemente a perfeccionar tu ejecución? Lo que te decían probablemente estaba en equilibrio entre el *elogio*: «Muy bien. ¡Hazlo otra vez, igual!», y la *corrección*: «Esta vez es mejor que cojas el palo así». Su regalo eran esos comentarios sinceros, procedentes de alguien dispuesto a decirte que todavía quedaba margen para alcanzar la perfección y decidido a ayudarte a llegar allí. Hoy, tus empleados esperan y necesitan lo mismo de ti.

De hecho, un interesante estudio realizado por el Fisher College of Business, de la Universidad del estado de Ohio, señala que, en ausencia de estos comentarios, el sueldo cobra una importancia mayor. «Cuando los empleados no reciben numerosas reacciones sobre cómo lo están haciendo, tienen que utilizar el salario como única medida de su valía. Esto magnifica la importancia de la retribución como medio de que los empleados se sientan apreciados y calibren su propia importancia».[75]

Diles la verdad sobre su trabajo

Piensa en quienes trabajan contigo o dependen de ti. Considera sus virtudes y defectos relativos, sus puntos flacos, el abuso de sus puntos fuertes y los fallos que pueden hacer que se atasquen. ¿Has sido sincero y directo con estas personas sobre cómo los ves?

¿Cuándo y cómo les dijiste lo que pensabas? Incluso los mejores jefes confesarían honradamente que les cuesta dar su opinión de manera franca, en especial cuando se trata de posibles defectos o de aspectos que los empleados tendrían que mejorar. La mayoría de nosotros no estamos preparados para dar malas noticias. Nuestros mayores nos enseñaron que «la sinceridad es la mejor política», pero también aprendimos que «si no puedes decir algo bueno, no digas nada». Así que eso es lo que hacemos.

Los jefes dicen que vacilan antes de dar una opinión negativa porque:

✓ Temen herir los sentimientos o desmoralizar a los empleados, quizás incluso empujarlos a marcharse.
✓ Les preocupa parecer arrogantes o ásperos.
✓ Están incómodos dando malas noticias o encuentran más fácil decir solo cosas positivas.
✓ No están seguros de tener razón al cien por cien.
✓ Les preocupa provocar una reacción a la defensiva.
✓ Trabajan en una organización educada, donde no se dan opiniones críticas.
✓ No les gusta juzgar a los demás.

En un artículo de *Harvard Business Review*, Larry Bossidy escribía: «Cuando doy mi opinión, estoy diciendo a la gente que me interesa su futuro».[76] Si te interesa su futuro, esperamos que pases por encima de tus preocupaciones y les digas la verdad sobre su trabajo.

Lástima

Pensaba sinceramente que estaba haciendo un gran trabajo. Me habían ascendido varias veces, había tenido unas revisiones de rendimiento positivas y había recibido una prima cada año. Pero, de repente, me dejaron de lado en un ascenso, me empujaron a un rincón y se olvidaron de mí. Cuando redujeron la plantilla, me despidieron. Solo entonces supe que, a lo largo de los años, había habido algunos problemas con mi manera de dirigir.

Mando intermedio desempleado

Pregúntales qué opinan

Si eres uno de esos jefes a los que les resulta difícil dar su opinión, considera la posibilidad de preguntar primero a tus empleados cuál es su punto de vista. Pídeles que te digan con qué aspectos de su actuación se sienten mejor. Pídeles que te hablen de los éxitos que han tenido. Averigua qué habilidades específicas utilizaron. Pregúntales qué podrían hacer para ser todavía más eficaces. La mayoría de personas con talento son conscientes de sus puntos fuertes y pueden describirlos con precisión. Dales la oportunidad.

También puedes pedirles que te digan dónde necesitan crecer más. Pregúntales sobre un proyecto reciente que quizás ahora harían de otra manera, si pudieran. Pregúntales qué aprendieron de esa experiencia. También puedes pedirles que te hablen de algo que mejoraría de forma significativa su eficacia.

La mayoría de los empleados saben la respuesta a estas preguntas; en especial si tienen la suerte de haber tenido jefes que dicen la verdad.

La verdad duele. ¿De verdad?

Cuando se pregunta a los empleados de la mayoría de organizaciones qué les gustaría más recibir de sus jefes, su primera reacción suele ser *su opinión*. Quieren saber cuál es su posición; desean saber si tú percibes su actuación igual que ellos.

Años de investigación (una gran parte hecha por el Center for Creative Leadership) confirma que la ausencia de una opinión sincera desorienta a los líderes de todos los niveles. A veces, esto lleva a que los despidan, pero es más frecuente que haga que no logren realizar lo que todos creían que esa persona era capaz de conseguir. [77] Incluso los empleados con un alto potencial necesitan contar con opiniones sinceras y equilibradas. Con demasiada frecuencia, solo oyen que son maravillosos, brillantes y talentosos. Sin contar con esas opiniones, estos empleados pueden quedarse atascados, de una manera sorprendente y alarmante, después de varios ascensos, grandes aumentos y papeles estelares. ¿Por qué? Porque nadie les ayudó a ver sus fallos ni la necesidad de continuar mejorando. Empezaron a creerse lo que les decían y desarrollaron graves puntos flacos. Su confianza se trocó en arrogancia, en parte debido a opiniones insuficientes, inexactas o tardías de las personas fundamentales de su entorno. La verdad podría haberlos salvado.

QUÉ HACER

✓ Anota los nombres de tus subordinados directos. Al lado de cada nombre escribe «más de», «menos de» y «continuar». Apunta unas cuantas medidas en cada uno de estos apartados.
✓ Piensa en cómo puedes ayudarles a superar sus fallos de rendimiento.

«Pero si ya le dije lo que pensaba... en diciembre»

En muchas organizaciones, a los jefes solo se les exige que den su opinión durante la revisión anual de resultados. Lo hacen para recompensar y reforzar la conducta y el rendimiento de los empleados, para justificar el aumento anual o para advertirles de unos resultados insatisfactorios y de las posibles consecuencias. Algunos jefes pasan por alto lo negativo y se centran solo en lo bueno, y otros hacen justo lo contrario. En ambos casos, las revisiones no dicen toda la verdad y, con frecuencia, los empleados se sienten frustrados por todo el proceso.

Considera estos dos puntos:

✓ Las reuniones oficiales de valoración de resultados son importantes. Si se llevan mal, tus empleados se sentirán rebajados y poco importantes.

✓ No les digas lo que piensas solo una vez al año. Para retener a tus empleados clave, es esencial que les des tu opinión sinceramente y de forma regular.

Lástima

En nuestra organización, tanto el empleado como el jefe rellenan el formulario de la valoración de resultados una vez al año. La idea es comparar los resultados y hablar sobre el rendimiento del empleado y sobre cómo podría mejorarlo. Yo pasé horas rellenando el mío, esforzándome por evaluar mis virtudes y mis defectos y qué tal lo había hecho en cuanto a alcanzar los objetivos. Se lo entregué a mi jefe tres semanas antes de la «gran reunión». Cuando llegó el momento, vi claramente que no había mirado mi informe para nada y que había rellenado el suyo a toda prisa, solo unos minutos antes de la reunión. Todas las notas eran solo promedios y, cuando le pregunté cómo podía mejorarlos, contestó que tendría que pensarlo. Dijo que dentro de veinte minutos tenía otra reunión. Así que había esperado todo un año para saber su valoración sobre mí y, cuando al final llegó, era mediocre y casi no tenía sentido. Nunca me había sentido tan insignificante... Quizá tengo que empezar a buscar otro empleo.

Supervisora de enfermería en un hospital

«¿Qué pasa si no sé cómo hacerlo?»

Muchos jefes se sienten incómodos al dar su opinión (positiva o negativa) porque no saben cómo hacerlo de forma sencilla y efectiva. Muchos nunca han tenido un buen modelo. Es fundamental dar tu opinión sin poner a tus empleados a la defensiva. ¿Qué tal lo haces? Contesta este cuestionario para ver si eres hábil en tus valoraciones.

Cuestionario de opinión

Mi opinión...

✓ Es privada. (Elijo un lugar donde el empleado pueda escuchar mis comentarios sin que nos distraigan ni se sienta incómodo.)

_____ Verdadero   _____ Falso

✓ Le dedico el tiempo que merece. (Planeo el tiempo y lo uso solo con el propósito de dar mi opinión a alguien.)

_____ Verdadero   _____ Falso

✓ Es frecuente. (Doy mi opinión inmediatamente después de algo que hay que cambiar o recompensar.)

_____ Verdadero   _____ Falso

✓ Se centra más en el futuro que en el pasado. (Hablo sobre todo lo que se puede hacer para mejorar, más que de lo que se ha hecho mal.)

_____ Verdadero   _____ Falso

✓ Es específica, con ejemplos claros. («Creo que tienes que delegar más. Hiciste todo el proyecto del último trimestre tú solo».)

_____ Verdadero   _____ Falso

✓ Ofrece una información que ayuda al empleado a tomar decisiones. («Tu equipo quiere que le hagas participar más en la planificación».)

_____ Verdadero   _____ Falso

✓ Ofrece consejos para crecer y mejorar. («Creo que podrías trabajar en tácticas de negociación, en especial si quieres ese nuevo puesto».)

_____ Verdadero   _____ Falso

✓ Permite la discusión. («Dime qué piensas. ¿Qué quieres hacer al respecto?».)

_____ Verdadero   _____ Falso

✓ Crea nuevas etapas. («Reunámonos de nuevo la semana que viene para elaborar un plan para ti. Entretanto, piensa en lo que te gustaría incluir en ese plan».)

_____ Verdadero   _____ Falso

¿Qué tal te ha ido? Si, en tu caso, la mayoría de las afirmaciones son ciertas, ¡fantástico! Ahora ve y pregunta a tus empleados si están de acuerdo. Pídeles que te digan la verdad.

Hablar en confianza

Otro planteamiento que está ganando popularidad es recabar opiniones de todas partes: tus empleados la reciben de ti, de sus compañeros, mentores, clientes y subordinados directos. También incluye una autovaloración que te permite comparar tu propia manera de ver las cosas con los puntos de vista de los demás. Es una opinión sobre tus competencias (cono-cimientos, comportamientos, actitudes y características) y es muy específica. Destaca tanto los puntos fuertes como las oportunidades para mejorar, y su propósito es tu desarrollo. Como suele ser anónima, la puntuación tiende a ser muy sincera. Es muy valioso para todos recibir información de alguien que no sea el jefe; recabar la opinión de todas partes es solo una manera de hacerlo. Para tener una visión completa de cómo desarrollar el liderazgo y cómo recoger opiniones de todas partes, véase *The Leadership Machine*, de Michael Lombardo y Robert Eichinger. [78]

Nota: Asegúrate de hacer un seguimiento, con *coaching* y apoyo para los que reciban valoraciones negativas sobre actitudes que deben cambiar. Por lo general, recibir esas opiniones es solo el primer paso; la mayoría de personas necesitará ayuda para crear y llevar a la práctica un plan de desarrollo.

QUÉ HACER

✓ Si tienes un empleado al que le cuesta creer que tiene puntos flacos, considera la posibilidad de usar la recogida de opiniones de todos los implicados. Tu profesional de Recursos Humanos debería poder ayudarte a elegir la herramienta más apropiada.

Diles la verdad sobre la organización

Las investigaciones apoyan de forma abrumadora la idea de que los empleados comprometidos «saben lo que se cuece». Quieren que les confíen la verdad sobre la empresa, incluyendo sus problemas y sus reveses.

No obstante, sabemos que quizás haya veces en que, sencillamente, no seas libre de contarles toda la verdad. Una posible fusión, una reorganización o un cambio en la cima de la organización quizá sean temas de los que no puedes hablar con tu equipo.

A veces, los jefes retienen información convencidos de que esto les da más poder o que para sus empleados es mejor no saber. Cuando tienes malas noticias, comunícalas cara a cara y lo antes posible. Si has cometido un error, confiésalo, diles la verdad y acepta tu responsabilidad. Tu valor personal aumentará, igual que el nivel de confianza de tu equipo.

Véase Información

Pídeles que te digan la verdad (incluso sobre ti mismo)

Preferiríamos vernos destruidos por los elogios que salvados por las críticas.

Norman Vincent Peale

Hasta ahora hemos hablado de decir la verdad a tus empleados. Pero ¿qué hay que hacer para que ellos te la digan a ti? Muchos jefes (en especial en los niveles altos) no han tenido sesiones oficiales de revisión de resultados desde hace años. Para cuando llegan a la cima, es posible que no reciban casi ninguna información equilibrada y precisa sobre cómo llevan a cabo su trabajo. Con frecuencia, los líderes son recompensados mientras cumplan con sus objetivos finales.

Entonces, ¿quién le habla al jefe sénior de sus defectos? (¿O al emperador de su ropa?) Probablemente nadie. La ausencia de una opinión sincera y equilibrada crea líderes que han perdido la oportunidad de crecer, de ser más eficaces en su trabajo y de conservar a sus empleados con talento.

En una reunión semanal con mi equipo dije a mis empleados que quería conocer su opinión sobre mis aptitudes como jefe. Les comenté que me había llegado información de que podría ser mejor delegando y en el desarrollo de los empleados. Les pedí que me clasificaran en una escala del 1 al 10 en cada una de esas habilidades y que luego me dijeran qué tendría que cambiar para conseguir un 10. Una persona me manifestó que ya tenía un 10, lo que provocó las risas del grupo. Acordamos que escribirían las respuestas a máquina y se las pasarían a mi secretaria. Ella me entregó las respuestas anónimas y yo las comenté con mi equipo en la siguiente reunión. Saben en qué estoy trabajando y están dispuestos a darme su opinión de nuevo, mientras yo trato de mejorar.

Vicepresidente de ventas
de una compañía de biotecnología

En casi cualquier situación fuera de las organizaciones estadounidenses, los expertos y maestros continúan pidiendo la verdad sobre su actuación y se esfuerzan por mejorar. Atletas, músicos y maestros de artes marciales son ejemplos de esta práctica. *Tú* puedes establecer un ambiente donde la verdad sea bien recibida. Y puedes servir como modelo para tus empleados que ven cómo *buscas y recibes* su opinión. Considéralo un regalo.

CONCLUSIÓN

Las personas con talento quieren que les digan la verdad sobre sí mismas y sobre la organización. Necesitan no sentir reparo a decirte también la verdad. Las opiniones sinceras son un regalo que se puede dar y recibir. Decir la verdad puede ayudar a conservar la entrega de tus valiosos empleados. Di —y escucha— la verdad.

21

U. Comprender

Escucha mejor

Mi jefe nunca me entendió.

A. J.

«No me estás escuchando. Nunca escuchas». Si alguna vez has oído estas quejas, en casa o en el trabajo, sigue leyendo. ¿Por qué hay infinidad de cursos de formación sobre este tema? ¿Por qué las encuestas repiten que los jefes son unos pésimos oyentes? ¿Por qué no lo *entendemos*?

La mayoría de jefes no creen realmente que escuchar sea una habilidad fundamental. Creen que, para el éxito del negocio, es mucho más importante estar orientado a los resultados o centrado en el cliente que saber escuchar. ¿Tienen razón?

Joe me entiende. Me escucha y me siento comprendido. Cuanto más me escucha, más le revelo y más fuerte se hace nuestra relación. Hemos llegado a tener una enorme cantidad de confianza entre nosotros. Con otros jefes, me limitaba a repasar. A Joe se lo digo todo. Como resultado, nunca se sorprende. Sabe mejor cómo están las cosas. Debido a nuestro vínculo, somos más creativos, asumimos más riesgos, vamos más allá y logramos cosas asombrosas. Nunca he tenido un jefe mejor y jamás he sido tan productivo. En estos momentos, nada podría tentarme a dejar este trabajo.

Vicepresidente sénior
de una organización de ingeniería

La historia de este empleado lo dice todo.

QUÉ HACER

Ahora haz una pausa y anota tres o cuatro cosas que has sabido de tus empleados esta semana. Pueden ser unas ideas que tienen para mejorar un proceso, un problema que se les ha planteado con un cliente (o con la familia) o una cuestión a la que se enfrentan en el equipo. Si no puedes anotar tres o cuatro cosas de las que te has enterado, probablemente es que no has estado escuchando atentamente a tus empleados.

La comunicación es fundamental para conservar a tus empleados valiosos. Si sienten que los escuchas, los comprendes y los valoras, trabajarán y producirán más. *Querrán* quedarse y trabajar para ti. Y si sienten que no es así, desconectarán o se marcharán.

Se sienta ahí y escucha. Quiero decir que escucha de verdad. Está con nosotros. Eso aligera la carga. Luego, cuando salimos al campo de fútbol y el hombre dice: «Mira, quiero que corras hasta allí, cojas esa pelota y te lances de cabeza contra aquella pared», ¿quién eres tú para decirle «no»? Coges la pelota y te lanzas de cabeza contra la pared. Dices: «Vale, entrenador, tú estuviste ahí cuando te necesité, ahora voy a darlo todo por ti». Es algo crucial.

MICHAEL IRVIN,
de los Dallas Cowboys[79]

Cuando desconectas, te pierdes algo

La cabeza del jefe sube y baja. Dice «Ajá» treinta y cinco veces seguidas. ¿Está escuchando? Probablemente no. ¿Qué impide que escuchemos más atentamente? ¿En qué estás pensando mientras tu empleado habla?

QUÉ HACER

¿En cuáles de estas cosas piensas, a veces, mientras tus empleados hablan contigo? Sé sincero.

- ✓ Ya sé cómo acaba el chiste. Voy seis pasos por delante.
- ✓ Tengo demasiadas cosas que hacer para dedicarme a esto. Tengo un montón de trabajo esperando encima de la mesa.
- ✓ Se está poniendo sensiblero. Me largo.
- ✓ Bueno, ¿qué tendría que contestar? ¿Cómo puedo defender mi posición?
- ✓ Es tan aburrida. Voy a mirar el correo electrónico mientras habla.
- ✓ ¡Eso no es pertinente!
- ✓ Vas tan descaminado.
- ✓ Aquí no hay nada nuevo.
- ✓ Eso lo solucionamos hace mucho tiempo.

¿Qué tal? Quizá creas que eso de la multiplicidad de tareas, tener la cabeza ocupada mientras otra persona te habla o estar preparando tu respuesta para estar listo en el mismo momento en el que el empleado deja de hablar, es sacar el máximo partido al tiempo. Quizá te impacientes. Quizá creas que tu tiempo y tus ideas valen más que las de tu empleado. O puede que, sencillamente, hayas olvidado cómo concentrarte de verdad en alguien y escuchar muy atentamente. Sean cuales fueren tus razones, el resultado es el mismo. *Cuando desconectas, te pierdes algo.* Te pierdes información. Y lo más importante, pierdes una relación respetuosa.

Escuchar es una elección

Aprende a escuchar. No aprenderás nada oyéndote hablar a ti mismo.

Leo Buscaglia

Puede que ya tengas grandes aptitudes y costumbres en cuanto a escuchar, pero tal vez las uses selectivamente. Sé consciente de cómo escuchas a tus empleados. Decide hacerlo con más atención. Siente curiosidad por las personas que dependen directamente de ti.

Lo más destacado, lo que hizo que me quedara en aquella empresa durante muchos años, fue realmente algo muy simple. Cada viernes, nos reuníamos en un pub local y el gerente venía y empezaba la fiesta con una pregunta: «¿Qué tal ha ido la semana?». Todos hablábamos sin parar de los problemas a que nos habíamos enfrentado, de los éxitos que habíamos logrado, de las cuestiones con las que todavía teníamos que lidiar. No es que solucionáramos mucho (aunque, a veces, sí que lo hacíamos). Sobre todo, nos desahogábamos. Y lo asombroso era que él estaba realmente interesado. Esos fines de semana, cuando al final nos íbamos a casa, nos sentíamos de fábula.

Empleado de una empresa
de venta minorista de muebles

Escucha mejor

Los expertos llevan… siglos escribiendo sobre la importancia de escuchar en el mundo del trabajo. Sin embargo, continúa siendo una de las máximas quejas por parte de los empleados, en todas partes. Kenny Moore, en su libro *The CEO and the Monk*, dice que escuchar se ha convertido en un arte perdido dentro de la empresa.

> *Sé un comunicador mejor manteniendo la boca cerrada. Nos arriesgamos a crear una cultura donde los que hablan más y más alto ganan. Mi instinto me dice que eso no va a satisfacer a nuestros clientes, externos o internos. Hay algo que decir en favor de una conducta discreta. El silencio por nuestra parte invita las ideas y opiniones de los demás; es una auténtica receta para conseguir un crecimiento sostenido y una ventaja competitiva.* [80]

La mayoría de nosotros pasamos poco tiempo escuchando para comprender de verdad y no estamos seguros de cómo cultivar esa habilidad. Veamos una manera.

La palabra que centellea

Muchos jefes empiezan a escuchar mejor aprendiendo una sencilla técnica llamada la «palabra que centellea». Veamos cómo funciona:

> *Situación: Tu empleada, Shelby, te pregunta si podéis hablar, así que programas una reunión en tu despacho. Haces entrar a Shelby y le preguntas en qué puedes ayudarla. Dice: «Tengo problemas con uno de mis empleados. Parece no estar motivado para el trabajo».*

1. Identifica las palabras que «centellean» (se destacan).
   *«Tengo **problemas** con uno de mis empleados. Parece **no estar motivado** para el trabajo».*

2. Pregunta sobre una de las palabras que centellean.
«*¿Qué clase de problemas?*» o «*¿En qué sentido parece no estar motivado?*».
3. Escucha la respuesta de Shelby.
«*No es tan **productivo** como antes*».
4. Observa la palabra que centellea en su respuesta y pregúntale sobre ella.
¿Cómo ha disminuido su productividad?
5. Escucha la respuesta de Shelby.
«*Hace **menos** trabajo en una semana y, además, la **calidad** también ha ido a **peor***».
6. Observa la palabra que centellea y pregunta sobre ella.
«*¿Por qué crees que hace menos trabajo?*» o «*Háblame de la caída de calidad*».
7. Sigue así, atento a las palabras que centellean y haz tus preguntas sobre ellas.

Utiliza preguntas abiertas mientras sigues atento a las palabras que centellean. Este tipo de preguntas empiezan con *cómo, por qué, dónde, cuándo* y *háblame de ello*. Están pensadas para evitar respuestas de sí o no, que suelen llevar a un callejón sin salida. Mientras sigues la palabra que centellea, ve profundizando más en el problema de Shelby. Mientras tanto, ella siente que la escuchas. Está convencida de que te importa su problema y que estás allí para ayudarla a solucionarlo. La técnica de la palabra que centellea te obligará a escuchar empáticamente, al nivel más profundo. No podrás conectar y desconectar y seguir al mismo tiempo esas palabras. (P. D. Por favor, pruébalo en casa. Tu cónyuge, hijos y amigos se quedarán agradablemente sorprendidos al ver qué bien los escuchas ahora.)

Lástima

Observaba cómo iba leyendo sus mensajes electrónicos, mientras sus empleados le hablaban. Yo también había padecido esa actitud unas cuantas veces. Seguramente creía que no nos dábamos cuenta o que respetábamos su capacidad para hacer múltiples tareas al mismo tiempo. Se equivocaba. Nos sentíamos como alguien sin importancia, alguien a quien no hacen ningún caso la mayor parte del tiempo.

Empleado de primera línea

Tus fallos en la escucha

Si de verdad quieres llegar a escuchar mejor, sé sincero y reconoce si alguna de estas actitudes te impide oír lo que tus empleados tienen que decir.

El que interrumpe

¿Interrumpes exponiendo tus propias ideas, de forma que los demás tienen que detenerse a media frase? Tus empleados perderán la paciencia contigo y quizá dejen de acudir a ti con sus ideas y problemas si los cortas a cada momento.

Observa cuándo interrumpes a tus empleados. Utiliza la técnica de la palabra que centellea. Déjalos hablar y tú dedícate a escuchar. Déjales acabar.

El que se pone a la defensiva

¿Te pones a la defensiva cuando los otros no están de acuerdo con tu postura sobre un tema? ¿Pasas rápidamente a defender tu punto de vista? Deja de defenderte y permite que tus empleados expliquen sus ideas o su postura sobre un tema. Procura comprenderlos antes de apresurarte a hablar en tu propia defensa.

El que transmite

¿Transmites más que recibes? Normalmente, ¿qué porcentaje del tiempo hablas? ¿Un veinte por ciento? ¿Un ochenta por ciento? Procura dar a tus empleados la oportunidad de decir más.

El que se distrae

¿Dejas vagar tu imaginación durante una conversación, de forma que pierdes el hilo y tienes que pedir que repitan algo? Si utilizas la técnica de la palabra que centellea, no podrás evitar seguir concentrado.

El que cambia de rumbo

¿Cambias de tema con frecuencia para llevarlo a algo que te interesa más? Muestra interés y curiosidad... por ellos. Descubre lo fascinante de estas personas con talento y lo que tienen que decir. Tu interés en ellas te rendirá beneficios.

Se dice que el filósofo griego Zenón ofreció este consejo:

«La razón de que tengamos dos orejas y solo una boca es para que podamos oír más y hablar menos».

Escucha más atentamente

Todos los que trabajan conmigo saben algo mejor que yo... Mi tarea es escuchar el tiempo suficiente para averiguar qué es y cómo utilizarlo.

Jack Nicklaus

Algunos jefes se preguntan: «¿Para qué tendría que escuchar?». Creemos que es importante escuchar para conocer:

Véase Recompensa

✓ *Información.* Las personas con talento quieren que alguien preste oídos a sus magníficas ideas y soluciones. Quieren ser escuchadas y reconocidas.

Mi jefa no solo escuchaba mis ideas, sino que, además, me dejaba que las presentara en la reunión del consejo. Me sentía muy orgulloso.

Gerente de una firma de bienes inmobiliarios

✓ **Motivación.** ¿Qué quieren de este trabajo y de ti? ¿Qué los hace levantarse por la mañana y tener ganas de ir a trabajar?

Me preguntó qué me gustaba de mi trabajo y qué no me entusiasmaba mucho. Escuchó. Cuando entendió realmente de dónde venía, me propuso que pasáramos algunas de las tareas que menos me gustaban a un compañero al que le encanta hacer ese trabajo. Parece comprenderme de verdad.

Supervisor de un grupo médico

✓ **Dificultades.** Es preciso que sepas qué obstáculos tienen tus empleados.

Uno de mis subordinados directos tiene una empleada con talento llamada Denise. Su nivel de rendimiento ha bajado y nos preguntábamos por qué. Le propuse que los dos nos reuniéramos con ella. Le preguntamos a Denise si estaba molesta por algo, y empezó a hablar. Al final, nos contó que estaba luchando contra un cáncer, pero que había tenido miedo de decírnoslo. La escuchamos durante dos horas. Manifestó que se sentía mucho mejor ahora que el secreto había salido a la luz y nos dio las gracias por nuestro apoyo y comprensión. Esto fue hace dos años. Denise ha conseguido superar los momentos difíciles y recientemente ha sido ascendida.

Director de una agencia de publicidad

Algunos de nuestros lectores han dicho que se sienten incómodos escuchando tan intensamente, en especial cuando se trata de la vida de los empleados fuera del trabajo. Temen que las conversaciones sinceras puedan llevarlos a un nivel personal o a un estado empático que los vuelva vulnerables.

Algunos jefes no quieren que sus empleados hablen de su vida personal en absoluto. Yo digo, aliéntalos. Si alguien se puede desahogar contando algo durante una hora, es mío durante las veinte siguientes (o más).

Líder de equipo en una pequeña planta de fabricación

Contrato trabajadores del conocimiento. Necesito su capacidad mental. Si no están contentos conmigo, con la organización o con su vida personal, se presentan a trabajar solo con la mitad de esa capacidad. No me lo puedo permitir. Escucho sus problemas, los ayudo a encontrar ideas para solucionarlos y les recomiendo recursos útiles. Me esfuerzo mucho para que estén contentos.

Ejecutivo de una compañía de alta tecnología

No es necesario que hagas de consejero y no es preciso que tengas la respuesta a sus problemas personales. Limítate a escuchar.

Cómo llegar a conocerlos

No es demasiado tarde para aprender a escuchar más eficazmente y averiguar más sobre las personas con talento que quieres conservar. Piensa en ti como si fueras un arqueólogo en una excavación. Lleva tu curiosidad a la relación y mira qué puedes descubrir.

QUÉ HACER

✓ Invita a los empleados que no conoces muy bien a almorzar contigo. Pregúntales sobre ellos y sobre sus intereses. Practica la escucha.

✓ Acepta diferencias de estilo entre tus empleados. Escucha a los que hablan lentamente igual que a los que hablan a toda velocidad.

✓ Escucha y actúa sobre las ideas que tus empleados te traen. Cuando vean que has puesto en práctica una de sus ideas, sentirán que los escuchas.

✓ Observa las pequeñas cosas. Ve a los espacios de trabajo de tus empleados y toma nota de las fotos de su familia o de sus trofeos deportivos. Pregúntale sobre ellos.

✓ Ábreles la puerta. Un empleado dijo: «A veces, entraba en el despacho de mi jefe tenso y lleno de estrés. Él me decía: "¿Qué necesitas? ¿Que te escuche un rato?". Siempre sentía que me aceptaba y me comprendía».

✓ Despeja la mesa y deja de lado el correo electrónico para que puedas concentrarte en tu empleado.

✓ Observa el color de sus ojos. Esto te ayudará a conectar con él, mirándolo a la cara.

✓ Acuérdate de usar la técnica de la palabra que centellea para escuchar más atentamente.

✓ Si acuden a ti con problemas que quedan fuera de tus conocimientos o de tus límites como jefe, ayúdalos a elaborar una lista de posibles recursos (consejeros, profesionales de Recursos Humanos y organizaciones del servicio comunitario).

✓ Toma notas. No pasa nada. De hecho, al hacerlo transmites a tus empleados que de verdad quieres recordar lo que te dicen.

CONCLUSIÓN

Conoce a tu gente. Tómate tiempo para comprenderlos escuchándolos de verdad. Observa tu manera de escuchar y mejórala (siempre cabe hacerlo). Tus esfuerzos te rendirán beneficios. Los empleados que se sienten escuchados y comprendidos seguirán entregados y en tu equipo. En el caso contrario, buscarán otro lugar de trabajo, con un jefe que sí los escuche.

22

V. Valores

Define y armoniza

*No creo que mi jefe comprendiera realmente lo que yo
más valoro. Me parecía como si tuviera que dejar mi
auténtico yo en casa.*

A. J.

El riesgo de perder empleados por conflictos relacionados
con los valores es mucho mayor que el de perderlos por la
retribución. Los valores definen lo que consideramos importante. Son el baremo por el que medimos nuestras necesidades finales. Cuanto mejor incorpores al trabajo los valores de
los empleados, más sentido, propósito e importancia le encontrarán. Y, como es lógico, cuanto más sea así, más tiempo se quedarán.

¿Cómo encajan los valores de tus empleados en los de la organización? ¿Lo sabes? Las organizaciones tienen declaraciones
de visión, de misión y de valores, pero raramente tienen un sistema que ayude a los empleados a determinar el vínculo entre estas
declaraciones y sus propios valores.

La importancia de apoyar los valores

Los valores son el salario emocional del trabajo y algunas personas no están cobrando nada.

HOWARD FIGLER

¿Sabías que tú y tus empleados pasáis más tiempo trabajando que haciendo casi cualquier otra cosa, incluyendo dormir? Ellos quieren pasar ese tiempo haciendo algo que valoren de verdad.

Cuando los valores quedan fuera de la ecuación laboral, es posible que el trabajo se haga de todos modos, pero sin energía ni entrega. Al final, tú o tus empleados os daréis cuenta. Los empleados de hoy, de todas las generaciones, quieren encontrar valor y sentido en su trabajo. Nuestras vidas no están tan compartimentadas como antes y cada vez son más los empleados que exigen una mejor combinación de trabajo y vida familiar. Puede que sea demasiado pedir a un jefe que averigüe qué valores tienen más importancia para sus empleados, pero no es imposible.

QUÉ HACER

Inicia una conversación con las siguientes frases:

✓ ¿Qué es lo que más necesitas de tu trabajo? ¿Te lo da?
✓ ¿Qué hace que un día sea realmente bueno?
✓ ¿Qué echarías más de menos si dejaras este puesto?
✓ ¿Qué es lo que más te gustó en otros empleos que hayas tenido?
✓ ¿Qué podemos hacer para incorporar más de tus valores?
✓ Háblame de una vez que te sintieras realmente vigorizado en el trabajo.

Tu tarea es escuchar para averiguar cosas concretas. (¿Un «buen día» significa más contacto con los clientes o la oportunidad de dirigir un equipo para un proyecto?)

¿Dónde está la conexión (o desconexión) entre los valores de tus empleados y los de la organización... y por qué debería importar? Las recientes investigaciones descubrieron que uno de cada tres trabajadores dice que los valores fundamentales de la empresa no son coherentes con los suyos propios. «Con frecuencia, la dirección parece esperar que los empleados dejen de lado sus valores personales a favor de los que han colgado en la pared. Cuando los valores de los empleados chocan con los que están vigentes en la organización, el resultado es la "evasión laboral", una conducta pasiva, improductiva y un sabotaje silencioso de proyectos e ideas».[81]

¿Y en el lado positivo, cuando los valores encajan? Jim Kouzes y Barry Posner hablan de la importancia de los valores compartidos en la cuarta edición de *The Leadership Challenge*.

> *Reconocer los valores compartidos proporciona un lenguaje común. Se genera una tremenda energía cuando los valores del individuo, el grupo y la organización están en armonía. Se intensifica la entrega, el entusiasmo y el empuje. Todos tienen razones para que les importe su trabajo.*[82]

«Ya no estamos en Kansas»

Casi todas las personas cuyo puesto de trabajo ha sido reestructurado, reformulado o reorganizado entienden lo que siente Dorothy en *El mago de Oz*. Unos acontecimientos que están fuera de su control los han arrastrado, de forma muy parecida a un ciclón, y los han depositado en una tierra extraña. El empleado piensa: «No tengo el control. Yo no pedí estar aquí. A ver si me gusta».

En cualquier cambio, la naturaleza humana y la necesidad de pagar el alquiler nos obligan a adaptarnos lo más rápidamente posible. El problema aparece unos ciento veinte días más tarde, cuando algunos empleados empiezan a darse cuenta de que adaptarse les está costando mucho. Y esa sensación de pérdida es casi siempre un problema relacionado con los valores.

«Los empleados siempre han buscado la satisfacción personal, pero lo que quizás haya cambiado en esta década es lo que significa esa satisfacción personal —según dice un jefe de programas de una empresa de California—. La verdad es que nos han devuelto a la casilla de salida, para ver de nuevo qué prioridades tenemos en la vida. Cuando la gente examina sus valores atentamente, el reto para la empresa es ofrecer flexibilidad dentro de las exigencias propias de la compañía».[83]

Lástima

En una ocasión llevábamos a cabo un taller de desarrollo profesional en la central corporativa de un gran banco multinacional. Se consideraba que los participantes eran los futuros líderes del banco —todos clasificados con un alto potencial— y el banco invertía mucho en su futuro. Utilizábamos un instrumento llamado «Invierte en tus valores».[84] Cada participante tenía que elegir siete valores importantes para él o ella de una selección de treinta y cinco y señalarlos con pegatinas de colores. Las pegatinas señalaban si se cumplía el valor (pegatina verde), si no se cumplía pero se podía negociar o conseguir que se cumpliera (pegatina amarilla) o si no era posible en el futuro... en ningún caso. A estos se les ponía una pegatina roja.

Mientras íbamos y veníamos por la sala mirando lo que elegían los presentes y observando las pegatinas de colores, nos alegramos de ver que la mayoría de pegatinas eran verdes. Esto indicaba una gran satisfacción en cuanto al cumplimiento de los valores. Había unas cuantas amarillas; bueno, eso se podía solucionar y, por estas personas con tanto potencial, se removería el cielo y la tierra para hacerlo.

Pero había una única pegatina roja en el tablero delante de un joven que parecía furioso. Puso la pegatina en su sitio con tanta furia como si golpeara al propio valor que lo ofendía. Nos habían indicado que este joven era una brillante estrella y una importante «adquisición». Lo habían contratado, en particular, por sus ideas innovadoras. Y era el único en una sala con más de treinta personas que tenía una pegatina roja en uno de sus valores más preciados. La ofensiva pegatina estaba encima de la palabra «creatividad». Él había señalado este valor como extremadamente importante. Cuando le preguntamos por qué había puesto la pegatina roja en «creatividad», contestó (con gran vehemencia): «¡Porque en este banco no se puede ser creativo!».

La misma razón por que lo hubieran contratado era la razón por la que iban a perderlo. Si su jefe hubiera estado dispuesto a hablar de valores con este hombre con tanto potencial, quizás habría podido averiguar cuál era exactamente el problema que ahogaba su creatividad.

Si el jefe fuera especialmente valiente, otra reacción al comentario sobre creatividad podría ser: «¿Qué papel he tenido yo? ¿Qué podría hacer de otra manera para apoyarte?». Se necesitan agallas, pero estas preguntas, si se plantean bien, podrían impedir que un empleado con mucho potencial se marchara.

¿Cómo puedes determinar qué valores te pueden ayudar a retener a tus empleados? Puedes darles un instrumento de análisis de valores como el usado en la historia de *Lástima* o inventar uno propio. Prueba con este ejercicio en la próxima reunión de personal.

Véase Comprender

QUÉ HACER

Muestra a los empleados esta lista para elegir valores. Escucha sus respuestas y profundiza donde puedas.

✓ Cuando vas al trabajo, tienes ganas de:
    a. Enfrentarte a nuevos retos.
    b. Disfrutar de la compañía de tus compañeros.

c. Planificar tu propia jornada.

d. Tener un día relajado, sin nada nuevo.

✓ Cuando tienes un nuevo proyecto en el que trabajar, sientes entusiasmo porque:

a. Vas a aprender cosas nuevas.

b. Vas a trabajar con gente nueva.

c. Vas a tener el control.

d. Va a ser fácil y sin estrés.

✓ Si te tocara la lotería, una cosa que podría impedir que dejaras el trabajo sería:

a. La pasión de competir.

b. Echar en falta a los amigos del trabajo.

c. Tener objetivos laborales que te motiven.

d. No saber qué hacer con el tiempo.

✓ En tu trabajo ideal:

a. Tendrías oportunidades para ser creativo.

b. Ayudarías a la sociedad.

c. Pondrías en marcha tu propia empresa.

d. No trabajarías nunca más de ocho horas al día.

✓ Mirando atrás, te sentías más satisfecho en el trabajo cuando:

a. Participabas en proyectos apasionantes.

b. Ayudabas a otros.

c. Trabajabas de forma totalmente independiente.

d. Nunca tenías que llevarte trabajo a casa.

✓ Trabajas de forma óptima cuando:

a. Tu curiosidad y energía son altas.

b. Trabajas con un equipo.

c. Trabajas sobre todo solo.

d. No hay fechas límite.

✓ El éxito, para ti, significa:

a. Ir siempre tras la excelencia.

b. Trabajar estrechamente con tus amigos.

c. Ser dueño de tu propio futuro.

d. Contentarte con tu trabajo.

Guía rápida que puede guiarte

Las respuestas «*a*» señalan que estas personas están orientadas a un objetivo. Ayúdalas a encontrar oportunidades para trabajar en proyectos estimulantes que llevan a unos resultados bien definidos y a la sensación de logro.

Las respuestas «*b*» señalan que estos empleados se orientan a las personas. Busca medios para aumentar sus contactos personales en el trabajo, quizá por medio de su participación en equipos de trabajo o de proyecto.

Las respuestas «*c*» indican personas independientes. Encuentra situaciones que recompensen la automotivación, con una mayor libertad e independencia. No los dirijas ni controles en exceso.

Las respuestas «*d*» señalan que estas personas buscan el equilibrio y un programa de trabajo metódico. Buenos soldados, estas personas necesitarán que les prestes la máxima atención y los tranquilices cuando hay cambios.

Valora las diferencias que hay en tu equipo

Las organizaciones se basan más que nunca en los equipos. Sin embargo, si los miembros de un equipo no comprenden mutuamente los valores de cada uno, esto conducirá al desacuerdo. El equipo que no puede aprovechar los valores de sus miembros quizás acabe discutiendo, malgastando el tiempo y fracasando. Los miembros del equipo pierden el ánimo cuando los valores de la organización y sus propios valores no concuerdan. Sé consciente de los valores individuales que hay en tu equipo y muéstrate dispuesto a hablar de ellos. Reforzarás el grupo y aumentarás la satisfacción de todos en el trabajo.

Empieza por identificar tus propios valores y evalúa qué efecto tienen entre tus empleados. Hemos leído cientos de transcripciones de entrevistas de salida. Nos quedamos asombradas por el número de empleados con talento que se marcharon porque sus valores estaban en conflicto con los de su supervisor o jefe inmediatos. ¿Eres consciente de los conflictos que puede haber entre tus valores y los de tu equipo?

A veces, como jefes, tendemos a proyectar nuestros propios valores en nuestros empleados. Pero la diversidad reforzará nuestro equipo. Los que valoran la creatividad serán tus innovadores. Los que valoran la independencia trabajarán productivamente durante largos periodos, sin acudir a ti constantemente. Los que valoran el orden y la rutina serán tus ciudadanos sólidos y fiables. No trates de convertir a un ciudadano sólido en un innovador creativo. Reconoce lo que valora cada persona y explota esos valores en beneficio de todo el equipo.

QUÉ HACER

Considera la posibilidad de hablar con tu equipo sobre valores. Una o más de estas preguntas podrían poner en marcha la conversación:

- ✓ ¿Cuáles son los valores de tu equipo de trabajo? ¿En qué nos parecemos? ¿En qué somos diferentes?
- ✓ ¿Cómo podrían nuestras diferencias convertirse en un obstáculo?
- ✓ ¿Bajo qué circunstancias o presiones encontramos que nuestros valores chocan?
- ✓ ¿Qué podemos aprender de alguien cuyos valores son diferentes de los nuestros?
- ✓ Es fácil ser crítico con las diferencias de valores. ¿Cómo afecta esto al grupo?

Cómo encontrar su vocación

Si el campo de los valores te interesa, hay muchos libros sobre cómo ayudar a cada persona a encontrar su vocación, su pasión o su misión personal o profesional. En su libro *Whistle While You Work: Heeding Your Life's Calling*, Dick Leider y David Shapiro señalan que las personas que sienten una vocación fuerte por su trabajo tienden a amar lo que hacen y experimentan un nivel de satisfacción que la mayoría de nosotros solo soñamos. [85] Puedes hacer que todo tu equipo lea el libro y luego hablar de lo que les haya parecido significativo. Esto podría llevar a hablar de valores.

CONCLUSIÓN

La armonía entre los valores de tus empleados y los de la organización o el equipo es un factor poderoso para conservar a los buenos empleados. ¿Hasta qué punto están satisfechos tus empleados valiosos con sus tareas cotidianas? ¿Sabes lo suficiente de sus valores para responder a esta pregunta? Puede ser difícil sacarlos a la luz, pero vale la pena. Son unas fuerzas que pesan mucho en la decisión de quedarse o marcharse que tome alguien. Imagina que tus empleados son clientes. Bien, ¿qué es lo que más valoran? ¿Cómo puedes ayudarlos a conseguirlo?

23

W. Bienestar

Apóyalo

Tener éxito allí equivalía a renunciar a una parte demasiado grande de mi vida fuera del trabajo y yo no estaba dispuesto a hacerlo.

A. J.

¿Tu organización insiste en los reconocimientos médicos anuales? ¿Invierte en gimnasios, campos de voleibol o en talleres de control del estrés? Si te estás riendo, sigue leyendo. Las empresas que se toman en serio el buen estado físico descubren que la compensación es alta, no solo en cuanto a retener a los empleados, sino también en energía para el trabajo y en productividad. Pero este capítulo no trata de lo que la corporación puede hacer. Nos interesa lo que tú, como jefe, puedes llevar a cabo para favorecer que tu equipo esté en forma.

¿Lo pasaste bien anoche? —*le pregunté a mi nuevo compañero de piso, que había vuelto casi a medianoche.*

—*Oh, no… no salí* —*repondió*—. *Estuve trabajando desde las 8.00 de la mañana. Este tipo de horario es normal en la banca* —*explicó*—. *Y oye, no te preocupes por hacer provisión de comida* —*añadió*—. *Desayuno, almuerzo y ceno en el trabajo.* [86]

Bienestar y supervivencia de los que están en buena forma

En la actualidad, el lugar de trabajo suele estar lleno de energía y ser muy productivo. Para actuar con éxito en él, tú y tus empleados debéis estar *bien y en forma*, mental, emocional y físicamente. En este ambiente competitivo, estar en buena forma es algo «imprescindible» más que algo «agradable». Si no lo estás, no ganarás, sencillamente. Si te centras en conseguir que tus empleados estén en forma, aumentarás las oportunidades de que se queden y jueguen eficazmente en tu equipo.

¿Qué es estar en forma?

Para unos, estar en forma significa poder participar en la maratón de Boston y acabar en cuatro horas. Para algunos, librarse por fin de la migraña. Para otros, adelgazar o reducir el estrés y bajar la presión sanguínea antes del próximo reconocimiento médico.

Definimos la buena forma como *estar en buen estado físico, mental y emocional*. Para hacernos con una imagen clara, quizá sea preciso que recuerdes unas vacaciones recientes, cuando te sentías increíblemente relajado, sano físicamente y lleno de energía, mentalmente agudo (quizás incluso creativo) y emocionalmente satisfecho. Quizá parezca poco razonable esperar que tú y tus empleados os sintáis en el trabajo como os sentís de vacaciones, pero es útil tener una situación de «mundo perfecto» en mente cuando te esfuerzas por aumentar los niveles de buena forma y bienestar en tus empleados.

Muestra interés en el bienestar de tus empleados. Veamos de qué estamos hablando.

Véase Comprender

Lástima (casi)

Yolanda había faltado recientemente al trabajo varios días y parecía silenciosa y distante, algo que no es propio de ella. Antes siempre se mostraba vivaz y de buen humor, y con frecuencia animaba a otros miembros del equipo que estaban decaídos. Sin embargo, seguía cumpliendo con su trabajo, así que su jefe se resistía a decirle nada sobre sus ausencias o sus cambios de humor. Además, le preocupaba que preguntárselo pudiera significar cruzar la raya que separa el mundo del trabajo del mundo privado, algo que le parecía arriesgado. Así que no dijo nada.

Tres meses más tarde, Yolanda, llorando, le entregó su dimisión. Él se quedó estupefacto y le dijo que no quería que se fuera, que tanto él como todo el equipo la tenían en mucha valía. Ella pareció sorprendida por su respuesta y se lo dijo: «Pensaba que yo no te importaba en absoluto; como no me preguntaste por qué faltaba al trabajo o por qué estaba triste cuando venía. Di por sentado que al equipo le iría mejor sin mí».

El jefe de Yolanda acabó haciendo lo que ella llevaba semanas deseando que hiciera. No husmeó, se limitó a ofrecerle ayuda. Ella se puso a llorar (esta vez agradecida) y explicó que tenía problemas de salud y que sus responsabilidades como madre y como miembro del equipo eran más de lo que podía soportar. Dijo que era el estrés que le producía tratar de conciliarlo todo lo que estaba pudiendo con ella, no la enfermedad en sí misma.

Al cabo de unos minutos, la dimisión de una empleada con talento se transformó en un plan para que pudiera compaginar su trabajo y sus responsabilidades familiares mientras recuperaba la salud. El plan incluía trabajar en casa dos días a la semana, así como entrar a trabajar más temprano por la mañana y salir también más temprano por la tarde para poder hacer una siesta. La lealtad y el compromiso de Yolanda hacia su jefe se dispararon, su productividad continuó siendo alta y, a los pocos meses, volvió a sentirse estupendamente.

El jefe de Yolanda hizo lo acertado, justo a tiempo, para Yolanda, para el equipo y para él mismo. Preguntó qué podía hacer y luego buscó soluciones con su valiosa empleada. Puedes apostar a que no será fácil que Yolanda se sienta tentada a marcharse a un nuevo equipo o que aproveche una nueva oportunidad. Lo único que este jefe podía haber hecho mejor habría sido hablar con ella antes.

Si un empleado se enfrenta a un problema físico, al estrés o a una cuestión emocional, tu respuesta como jefe podría ser la misma. Pregunta cómo puedes ayudar y luego colabora con él o ella para elaborar un plan.

QUÉ HACER

✓ Observa si algo va mal o si la forma habitual de trabajar de tus empleados ha cambiado de manera visible. No esperes. Pregunta si puedes hacer algo para ayudar. Con lo fácil que parece y son muy pocos los jefes que lo hacen.

Uno de mis ingenieros más valiosos solía perder los estribos y causaba mucha perturbación en el equipo. Mi jefe me sugirió que lo despidiera. Decidí que este empleado era lo bastante importante como para averiguar qué le pasaba. Hablamos y lo envié al Programa de ayuda al empleado, donde recibió el apoyo que necesitaba. Ha solucionado lo que fuera que lo preocupara y ahora vuelve a ser un placer trabajar con él. El apoyo que le presté en esos momentos demostró ser una declaración de confianza importante para él y también para el equipo. Ahora somos más fuertes y productivos que nunca.

Jefe de ingeniería

✓ Cuando un empleado te dice lo que va mal, colabora con él para elaborar un plan que remedie la situación.

La palabra con «E»

La mayoría de nosotros necesitamos un empleo y todos quere-
mos una vida. Deberíamos poder tener ambas cosas.

Una ejecutiva sénior se lamentaba: «Hace un mes que no llamo a
mi madre y seis que tendría que haberme hecho una mamografía.
Las dos cosas me preocupan mucho y aumentan mi estrés». Los
trabajadores de Estados Unidos quieren un descanso y desean
una vida fuera del trabajo. Quieren tener tiempo para llamar a su
madre y para hacerse un reconocimiento médico.

Si no nos crees, pregúntaselo a tus empleados y echa una mirada a las investigaciones. En una encuesta de Salary.com, con
4.600 trabajadores, un 39 % dijo que, si pudiera escoger, elegiría
tiempo libre en lugar de un aumento de sueldo equivalente. [87]

El *equilibrio* entre trabajo y vida personal contribuye a la
buena forma y es un reto constante para el jefe preocupado por
ese bienestar. Un equipo que conocemos ha pasado tanto tiempo,
en los últimos años, tratando la cuestión del equilibrio que ahora
lo llaman la letra con «E». Es casi un terreno prohibido como
tema de discusión porque parece que hay pocas soluciones y están «hartos de hablar de ello».

Nosotras creemos, sin embargo, que *hay que hablar de ello*
—pensar en ello—, incluso hacer algo al respecto. ¿Qué significa
el equilibrio para ti y tus empleados? (Es algo diferente para cada
uno.)

Nos hablaron de un jefe de planta que da a cada uno de los
noventa miembros de su equipo ciento cincuenta dólares al
año para que haga algo (lo que sea) que aporte equilibrio a su
vida. Su única condición es que le digan cómo han utilizado el
dinero. La manera en que los empleados gastan esa suma su-
braya lo personales que son nuestras necesidades de equilibrio.
Según sus informes, se gastan el dinero en clases de baile de
salón, una batería, herramientas de jardinería y formación en

taichí y kickboxing. Ciento cincuenta dólares por persona no es un gasto excesivo y el mensaje que transmiten es claro como el agua. ¿Dispones de un presupuesto discrecional que puedas gastar de esta manera?

No estamos insinuando que los problemas de equilibrio de tus empleados te conciernan solo a ti ni que tú debas ofrecerles las respuestas. Sin embargo, sí que te aconsejamos que tomes medidas para alentar el equilibrio y, con él, el buen estado físico.

Imagina que la vida es como un juego en el que haces malabarismos con cinco pelotas en el aire. Llámalas como quieras —trabajo, familia, salud, amigos y ánimo—; las mantienes a todas en el aire. Pronto te darás cuenta de que el trabajo es una pelota de goma. Si la dejas caer, rebotará. Pero las otras cuatro —familia, salud, amigos y ánimo— están hechas de vidrio. Si dejas caer una de ellas, quedará irremediablemente arañada, marcada, desportillada, dañada o incluso hecha añicos. Nunca volverá a ser la misma. Debes entenderlo.

BRIAN DYSON, de Coca-Cola

Llamarlo agobio es quedarse muy corto

Una de las primeras señales del estrés es la fatiga física y mental. Alrededor del 49 % de trabajadores informa de que sufren tanto estrés en el trabajo que, con frecuencia, se sienten incapacitados, según una encuesta realizada en 2004 por ComPsych, una empresa de servicios de ayuda a los empleados, con sede en Chicago. Más de un tercio dice que pierden una hora al día en productividad porque les cuesta concentrarse; un 44 % reconoce que

*hasta cuatro días al año se presentan a trabajar demasia-
do estresados como para ser eficaces.* [88]

Las presiones para hacer más con menos, para ir más rápido que
la competencia, para ser más creativo, más innovador, más diferente, para hacer lo que sea con menos dinero y para estar disponible en todo momento empujan a muchos a decir que su trabajo,
sencillamente, les exige demasiado.

Lástima

*Un jefe sénior de una organización de asistencia médica se dio cuen-
ta de que hablaba con brusquedad a sus empleados, que tenía problemas para dormir y que, en general, se sentía desganado. Cuando
un amigo le preguntó cómo pasaba el tiempo fuera del trabajo, contestó: «¿Qué tiempo fuera del trabajo?». En el pasado, pasaba las
noches en casa, disfrutando de películas, amigos, libros y música
para relajarse. Hacía ejercicio en el gimnasio cuatro noches a la semana. Todo eso parecía un recuerdo lejano. Su nuevo jefe había
marcado la pauta: los que son ambiciosos o están comprometidos
con la organización, aunque sea remotamente, trabajan hasta tarde,
cada día. Adiós al equilibrio y a estar bien. El resultado para este jefe
sénior era que sus empleados estaban hartos de su malhumor (dos
acababan de marcharse), que la productividad era más baja que nunca (tal vez porque él estaba agotado), que sufría dolores de cabeza
constantes y que sentía un creciente resentimiento hacia su jefe y
hacia la organización. Recientemente, ha empezado a mirar las ofertas de trabajo en Internet; cree que debe de haber un lugar menos
demencial donde trabajar. Este jefe sénior pronto se habrá ido, porque habrá encontrado otro trabajo donde el equilibrio sea, por lo
menos, algo de lo que se puede hablar y donde su jefe dé por sentado que la gente tiene una vida fuera del trabajo.*

¿Y tú, qué? ¿Qué ejemplo das como jefe y qué esperas de tus
empleados? Hazte estas preguntas:

✓ ¿Promuevo la adicción al trabajo? ¿Soy yo mismo un adicto al trabajo?

✓ ¿Espero que mis empleados vengan a trabajar los fines de semana? ¿Con qué frecuencia?

✓ ¿Sostengo numerosas reuniones a primera hora de la mañana o a última de la tarde?

✓ ¿Elogio a mis empleados por las muchas horas que trabajan o, por el contrario, por la calidad del trabajo que acaban?

¿Qué tal? Con frecuencia, los jefes desalientan el equilibrio con el ejemplo que dan o por lo que esperan y recompensan.

QUÉ HACER

✓ ***Da el ejemplo que quieres que sigan.*** Si deseas que tengan más equilibrio en su vida, tienes que ser un modelo de lo que predicas. Cuéntales lo que haces para conseguir el equilibrio en tu vida. Es posible que tus empleados crean que no tienes vida. (Esperamos que se equivoquen.)

✓ ***Habla del tema del equilibrio*** en tu próxima reunión de personal (o en una de tus reuniones individuales). Dedícale toda la reunión.

✓ ***Pregunta qué elementos tratan de combinar*** en su vida y qué es lo que más les importa. (Prepárate para oír que el trabajo no es la prioridad número uno para muchos de ellos.)

✓ ***Apoya a tus empleados para que logren el equilibrio.*** Fomenta las actividades que les gustan; pregúntales por sus clases de golf o por las obras de teatro de sus hijos en la escuela.

La exigencia y el estrés

Hans Selye, pionero en el campo del control del estrés, dijo: «Estar libre de estrés es estar muerto». Estamos de acuerdo en que, a veces, solo *vivir* ya causa estrés. Pero Selye y otros han descubierto que, aunque un nivel óptimo de estrés produce un rendimiento máximo, las sobredosis pueden llevar, sin ninguna duda, a malos resultados e incluso a la enfermedad.

En las organizaciones, es raro que veamos demasiado poco estrés. A veces, encontramos el nivel óptimo de estrés y un rendimiento alto. No obstante, lo más frecuente es que observemos una sobrecarga de estrés y resultados negativos para la salud y la creatividad. Parece haber una fuerte correlación entre la falta de equilibrio y el estrés. Donde ese equilibrio está ausente, lo típico es que la carga de trabajo parezca muy alta y cause mucha tensión. Cuando los empleados tienen una vida equilibrada, parece que tienen menos estrés en el trabajo o lo controlan mejor.

Se le veía tan tenso y trastornado que lo llamé a mi oficina y le pregunté si podía hacer algo. Me confió lo que le pasaba. Bueno, en realidad, empezó a desahogarse. Yo escuché y me mostré comprensivo, mientras él dejaba que su frustración, su ira y su decepción se desbordaran. Una hora después, me dio las gracias, dijo que se sentía un cien por cien mejor y volvió al trabajo. Supongo que solo necesitaba que lo escuchara y lo apoyara en silencio.

Jefe de una fábrica

QUÉ HACER

✓ Observa las señales de un exceso de estrés. Cuando las veas en tus empleados, pregúntales cómo les va (o cómo se sienten). Te agradecerán que lo hagas y quizá se confíen a ti.

✓ Una vez que sepas qué está pasando, colabora con ellos para encontrar posibles soluciones. Muéstrate abierto y dispuesto a pensar de forma creativa cuando busques maneras de aliviar el estrés. Estudia con ellos algunas de estas opciones para controlar el estrés:

- Pasar parte del trabajo a otros, si es posible. Pensar en quién podría ayudar y en cómo pedirle ayuda.
- Tomarse más descansos. Levantarse de la silla, moverse, ir a dar una vuelta.
- Descansar del «yugo electrónico»; declarar una mañana de miércoles sin BlackBerry (salvo que eso aumente el estrés).
- Aprender relajación, visualización o técnicas de respiración. Tomar clases de yoga o de control del estrés.
- Practicar ejercicio como medio de aliviar el estrés. Apuntarse a un gimnasio, pasear o hacer jogging en serio. (Un estudio británico demostró que los trabajadores eran mucho más productivos y se llevaban mejor con los compañeros los días en que hacían ejercicio durante la pausa del almuerzo que los días en que no lo hacían.) [89]
- Establecer la norma de «ninguna reunión los viernes». ¡Piensa en el trabajo que podrías hacer!
- Buscar ayuda o consejo profesional.
- Dormir lo suficiente. (Un 40 % de estadounidenses adultos duerme menos de siete horas las noches de entre semana.) [90]
- Comer bien (hacer por lo menos tres comidas al día) y reducir sustancias que producen estrés, como la cafeína y la nicotina.
- Tómarse unas vacaciones, que sean de verdad. Un jefe que conocemos dice a sus empleados que no comprueben el buzón de voz ni miren si tienen e-mails. (Sí, esto significa que necesitarás ayuda suplementaria.)

✓ Respalda a tus empleados cuando tomen medidas para controlar el estrés. Por ejemplo, si Mike decide que necesita dar dos paseos de quince minutos a buen ritmo durante la jornada para aliviar el estrés, no olvides recompensarlo por hacerlo. Tu apoyo te rendirá beneficios.

✓ Echa una buena mirada a lo que tú haces. Deja de llamar a tus empleados después del trabajo; dales un respiro.

✓ Toma la resolución de reducir el estrés en tu equipo.

Cuando creemos un lugar de trabajo deseable y encontremos medios idóneos para equilibrar la vida y el trabajo, atraeremos y retendremos a los mejores... y ahí reside nuestra ventaja competitiva.

LEWIS PLATT, antiguo consejero delegado
de Hewlett-Packard

CONCLUSIÓN

Los jefes experimentados consideran que las tácticas encaminadas a conseguir el equilibrio entre vida y trabajo y la reducción del estrés son herramientas estratégicas de la empresa, no premios extra para los empleados. Si tus empleados están bien y sienten que hay equilibrio entre su trabajo y su vida fuera del trabajo, es mucho más probable que tengas una organización que funcione bien. Tus mejores empleados trabajarán mucho, producirán para ti y se quedarán en un ambiente que favorece su salud y su buen estado emocional, mental y físico.

24

X. La generación X y otras
Manéjalas con cuidado

Vi cómo tres empleados con talento se iban.
Procurábamos tratar a todo el mundo de la misma
manera. Es hora de que prestemos atención a los
deseos y necesidades individuales.

A. J.

¡ADVERTENCIA! Este capítulo contiene generalizaciones que reflejan las investigaciones de las actitudes y conductas de los diferentes grupos de edad que ahora forman la fuerza laboral de Estados Unidos. No recomendamos que trates a cada uno de tus empleados según estas generalizaciones, sin tener en cuenta su individualidad. Pero sí queremos proporcionarte una información que puede serte útil sobre los modelos generacionales. Nuestro propósito no es etiquetar a nadie, sino ofrecerte pautas para que puedas conservar a tus mejores empleados.

¿Tu organización invierte en investigar la edad y las características demográficas de los clientes? Los especialistas en investigación del consumo y los expertos en marketing utilizan esa información para ofrecer un servicio mejor o vender sus productos o servicios. ¿No sería lógico que usaras el mismo tipo de enfoque proactivo para comprender a tus propios empleados? Al tratar de motivar, involucrar, cultivar y conservar a tus mejores empleados, ¿no estás realmente tratando de servir y vender? ¿No sería útil comprender mejor las características que ayudan a definir y diferenciar a cada grupo de personas? Ampliar tu información sobre las generaciones que hay en el trabajo te ayudará a hacerlo. Aquí tienes un ejemplo de cómo usar la información generacional para ofrecer lo que tus empleados quieren:

Hipótesis: Tus empleados con talento, de cualquier edad, quieren flexibilidad. A continuación, hemos recogido lo que cada generación piensa de la *flexibilidad* y cómo la define de forma diferente a las demás. Observa los matices, basados en la etapa de la vida, los valores y las expectativas.

Véase Espacio

Flexiblidad

- ✓ *Maduros*: Me la he *ganado*. Quiero tiempo para pasar con mis nietos (o biznietos), tomarme más vacaciones o tener tiempo libre para probar eso que llaman jubilación.
- ✓ *Boomers*:* La *quiero*. Quiero tener más equilibrio en mi vida (por fin) y una jornada flexible para pasar con mis hijos, mis padres ancianos, mis nietos. Quiero hacer mi primer viaje a Europa.
- ✓ *Generación X*: Me la *merezco*. Quiero flexibilidad para hacer el trabajo a mi manera. Quiero poder elegir entre asistir a esa clase de gestión o pasar el tiempo con mis amigos, mi familia o dedicándome a mis aficiones.
- ✓ *Generación Y*: La *doy por sentada*. Quiero tomarme un año sabático y vivir en Japón durante ese periodo. Quiero

---

* En Estados Unidos, la generación de la década de 1950 y principios de la de 1960. (*N. de la T.*)

la libertad de ir a almorzar con mis compañeros y volver cuando queramos.

¿Ves el parecido que hay en sus deseos? Todos quieren algo llamado flexibilidad. Pero las diferencias residen en lo que suponen que es la flexibilidad. Si comprendes los matices, podrás entender mejor qué los motiva, qué buscan y cómo puedes proporcionárselo, dentro de lo razonable, de una manera que también ayude a tu organización. Los jefes que son capaces de hacer esto tienen una ventaja tremenda respecto a quienes no pueden hacerlo.

¿Qué es una generación y quiénes la componen?

Una *generación* es un grupo de personas que nació en los mismos años y, por lo tanto, comparte las mismas etapas de su vida. Se definen por las puntas y caídas en la tasa de natalidad. Los pertenecientes a esos grupos se ven influidos por los fenómenos culturales, cambios y retos que experimentan, en especial durante sus años formativos. Como resultado, llevan al lugar de trabajo su propio conjunto de actitudes, percepciones y valores.

> *Ser parte de una generación es mucho más que la simple cuestión de tu cumpleaños. Es ser parte de una era. Es haberte apasionado por un grupo de rock y no por una gran orquesta. O haber jugado a béisbol con un bate de aluminio, en lugar de con uno de madera. Es haber hecho cosas como no las haría ninguna otra generación.*
>
> Anónimo

Hoy, en el lugar de trabajo coexisten cuatro generaciones diferentes, cada una con su manera de ver las cosas y sus expectativas exclusivas. No es extraño que tengamos muchas oportunidades para que haya brechas generacionales. Las fechas de nacimiento y la población de cada grupo varían ligeramente, dependiendo de la fuente que consultes. (Nosotras hemos utilizado *American Generations: Who Are They, How They Live, What They Think*, de Susan Mitchell.)[91] Te aconsejamos que te preocupes menos de las etiquetas y fechas generacionales y que te preguntes: «¿En qué son diferentes o parecidos? ¿Cómo puede esta información ayudarme a conservarlos?».

QUÉ HACER

Mientras lees este capítulo piensa en las preguntas siguientes. Luego habla de ellas con tu equipo o unidad de negocio. Asegúrate de que haya representantes de cada generación, si es posible.

✓ ¿En qué es única cada generación de nuestra unidad de trabajo? ¿Qué aptitudes especiales puede aportar cada una?

✓ ¿Qué capta la atención de cada generación en nuestro ambiente de trabajo?

✓ ¿Qué generaciones están representadas en nuestra base de consumidores actual y futura?

✓ ¿Qué generaciones están representadas en nuestra población actual y futura de empleados?

✓ Para ser «favorables a las generaciones», ¿qué tenemos que dejar de hacer? ¿Empezar a hacer? ¿Continuar haciendo?

✓ ¿Qué podemos hacer para superar los problemas generacionales de comunicación en nuestro entorno de trabajo?

✓ ¿Qué medidas, prácticas e iniciativas deberíamos mirar con unas «lentes» generacionales?[92]

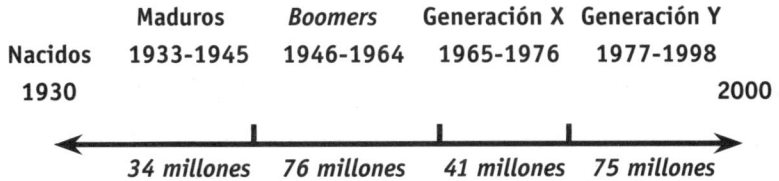

Generaciones en el trabajo

	Maduros	*Boomers*	Generación X	Generación Y
Nacidos	1933-1945	1946-1964	1965-1976	1977-1998
1930				2000

34 millones   76 millones   41 millones   75 millones

Generación Y (1977-1998)

¿Quiénes son los miembros más jóvenes de tu plantilla? Son los estudiantes en prácticas del verano, los recién graduados en la universidad y los que acaban de conseguir su MBA. Muchos están en su segundo puesto de trabajo. De hecho, ya que tienden a «saltar de trabajo», *podrían* estar en su tercer o cuarto empleo. Podrían ser tu secretario o tu jefe. Los primeros de este grupo llevan ya en el trabajo lo suficiente como para que tengamos una cierta idea de quiénes son y qué quieren.

> *Son ambiciosos, exigentes y lo cuestionan todo, así que, si no hay una buena razón para que hagan un largo viaje o trabajen hasta tarde, no esperes que lo hagan. Cuando se trata de lealtad, las compañías para las que trabajan ocupan el último lugar de su lista, detrás de su familia, sus amigos, su comunidad, sus compañeros y, por supuesto, ellos mismos.* [93]

A la generación Y también se la conoce como la «generación del milenio», los *«nexters»* y los *«echo boomers»*. Hay aproximadamente 75 millones de personas en este grupo y prometen tener un efecto tan enorme en el mercado laboral como la generación *boomer*, de un tamaño parecido.

Qué aportan y qué quieren

La generación Y es nativa de lo digital. Ha crecido con teléfonos móviles, ordenadores portátiles, banda ancha y sus propias redes sociales digitales. No solo tienen ordenadores adaptados a sus necesidades; además tienen servidores... para llevar un segundo negocio, si lo desean. Son fantásticos con las multitareas. Solo hay que verlos cómo hacen los deberes, mientras hablan por el móvil, contestan el correo electrónico, consultan programas de televisión en Internet y mandan mensajes a sus colegas de myspace.com o facebook.com. Trabajan mucho y están acostumbrados a responder a unas expectativas altas. Aprecian la estructura, el proceso y el *feedback*.

Agitar dinero, sin más, ante la cara de la generación Y como instrumento de contratación es, con frecuencia, un esfuerzo inútil. Lo que hace que un trabajo sea genial de verdad tiene que ver más con la flexibilidad, la libertad y el desarrollo que con la fría moneda. Quieren el dinero, pero bajo sus propias condiciones: un buen horario, un buen ambiente de trabajo y un puesto que ofrezca oportunidades para aprender, crecer y tener auténticas responsabilidades. [94] En conclusión: quieren profesiones guays, de vanguardia, que cambien el mundo.

Muchos prefieren actividades en grupo por encima de empeños individuales. Son fabulosos jugadores de equipo. Toleran la autoridad, les gusta la diversidad y son la generación con el nivel de educación más alto de la historia de Estados Unidos. Este grupo es también el mejor preparado para la globalización. Siempre han tenido acceso a las noticias de todo el mundo (CNN nació al mismo tiempo que ellos), les ha entusiasmado Pokemon igual que a los chicos de Japón, han encontrado un restaurante McDonald's en todos los países que han visitado y, por supuesto, se han comunicado con personas de otros países a través de la red, de una manera u otra.

La generación Y tiene una mentalidad cívica, es curiosa intelectualmente y cortés. Se sienten atraídos por los maduros que pueden ofrecerles una gran relación mentor/pupilo.

Sugerencias para conservarlos

No olvides preguntar a cada miembro de la generación Y qué hará que se quede. Toma en cuenta la lista de la A a la Z, pero asegúrate de incluir estas tácticas:

✓ *Oportunidades*. Busca medios para que puedan ejercitar su curiosidad intelectual y trabajar en equipo. Están acostumbrados a los retos y las estructuras, así que invítalos a lanzarse y co-crear su próxima tarea u oportunidad de ascenso. No dejes de proporcionarles la tecnología a la que están acostumbrados. Dependen de ella. También responden bien al tiempo libre adicional (pagado).

Una importante organización de venta minorista ha reconocido esta manera de pensar con su «Tarjeta del trabajo duro»: Cuando los jefes ven que un empleado responde a un reto, supera las expectativas o rinde un 110%, le dan una «Tarjeta» allí mismo. Cada tarjeta vale una cantidad dada de tiempo libre para ser usado a discreción de cada uno. Es una táctica sencilla que recompensa a los empleados con la moneda que más valoran... su tiempo. [95]

✓ *Verdad*. Dales tu opinión de forma sincera y regular. Han crecido en medio de programas, pruebas y la información constante de tutores, maestros, padres y entrenadores, todos trabajando para forjar la excelencia. Quieren algo más que la valoración de resultados anual.

✓ *Metas*. Ayúdales a establecer metas exigentes, múltiples opciones profesionales y seguridad en el trabajo. No olvides recompensarlos cuando alcanzan sus objetivos, de la manera que más les importa (reconocimiento, un día libre, primas, la última tecnología).

Generación X (1965-1976)

Desde la primera edición en inglés de *Cuídalos o piérdelos*, este grupo ha madurado. Eran los chicos nuevos del barrio y ahora están cada vez más afianzados como mandos intermedios. Hemos tenido la oportunidad de trabajar con ellos, dirigirlos y estar bajo sus órdenes. Ya no son un misterio.

Son 41 millones y el manantial de talento empresarial que se espera que tome el relevo cuando los *boomers* se marchen. Y no hay suficientes para hacer ese trabajo. De hecho, la población de trabajadores entre 35 y 44 años disminuirá en un 15 % para 2010. [96] A esta generación se le exigirá mucho (sí, incluso más que ahora) y tendrán múltiples opciones cuando las organizaciones compitan por sus conocimientos.

Qué aportan y qué quieren

Cuando los trabajadores de más edad miran el currículum de un miembro de la generación X, suelen llegar a la conclusión de que «salta de un trabajo a otro». A un jefe de contratación de más edad, su historial laboral le puede parecer fragmentado, pero tiene totalmente sentido para la generación X. Para ellos, una organización es el lugar donde aprendes nuevos conocimientos y acumulas experiencia, un trampolín para llegar a una nueva oportunidad allí o en otro sitio. Muchos de sus currículos reflejan esta perspectiva y exhiben cinco o seis puestos en el mismo número de años. Cuando se unen a ti, muchos de ellos traen una amplitud de experiencia que reforzará tu equipo.

Esta generación aporta una actitud de independencia a su trabajo. Quieren entender claramente qué se espera de ellos, pero una vez fijadas esas expectativas y definidos los objetivos, necesitan espacio, recursos y libertad para producir los resultados deseados, a su propia manera y en su propio tiempo.

Lástima

El sueldo era bueno. El lugar era estupendo. Pero yo sabía que podía hacer mucho más y ellos querían que siguiera haciendo lo mismo. Así que me fui.

Miembro de la generación X

en una compañía de alta tecnología

Aunque esta generación no ofrece una lealtad «ciega» a la compañía, pueden ser fieramente leales a un proyecto, un equipo, un jefe que les caiga bien, la misión de la organización y, sí, incluso a la propia organización. Pero esa lealtad se basa en la idea de reciprocidad. Mientras reciban estímulo, crezcan, disfruten del trabajo y se les reconozcan sus aportaciones —y mientras tú consigas lo que quieres y necesitas de ellos— se quedarán. Cuando esta asociación se debilite o la balanza se incline hacia un lado, ¡se marcharán de inmediato!

También quieren equilibrio entre su trabajo y su vida personal. Tienen límites y los usan eficazmente. Esto no significa que no se queden, de vez en cuando, a trabajar toda la noche cuando sea necesario. Pero no esperes que lo hagan durante los próximos veinte años. Muchos creen que uno de los mayores regalos de esta generación para el resto de nosotros es haber introducido la expectativa de equilibrio entre trabajo y vida personal. No viven para trabajar. Trabajan para vivir.

Sugerencias para conservarlos

No olvides *preguntar* a cada miembro de la generacion X qué hará que se quede. Ten en cuenta la lista de la A a la Z, pero asegúrate de incluir estas tácticas:

✓ *Carrera.* Manténlos estimulados, aprendiendo y progresando. Ven el lugar de trabajo como una parada en el camino y como un sitio donde hacerse con una cartera de conocimientos y un currículum fuerte. Ayúdales a desarrollar nuevas habilidades y a identificar opciones profesionales dentro de la organización.

✓ **Información**. Manténlos informados. Comunícate con ellos pronto, sinceramente y con frecuencia, de una manera que les sea cómoda. El favorito de esta generación es el correo electrónico, pero el contacto cara a cara forjará la relación y aumentará las posibilidades de que se queden.

✓ **Espacio**. Proporciónales flexibilidad, libertad y equilibrio entre vida personal y trabajo. No los dirijas y controles en exceso. Averigua qué clase de libertad valoran más y cómo pueden aumentar el equilibrio en su vida. (¡Si eres de una generación mayor, aprende de ellos sobre este particular!)

Para conservar a sus empleados de la generación X con más talento, Merrill Lynch ofrece más flexibilidad incluso en departamentos donde, antes, era un requisito indispensable trabajar muchas horas y estar presente. Una operadora de venta de valores trabaja ahora un día a la semana desde casa y un equipo de investigación está sopesando la posibilidad de utilizar BlackBerrys para permitir que los analistas trabajen desde distintos lugares. [97]

Algunos lectores nos han dicho: «Un momento… soy un *boomer* y quiero lo mismo que quieren los de la generación X». Probablemente es verdad. Pero hay una diferencia: si los *boomers* no consiguen estas cosas, se quejarán alrededor de la fuente de agua. Si los X no las consiguen, se marcharán. Aunque quizá sus necesidades no difieran mucho de las de los otros empleados, los de la generación X están más dispuestos a decir lo que quieren y a marcharse si no se lo dan.

Baby boomers (1946-1964)

Hay 76 millones de personas de esta generación, dividida a veces en dos grupos: los *boomers* tempranos y los *boomers* tardíos. «Soberanos de la colina corporativa», los *boomers* son competitivos y trabajadores. Representan el 45 % de la fuerza laboral. Su concentración en la excelencia y los objetivos personales ha sido el distintivo de su generación. Y ahora, cuando se acercan a la edad tradicional del retiro, están empezando a poner en duda el sentido y el propósito de su vida... otra vez. Algunos forman parte de la generación «sándwich», la que está criando a sus hijos y cuidando de sus padres ancianos al mismo tiempo. Otros, cuyos hijos ya han crecido y se han ido, tienen más tiempo libre y bastantes ingresos disponibles. Se preguntan cómo y cuándo encontrarán el tiempo para disfrutarlos.

Qué aportan y qué quieren

Los *boomers* tienen una arraigada actitud de «hazlo, cueste lo que cueste» que ha hecho que tuvieran un éxito fenomenal. Al mismo tiempo, con frecuencia, esta actitud entra en conflicto con las dos generaciones más jóvenes, que creen que los *boomers* lo han sacrificado todo, incluyendo la vida familiar, en aras de su propia excelencia y satisfacción personal. Se ha dicho que los *boomers* son la generación del «yo» y se les acusa de pensar solo en sí mismos. Por otro lado, ellos ven en las actitudes de las dos generaciones más jóvenes una falta de voluntad para «hacer lo que es debido» y «ganarse los galones».

Ahora, buscan el equilibrio y una salida. Consideran la posibilidad de una jubilación anticipada, pero no tienen, necesariamente, la intención de dejar de trabajar. De hecho, en su libro *70: The New 50*, William Byham afirma que entre un 60 % y un 70 % de *boomers* piensa trabajar después de cumplir los sesenta y los setenta años.[98] La cuestión es saber qué tipo de trabajo harán y si lo pueden hacer para ti.

Sugerencias para conservarlos

No olvides preguntar a cada *boomer* qué hará que se quede. Ten en cuenta la lista de la A a la Z, pero asegúrate de incluir estas tácticas:

✓ *Pasión*. Ayúdales a encontrar un trabajo con sentido. Buscan sentido en su trabajo y en su vida desde que tenían diez años. Pregúntales qué les apasiona, cuáles son algunos de sus intereses actuales y cómo podrían combinarlos con el trabajo. Pregúntales también qué nuevo cometido les gustaría desempeñar. Todavía tienen mucha energía y tiempo para aportar cosas a tu equipo.

✓ *Enriquecimiento*. Manténlos a la vanguardia. Instrúyelos. Siguen queriendo aprender, incluso los de más edad. Visita los primeros cursos de la universidad y observa las cabezas plateadas en las clases de historia mundial, cerámica y ciencias políticas. Pregunta qué cosa nueva les gustaría aprender el año que viene.

¿Y si una boomer *que quieres retener siempre ha querido ir a una escuela de cocina o volver a jugar al golf? Quizá no parezca un problema de la compañía, pero si quieres que esa empleada se quede contigo otros cinco años (o se incorpore a tu compañía, en lugar de montar su propio negocio), podrías pensar en cómo recompensarla con un incentivo imaginativo; por ejemplo, darle la posibilidad de hacer realidad su sueño quizá se traduzca en que la conserves para los difíciles tiempos laborales que se avecinan. Las claves de la retención son la flexibilidad y la imaginación.* [99]

✓ *Recompensa*. Observa y dales las gracias por su dedicación y compromiso. Les irrita el visible desinterés hacia la lealtad, la entrega y la mentalidad de trabajar hasta que no puedes más de las generaciones X e Y. Quieren que reconozcas esos valores y características y, si lo haces, continuarán dándotelo todo.

Maduros (1933-1945)

Conocidos también como los «veteranos», la «generación del cambio» los «silenciosos» y los «*preboomers*». Hay 34 millones de personas en esta generación. Ricas en experiencia laboral, han levantado muchas corporaciones tradicionales con su trabajo duro y su lealtad. Aprecian y comprenden la importancia de alcanzar objetivos comunes y ofrecen un legado de conocimientos duraderos. Con la escasez de trabajadores que se avecina, quizá quieras que se queden un poco más, aunque sea parte de la jornada o como consejeros.

Qué aportan y qué quieren

Los maduros dirigen tu empresa, conservan a tus clientes y son portadores de tu memoria institucional. Tienen una mentalidad cívica y están orientados a ayudar. Además, tienen un legado de conocimientos significativo, solo con que alguien se acordara de explotarlo.

En la película A propósito de Schmidt, Jack Nicholson está sentado a su mesa, viendo cómo el reloj se acerca a las 17.00 horas, en su último día de trabajo. Se jubila. El trabajo de toda su vida en esta compañía parece residir, ahora, en un montón de cajas en su despacho vacío. No para de preguntar a la gente: «¿Cuándo van a venir a llevarse las cajas?». Son las cinco. Es hora de que Schmidt deje su despacho por última vez. Y las cajas siguen allí. Nadie ha venido a recogerlas.

Sugerencias para conservarlos

No olvides preguntar a cada maduro qué hará que se quede. Ten en cuenta la lista de la A a la Z, pero asegúrate de incluir estas tácticas:

✓ **Dignidad.** Respeta y aprovecha sus conocimientos. Diles lo mucho que valoras lo que te aportan, a ti, al equipo y a la organización. Luego, utiliza lo que te ofrecen.

✓ *Úsalos como mentores*. Déjales que hagan de mentores de empleados más jóvenes y que les transmitan sus conocimientos y sabiduría. Con más similitudes que entre cualesquiera otras dos generaciones, la combinación de un «maduro» y un miembro de la «generación Y» consigue una magnífica relación recíproca de mentor y pupilo.

A la compañía le espera una auténtica revelación cuando los empleados más viejos se marchen. Nadie enseña los intangibles del trabajo. Puedes enseñar a alguien qué es una bomba y cómo funciona, pero no cómo suena cuando se estropea.

Empleado de una petrolera [100]

✓ *Vincula*. Conéctalos a la comunidad como medio para aprovechar sus conocimientos y experiencia. Pregúntales si les gustaría formar parte del comité de servicios a la comunidad de tu organización y encabezar el próximo proyecto de beneficencia.

Y aquí tienes una idea más...

✓ *Contrátalos*. Cuando empieces a andar escaso de empleados con talento o quieras a alguien listo, leal, trabajador y con una buena relación con tus clientes, piensa en contratar a un maduro, aunque sea a jornada parcial. Empresas como Toys'R'Us, The Home Depot y Anheuser-Busch se han asociado recientemente con la organización AARP para emparejar a personas de edad que buscan trabajo con las empresas adecuadas. Todos están encantados. [101]

Bien, ya tienes bastante teoría. Probemos a aplicarla.

Evitar choques

Contraté a una joven con talento y con un máster en comunicaciones. Cuando llevaba trabajando con nosotros solo un año, pidió tiempo libre... y no solo unos días. Pidió dejar de trabajar un año para representar el papel de Cenicienta en Disneyland, Japón. Lo hablé con mi jefe y decidimos concederle un año sabático, sin sueldo. Tiene mucho talento y queremos que vuelva. Tengo confianza en que regresará y espero que pase muchos años trabajando con nosotros.

Jefe de una firma de relaciones públicas

Este jefe podría haber considerado que la petición era absurda, basándose en el hecho de que él (un *boomer*) *nunca* habría pedido un año sabático después de solo un año en una empresa. En cambio, tuvo en cuenta las diferencias generacionales y luego valoró a esta empleada lo suficiente como para explorar qué posibilidades había. ¿Puedes hacer lo mismo?

Veamos qué otros choques culturales conocemos:

✓ El director de contratación (un *boomer*) está entrevistando a una candidata de la generación Y (22 años). Cuando le pregunta qué preguntas tiene, ella responde: «¿Cuántas vacaciones tendré y cuándo podré hacer las primeras?».

✓ Un miembro de la generación X dice que no, gracias, a una clase de formación «obligatoria». Le explica a su jefe *boomer* que piensa utilizar un mentor y leer un libro sobre el tema, en lugar de ir a clase.

✓ Un miembro de la generación Y depende de alguien de la generación X, que es un «jefe absentista».

✓ Un miembro de la generación X le dice a su jefe *maduro* que tiene que marcharse para ir al partido de fútbol de su hijo, aunque el trabajo no está acabado.

✓ Un *boomer* quiere «instruir» a una empleada de la generación Y antes de que se reúna con un cliente muy antiguo. Ella dice: «No, gracias, nos las arreglaremos muy bien».

¿Estas situaciones te suenan? ¿Cómo harías una pausa, pensarías y evitarías el choque, sabiendo lo que ahora sabes?

No me gusta esta persona. Tengo que conocerla mejor.

ABRAHAM LINCOLN

Aquí tienes una chuleta que puede ayudarte a recordar algunas de las diferencias generacionales. [102] Utilízala para implicar más a todos tus empleados.

	Maduros	***Boomers***	**Gen. X**	**Gen. Y**
Ética de trabajo	Trabajar hasta no poder más.	Trabajar muchas horas y decírselo al jefe.	Primero la vida personal. El trabajo es importante	Primero el estilo de vida.
Lealtad	Leal a la empresa.	Leal a la empresa, con reservas.	Leal a la carrera y a la profesión.	Opciones profesionales.
Tecnología	Fascinado.	Intrigado.	Excelente.	Inmerso.
Relaciones de trabajo	Cadena de mando fuerte.	Cadena de mando	¿Qué propósito tiene una cadena de mando?	Respétala pero ve por delante.

Adaptada con autorización de The Learning Café, 2007.

Los jefes centrados en el talento serán conscientes de estas diferencias y las usarán apropiadamente para cultivar, involucrar y retener a los empleados con talento.

Aaron Brown supervisa un equipo de seis personas. Como la edad de los empleados abarca cuatro décadas, con una experiencia de trabajo que va desde tres a treinta años, ha tenido que usar múltiples estilos para dirigir al pequeño grupo. El señor Brown, de treinta y un años de edad, aborda a una veterana que lleva en la compañía veinticinco años, y que fue la anterior jefa del grupo, con deferencia y con mucha más ceremonia que a sus empleados veinteañeros, asegurándole que sus conocimientos y lealtad son valorados. Motiva a una boomer con muchos años de experiencia en IBM, elogiando su habilidad corporativa y su disposición a trabajar tantas horas y a hacer más de lo debido. Y explota la creatividad tecnológica de un veinteañero, mientras no olvida hablarle a menudo de su trabajo y elogiarlo casi cada día por algo que ha hecho. [103]

CONCLUSIÓN

El reto de motivar y retener a nuestros empleados de múltiples generaciones continuará. Averigua sus diferencias, no para separarlos, sino para comprenderlos mejor y trabajar con ellos con más eficacia. Utiliza las tácticas de la A a la Z con todos, pero recuerda las que parecen importar más a cada generación. Y no olvides que la retención es, esencialmente, una actividad individual. Averigua qué quiere cada uno de tus empleados con talento, independientemente de su generación.

25

Y. Ceder

Cede poder

¡Lástima que mi jefe siempre necesite tener razón!

A. J.

Piensa que estás en la vía de acceso a la autopista en una ciudad con mucho tráfico o en un cruce sin señales de *stop* o haciendo cola para el cine. Cuando alguien dice: «Por favor, *usted* primero», con una sonrisa y un gesto, quizá pienses lo extraordinario y raro que es.

De forma parecida, en muchos lugares de trabajo, ceder es muy poco corriente. Parece que la mayoría de jefes se quieren aferrar a su poder y prestigio una vez que lo consiguen. A corto plazo, puede ser estupendo sentirse tan importantes o poderosos, pero a la larga habrá que pagar un precio.

Las investigaciones y nuestra propia experiencia nos enseñan que, cuando cedes ocasionalmente ante tus empleados, los refuerzas para que piensen por sí mismos, sean más creativos, más entusiastas y, probablemente, más productivos. El entusiasmo de tus empleados y el sentimiento de su valor como miembros de un equipo aumentarán las probabilidades de que sigan comprometidos y se queden.

«¿Ceder poder? ¡Pero si lo acabo de conseguir!»

Sentir el poder recién adquirido es uno de los placeres de que te asciendan a un puesto de liderazgo. Incluso si nunca habías buscado conscientemente tener más poder, puede ser gratificante para tu ego que crean que eres lo bastante competente como para tomar grandes decisiones, dirigir las actividades de otros y hasta salir a saludar cuando el equipo tiene éxito.

Una vez que recibes esta clase de poder, puede resultar difícil dar una parte a otros. Muchos de nuestros modelos de comportamiento nos han enseñado a aferrarnos a ese poder —ejercerlo con justicia (el tipo del dictador benevolente)— pero nunca a entregárselo a nadie. Los libros de gestión de la década de 1980 proclamaban el «traspaso de poder» y, con él, llegó la confusión para muchos jefes, que preguntaban: «¿Por qué tendría que dejar que mis empleados tomen más decisiones, se lleven el mérito, estén al mando? Y, cuando me digas por qué, explícame también cómo entregarles más poder».

Bien, echemos una ojeada a estas dos preguntas críticas: ¿Por qué ceder y cómo ceder?

¿Por qué ceder? ¿Qué sacas tú?

Este caso práctico pone de relieve varios beneficios de ceder una parte de poder.

Lástima

Una jefa de una importante empresa de investigación y desarrollo de productos farmacéuticos (llamémosla Joan) se despertó una mañana y reconoció que un 20% de sus empleados estaba produciendo el 80% de las ideas. Esto la preocupó por una serie de razones:

✓ *El 80% de sus empleados que no estaban utilizando realmente su capacidad creativa e intelectual también parecían desinteresados o solo estar cubriendo las apariencias. Su nivel de satisfacción en el trabajo era bajo y, en muchos casos, sabía que podrían ser más productivos si, de alguna manera, se involucraran más en sus tareas.*

✓ *La competencia ganaría ventaja si su empresa no usaba mejor el talento, era más creativa y permanecía a la vanguardia.*

✓ *Ella y un puñado de empleados con ideas ya no daban más de sí y dedicaban buena parte del tiempo a contestar preguntas y a reunirse con otros para solucionar sus problemas.*

✓ *Había perdido algunos empleados con talento y, en las entrevistas de salida, se había enterado de que no se sentían estimulados y habían acabado aburriéndose.*

¿Cuál es el error en este cuadro?

Joan sabía lo siguiente:

✓ Necesitaba explotar la brillantez y la creatividad de su grupo.

✓ Necesitaba lograr que todos se entregaran más a su trabajo.

✓ Necesitaba aumentar la satisfacción en el trabajo y todas las ventajas conectadas con ella (como la productividad).

✓ Necesitaba liberar el tiempo que pasaba —y también el que pasaban algunos de sus empleados— contestando preguntas y tomando decisiones por otros.

✓ ¡Necesitaba retener a los empleados con talento!

Joan sabía que tenía que hacer algo para alcanzar estos objetivos. Tardó un poco en darse cuenta de que tenía la decisión delante de las narices todo el tiempo. Veremos qué hizo Joan para solucionar su problema, dentro de un momento. Pero ahora, veamos tu situación.

QUÉ HACER

Comprueba esta lista:

- ✓ ¿Tu organización es austera y eficiente, como tantas otras después de años de reducción de plantillas?
- ✓ ¿Tu grado de control es mayor que nunca y las expectativas de arriba aumentan constantemente tu carga de trabajo y la presión que sufres?
- ✓ ¿Algunos de tus empleados parecen apáticos o poco animados para presentarse los lunes por la mañana?
- ✓ ¿Muchos de tus empleados siguen esperando que les digan qué hacer en cada momento?
- ✓ ¿La competencia te pisa los talones?
- ✓ ¿Has perdido algunos empleados con talento porque se aburrían o necesitaban un nuevo estímulo?

VÉASE OPORTUNIDADES

Si tus respuestas son negativas, entonces puede ser que ya estés cediendo poder a tus empleados o que todavía no sientas la presión para hacerlo. Si este es el caso, pasa a otro capítulo para centrarte en algo que importe más en estos momentos o que quizá no estés haciendo tan bien.

Si has respondido afirmativamente a cuatro o más preguntas de la lista, sigue leyendo. Acabas de identificar las razones para ceder un poco de poder. Debes cederlo a tus empleados a fin de competir con éxito. Y debes hacerlo para conservar a tus empleados con talento en el equipo.

Cuanto más subes en una organización, más tienes que dejar que otros sean los ganadores y que no todo tenga que ver con ganar tú mismo. Para los jefes, esto significa tener cuidado sobre cómo alientas a los demás. Si te pillas diciendo: «Son ideas geniales, pero...», procura cortar después de «geniales».

Marshall Goldsmith,
coach de ejecutivos [104]

¿Quién tiene preferencia de paso?

Quizás estés convencido de que podrías beneficiarte dando más poder a tus empleados y, sin embargo, te resulte difícil saber por dónde empezar. Las normas pueden ser confusas o difíciles de recordar, igual que el código de circulación que rige la entrada en una carretera con mucho tráfico o el cruce de una intersección que no tiene señales de *stop*.

En la cuestión de ceder poder a tus empleados, la incertidumbre es todavía mayor, porque *no hay reglas*. Tu organización fija normas de actuación y modelos de conducta, pero, en tanto que jefe, tienes una tremenda libertad de acción para dar poder a otros.

Echemos otra mirada al caso práctico para ver cómo lo hizo Joan.

De nuevo, lástima

Joan comprendió que necesitaba que pensara un 80%, por lo menos, de sus empleados, no un 20%. Analizó por qué esperaban instrucciones, acudían a ella en busca de respuesta y, básicamente, dejaban que sus cerebros se tomaran amplios descansos un día tras otro. Una de las conclusiones era chocante: ella era una gran parte del problema.

Joan había sido ascendida porque era inteligente y una buena líder. Fue increíblemente gratificante que le dieran más personas a quienes dirigir, un presupuesto importante y su propio despacho. Alentó a sus empleados a venir a verla en cualquier momento con sus problemas y preguntas. Cuando solucionaba los conflictos cotidianos que sus empleados le planteaban, se sentía importante y brillante. (¿Alguna vez te has sentido así?) Se le ocurrió que había estado recompensando el «síndrome del cerebro dormilón». ¿Para qué tenían que pensar, si ella lo hacía por ellos?

Así que Joan hizo solo una cosa para perder poder. Colgó en la puerta un letrero como este:

¿Cómo? ¿Ya está? ¿Final de la historia? Bueno, sí, básicamente. Joan explicó a sus empleados que los había servido mal y que los había infravalorado al responder a todas sus preguntas y al darles indicaciones paso a paso. Reconoció que también había despojado a la organización de un capital intelectual y creativo enorme al ofrecerles las respuestas en lugar de hacerles preguntas. Así que cuando la gente entraba en su despacho y le preguntaban algo como siempre había hecho, señalaba el letrero y les hacía preguntas llenas de energía, que les obligaban a pensar, como estas:

- ✓ ¿Cuál crees que es el problema?
- ✓ ¿Quién crees que tendría que involucrarse para solucionar esta cuestión?
- ✓ ¿Qué opciones tenemos?

Estas preguntas daban poder a los empleados para solucionar creativamente los problemas, para apoyarse unos en otros, en lugar de en la jefa, y para proponer múltiples opciones. Joan los alentaba y elogiaba cuando se esforzaban por dar con soluciones extraordinarias y creativas y nuevos planteamientos. Los resultados de su equipo en índices de productividad y retención superaron a los de todos los demás en la organización. Otros jefes acudieron a ella para averiguar qué hacía para inspirar como por arte de magia unos resultados tan fenomenales.

A Joan se le escapaba la risa cuando relataba el secreto de su éxito. «Tuve que dejar de lado mi ego. No podía ser la sabia sabelotodo si quería que el cerebro de mis empleados siguiera funcionando. Tuve que ceder ante ellos, aceptarlos como compañeros brillantes, ansiosos por triunfar. Tuve que debilitar mi poder, darles una parte y la importancia que antes guardaba para mí. El resultado es que todos ganamos. Mi trabajo es más fácil y gratificante y nuestros resultados son los mejores que hemos tenido nunca. La mejor parte es que mis empleados de más talento están más contentos y motivados que antes y que piensan quedarse aquí mientras sigan pasándoselo bien».

Hay más en el planteamiento de Joan de lo que se ve a simple vista. El letrero de «Sin respuestas» podría haber sido una molestia si en el seguimiento no hubiera elementos clave:

✓ ***Confía en que tus empleados encontrarán las respuestas.*** Aunque tú quizá lo habrías hecho de otra manera, toma en consideración los planteamientos que ellos crean y apóyalos de principio a fin.

Un jefe de Kraft Foods cedió ante sus obreros de la cadena de montaje, que crearon un programa y un nuevo sistema de equipos que aumentó la producción, redujo los gastos generales y el tiempo de inactividad y mejoró la contratación y la retención.

✓ ***¡Controla tu reacción cuando cedas y ellos se estrellen!*** A veces, entregar una parte del poder y ceder es arriesgado y habrá fracasos. En lugar de castigar, colabora con tus empleados para aprender de los errores. Céntrate en qué podrían hacer de otra manera la próxima vez, en lugar de mirar hacia atrás, para ver qué deberían haber hecho.

Un jefe sénior cometió un error que le costó diez millones de dólares a la compañía. Cuando fue al despacho del director, esperaba que estuviera enfadado y, muy probablemente, que lo despidiera, pero le preguntó qué había aprendido de aquel error y él se apresuró a enumerar todo lo que haría de otra manera la próxima vez. Luego esperó a oír las palabras fatídicas. Y esperó. Finalmente, preguntó: «¿No vas a despedirme?». El jefe respondió: «¿Por qué iba a despedirte? Si acabo de invertir diez millones de dólares en tu formación».

✓ **Sirve a tus empleados.** Sé un recurso para ellos. Ceder poder no significa que te marches por la próxima salida. En demasiados casos, esa entrega de poder equivale a un desastre, cuando el jefe echa encima de sus empleados decisiones y carga de trabajo y luego pasa a dedicarse a cosas más importantes. El sistema de «Sin respuestas» solo funciona si estás dispuesto a trabajar conjuntamente con ellos cuando se quedan atascados, y orientarlos y darles tu opinión todo el tiempo.

✓ **Considéralos compañeros más que subordinados.** Demuéstralo, de vez en cuando, haciendo un trabajo que podría parecer «no ser digno de ti».

Un piloto de Southwest Airlines estaba charlando con una pareja joven con un bebé en los asientos de la primera fila del avión. Estaban cargando el equipaje cuando la joven madre se dio cuenta de que el biberón estaba en las maletas facturadas, no en el equipaje de mano. Miró nerviosísima por la ventana y vio la maleta azul. El piloto le preguntó cuál de las maletas era la suya y luego bajó por la escalerilla a la pista para recuperar el biberón. La joven y el piloto intercambiaban gestos, mientras él encontraba la maleta, la abría y cogía el biberón. Cuando volvió a entrar en el avión con el premio, los auxiliares de vuelo y los pasajeros que habían estado mirando estallaron en aplausos. Podría haberle pedido a un auxiliar que lo hiciera, pero pensó que ganaba al ceder, al perder poder y hacerlo él mismo.

✓ **Deja de ser el centro de todas las cosas.** Esto puede ser lo más difícil de todo. Como héroe, quizás hayas recibido el aplauso de tus empleados y puede que te hayan dado el mérito del éxito del equipo. Ceder parte del poder significa compartir el escenario y los aplausos con los miembros de tu equipo. Curiosamente, tu valor aumentará entre tus empleados conforme les vayas dando más espacio para realizar un trabajo brillante y creativo (y llevarse el mérito por hacerlo).

Los jefes de Nordstrom ceden al dejar que los empleados pongan en práctica lo que predica el manual del empleado: «Usa tu propio criterio en todo momento». Un jefe contaba la historia de una empleada que llegó tarde y sin aliento, después del almuerzo. Cuando le preguntaron por qué estaba jadeando (no por qué llegaba tarde), respondió: «Una cliente embarazada había encargado un albornoz y este acaba de llegar. Cuando la llamé para decírselo, me contaron que había ingresado en el hospital por la mañana, para dar a luz, así que he decidido aprovechar el tiempo del almuerzo para ir a llevárselo». La cliente escribió una carta de agradecimiento a la dirección de Nordstrom y la empleada recibió el reconocimiento y una recompensa por su excepcional servicio al cliente.

¿Alguna vez encuentras este tipo de servicio al cliente en un ambiente estrechamente controlado y minuciosamente dirigido? Probablemente no. Además, cuenta con ello: los empleados con poder tendrán grandes ideas para hacerse cargo de tareas que quizá no les hayas pedido que realicen. Pondrán su propia firma en la excelencia. Puede que incluso te dejen sin aliento.

CONCLUSIÓN

Ceder aumentará las probabilidades de retener a tus mejores empleados. Cuando les des más poder para crear, tomar decisiones y afectar realmente al éxito del equipo, su satisfacción laboral (y tus probabilidades de conservarlos) aumentará. Al mismo tiempo, tu capacidad para competir con éxito y lograr tus objetivos empresariales crecerá. Tienes un poder enorme para entregar. Pruébalo y ya verás qué pasa.

26

Z. Zenit
A por ello

Ayer, uno de mis mejores empleados presentó la dimisión. Otro parecía haberse jubilado sin dejar el trabajo. Ahora ocupo un puesto de dirección, y me recuerdan que contratar y retener es una responsabilidad permanente.

A. J.

Lo has conseguido. Estás en la Z. Puedes haber llegado hasta aquí por muchos caminos. Algunos habréis leído diligentemente cada uno de los capítulos del libro. Otros habréis ojeado por encima, echado un vistazo y acabado aquí. Otros habréis venido directamente a la Z, porque os gusta leer, lo último, primero.

Cualquiera que sea el camino seguido, tenemos una serie de preguntas que hacerte. Si has leído todos los capítulos o incluso si solo los has ojeado, estas preguntas te dirán cuánto has absorbido y qué trabajo te queda todavía por hacer. Si has empezado aquí, este inventario te dirigirá a los capítulos específicos que quizá quieras leer en primer lugar. En cualquier caso, esta autoevaluación es para ti.

Cada pregunta aborda el tema principal de un capítulo (de la A a la Z). Te pedimos que seas sincero y te preguntes si (¿todavía?) tienes estas opiniones respecto a dirigir a otros. (Nota: Es imposible que acabes respondiendo «no» a las 26 preguntas.)

¿Cuál es tu ICR?

Índice de contratación/retención: Autoevaluación para directores

	Sí	No		Si respondes «Sí», lee:
A.	☐	☐	¿Supones que los empleados te dirán qué quieren de su trabajo?	**PREGUNTAR**
B.	☐	☐	¿Crees que retener a los empleados es tarea de RRHH o de los expertos en retribución económica?	**RESPONSABILIZARSE**
C.	☐	☐	¿Consideras que la trayectoria profesional de un empleado es asunto suyo, no tuyo?	**CARRERA**
D.	☐	☐	¿Das por sentado que los empleados saben que los respetas y que, por lo tanto, no tienes por qué demostrarlo?	**DIGNIDAD**
E.	☐	☐	¿Crees que, si no se sienten estimulados en su trabajo, los empleados deberían decírtelo?	**ENRIQUECER**
F.	☐	☐	¿Esperas que los empleados dejen su vida personal en la puerta y crees que solo te compete su vida profesional?	**FAMILIA**
G.	☐	☐	¿Evitas hablar de alternativas profesionales con los empleados, en especial cuando no hay ascensos a la vista?	**OBJETIVOS**
H.	☐	☐	¿Contratas basándote, sobre todo, en los conocimientos funcionales o técnicos?	**CONTRATAR**
I.	☐	☐	¿Informas a los empleados basándote solo en lo que «necesitan saber»?	**INFORMACIÓN**

	Sí	No		
J.	☐	☐	¿Crees que estás ahí para hacer un trabajo y que no tienes por qué caerles bien a los empleados?	**CRETINO**
K.	☐	☐	¿Crees que no estás en el trabajo para pasarlo bien?	**PLACERES**
L.	☐	☐	¿Temes que si presentas a tus empleados a otros de tu red, quizá se los lleven?	**VÍNCULOS**
M.	☐	☐	¿Te parece que no tienes tiempo para ejercer de mentor?	**MENTOR**
N.	☐	☐	¿Tienes solo una vaga idea de lo que cuesta perder empleados con talento?	**NÚMEROS**
O.	☐	☐	¿Tiendes a acaparar a buenos empleados en lugar de ayudarlos a buscar otras oportunidades?	**OPORTUNIDADES**
P.	☐	☐	¿Estás de acuerdo en que no podemos permitirnos el lujo de amar lo que hacemos?	**PASIÓN**
Q.	☐	☐	¿No pones en tela de juicio algunas normas, por el bien de tus empleados?	**CUESTIONAR**
R.	☐	☐	¿Juzgas que la recompensa de un trabajo bien hecho es el propio trabajo?	**RECOMPENSA**
S.	☐	☐	¿Crees que, si no controlas quién, cómo, dónde y cuándo, no se hará bien el trabajo?	**ESPACIO**
T.	☐	☐	¿Evitas dar una opinión negativa o corregir a tus empleados?	**VERDAD**
U.	☐	☐	¿Consideras que estás demasiado ocupado como para poder escuchar?	**COMPRENDER**
V.	☐	☐	¿Piensas que los valores de los empleados son cosa suya y, por ello, nunca los discutes con ellos?	**VALORES**

	Sí	No		Si respondes «Sí», lee:
W.	☐	☐	¿Crees que los programas e iniciativas para la salud son algo superfluo?	**BIENESTAR**
X.	☐	☐	¿Estás convencido de que las diferencias generacionales no tienen ninguna importancia en el trabajo?	**GENERACIÓN X Y OTRAS**
Y.	☐	☐	¿Opinas que, por lo general, los empleados deberían esperar a que les dijeras qué tienen que hacer?	**CEDER**
Z.	☐	☐	¿Sostienes que la contratación y la retención de los empleados no son habilidades de liderazgo cruciales y que no es necesario que dediques tiempo a perfeccionarlas?	**ZENIT**

Bien, ¿qué tal tu puntuación? A continuación te explicamos cómo entender la prueba y decidir qué hacer después.

QUÉ HACER

✓ **Puntúa el ICR.** Si los noes superan los síes, vas por buen camino. Si tus síes superan en mucho tus noes, tienes trabajo que hacer. Subraya los síes y vuelve a esos capítulos. Léelos (o vuelve a leerlos) y selecciona solo un par de tácticas para ponerlas a prueba en tu propio grupo de trabajo. Trabaja, concéntrate y ten paciencia. Se tarda por lo menos tres semanas en cultivar una nueva costumbre.

Me di cuenta de que, en general, he creado unas buenas actitudes de retención, pero, aunque creía que era muy abierto, también veo que tengo que trabajar para dar más espacio a la gente; espacio para hacer el trabajo a su manera, siempre que alcancen los resultados; incluso algo de espacio para que apliquen una flexibilidad horaria, siempre que sea posible. En esto me concentraré en los próximos meses.

Jefe de equipo, organización industrial

✓ **Pide opinión.** Al probar algo nuevo, puede que te parezca extraño. Solicita a tus empleados o compañeros de confianza que te digan qué da resultado y qué no lo da.

Decidí que necesitaba demostrar a la gente que me importa y que respeto el trabajo que hace para mí. Al principio, cuando recorría sus zonas de trabajo solo para preguntarles cómo iban las cosas, me miraban nerviosos, esperando que expresara alguna crítica o preocupación. No obstante, después de unas semanas, se animaron. Les pedí que me dijeran qué opinaban y uno de los empleados más decididos me contó que él y otros habían observado mi cambio de actitud y que lo agradecían de verdad. Esta reacción positiva hace que siga adelante.

Director de una firma de ingeniería

✓ **Recompénsate y elige de nuevo.** Reconoce tu éxito. Concédete los elogios que te mereces. Luego elige otra táctica para trabajar en ella.

He tratado de mejorar como mentor y lo he logrado. Me he dado unas palmaditas en la espalda y las reacciones de mis empleados son una recompensa todavía mayor. Ahora, voy a ocuparme de la diversión. Hemos trabajado y trabajado, sin divertirnos, durante demasiado tiempo. Me parece que voy a empezar por encargar pizza este viernes por la tarde y desconectar los teléfonos. Pienso en charlar con mi equipo sobre cómo podemos disfrutar más del trabajo. Estoy seguro de que tendrán grandes ideas.

Propietario de una firma de búsqueda de ejecutivos

✓ **Prepara un plan de acción y síguelo.** Selecciona a tres empleados que no quieras perder. Haz una entrevista de intención de permanencia con cada uno de ellos para averiguar qué es lo que más les importa. Escribe las estrategias que quieres usar con cada uno. Asegúrate de que individualizas cada plan, de forma que encaje de verdad en las necesidades únicas de cada persona.

Pensaba que la idea de las entrevistas de intención de permanencia era solo otra moda de RRHH. Entonces lo probé. Me quedé asombrado. Era más fácil de lo que pensaba y los empleados a los que entrevisté apreciaron de verdad el tiempo que les dedicaba. Comprendí que lo que yo intuía que era importante para ellos no siempre estaba bien encaminado. Ahora sé de forma más precisa qué necesito hacer con cada uno de ellos. Trabajo en colaboración con un compañero. Yo lo ayudo a pensar en sus empleados y él me ayuda a mí. Asombrosamente, funciona.

✓ **Haz «solo una cosa».** En la película *Cowboys de ciudad,* el personaje de Jack Palance dice que todos tenemos que averiguar la «única cosa» que es esencial hacer. Si estás abrumado por 26 estrategias y esto te impide «ponerte en marcha», estudia la lista de la A a la Z y decide la única cosa que sabes, en lo más profundo de tu corazón, que necesitas mejorar. También puedes seleccionar la estrategia que crees que será más fácil aplicar a más de uno de tus empleados. Revisa ese capítulo y toma la resolución de hacer algo que el capítulo propone, por lo menos una vez a la semana.

Me di cuenta de que no tenía ni idea (de verdad) de qué apasionaba a mis empleados y decidí dedicar un mes a averiguarlo. Me impuse tener breves charlas con todos los componentes de mi equipo para preguntarles qué parte de su trabajo les gusta más. Anoté lo que yo creía por adelantado y, sorprendentemente, la mayoría de veces, no di en el blanco. Ahora me siento mucho mejor informado y estoy trabajando para incorporar lo que les apasiona a su puesto de trabajo.

Llamada para todos los jefes de jefes

¿Cómo puedes ofrecer un servicio de clase mundial sin personas de talla mundial?

FRED SMITH, consejero delegado
de Federal Express

VÉASE RESPONSABILIZARSE

Si diriges a otros jefes, querrás enviarles un mensaje claro sobre la responsabilidad que tienen en conservar a personas con talento. Querrás definir claramente los objetivos de retención, la responsabilidad y las consecuencias de alcanzar (o no) esos objetivos. Piensa en el mensaje que envías a los jefes que dependen de ti. Aquí tienes un ejemplo del mensaje de un director sénior, expresado en un comunicado a toda la empresa:

La clave ahora es continuar actuando mejor que nadie en el sector. Os he visto trabajar. Sé lo bien que podéis cumplir. Y tengo confianza en que no solo podéis alcanzar los objetivos que la dirección ha fijado, sino superarlos. Por supuesto, hay dos claves para una ejecución magnífica. Una dirección excelente es una de ellas. Pero la otra son unas personas excelentes. Y hoy, ese tipo de personas es difícil de encontrar. Así que cuando encontramos empleados con talento, sencillamente no podemos permitirnos perderlos.

Junto con vuestras metas habituales en ventas y servicio, quiero que convirtáis la retención de empleados valiosos en una de vuestras prioridades fundamentales. Recordad: nadie tiene un papel más importante en la retención de personas con talento que vosotros. A los ojos de los empleados, sois la empresa. El ambiente que creáis en vuestro departamento —las recompensas y el respeto personales que ofrecéis, el tiempo que dedicáis a comprender y a alentar a cada persona de vuestro equipo— es la clave para retener y motivar a nuestro personal. Os hacemos responsables a todos y cada uno de vosotros de desarrollar y motivar a vuestros empleados. Esto es lo que nos hará prosperar.

Lon A. Smith, expresidente
y consejero delegado de Hartford Life

En su libro *The Six Disciplines of Breakthrough Learning*, Cal Wick y sus coautores dicen que lo que hacen los líderes sénior de una compañía tiene mucho peso en que una iniciativa genere el rendimiento de la inversión. [105] Este apoyo debe ir más allá de las palabras. Los autores creen que los directores de alto nivel tienen que abrazar el proceso también ellos si quieren que cambien las cosas. La actitud de «haz lo que digo, no lo que hago» no solo socavará la iniciativa, sino que contribuirá, realmente, a que los conceptos no arraiguen. Wick llama a los líderes de alto nivel a que prediquen con el ejemplo y sean un modelo de los principios que postulan. Estamos total y absolutamente de acuerdo.

QUÉ HACER

Aparte de enviar tu mensaje a los jefes, prueba esto: reúnete con los otros dirigentes para discutir las cuestiones tratadas aquí. Dialoga sobre vuestros distintos planteamientos. Poneos de acuerdo. Actuad. Evaluad. Continuad.

Preguntas clave

✓ ¿Cómo competiremos de una manera diferente para conseguir empleados con talento?

✓ ¿Qué haremos con los «cretinos» que dependen directamente de nosotros (los jefes que no tratan bien a sus empleados)?

✓ ¿Cómo nos ocuparemos de que nuestra filosofía de contratación/retención llegue a los niveles inferiores?

✓ ¿Cómo daremos a los jefes un incentivo para que piensen más allá de la paga y los extras?

✓ ¿Cómo recompensaremos a los jefes por correr riesgos al contratar y retener a empleados con talento?

✓ ¿Cómo haremos que los jefes sean responsables de los planes de contratación/retención?

✓ ¿Cómo ayudaremos a otros a ensanchar su idea de quién pertenece a la categoría de «estrella»?

✓ ¿Cómo apoyaremos la formación continua en estas estrategias de retención de los jefes que dependen de nosotros?

✓ ¿Cómo haremos que nuestros superiores presten atención a estas ideas?

✓ ¿Cómo influiremos en ellos para que actúen?

✓ ¿Cómo sabremos si tenemos éxito? ¿Cuáles son los objetivos de nuestras unidades de negocio? ¿Cómo sustentaremos esta iniciativa?

Zenit: Ve a por ello

Veamos: ¿por qué hemos llamado «Zenit» a este capítulo? Una de nosotras recordó haber trabajado con una organización que celebraba reuniones «zenit», donde se reunían tres o cuatro equipos para discutir y finalmente acordar los objetivos y las estrategias de alto nivel que les ayudaran a alcanzar esos objetivos. La idea es llegar más alto que nunca antes, mejorar e ir más allá continuamente, como individuos y como organización. En estas reuniones, se preguntan unos a otros: «¿Podríamos hacerlo mejor?» «¿Podríamos llegar más arriba?». Y no te detienes cuando te encuentras en el zenit, el punto culminante. Sencillamente sigues esforzándote.

CONCLUSIÓN

Esperamos que sigas esforzándote. Evalúate con frecuencia y comprométete a mejorar continuamente. Hazte y haz a los jefes que dependen de ti responsables de construir un lugar de trabajo tan productivo y satisfactorio que tus empleados con talento quieran quedarse, crear y dejar su huella en él. Esto es el zenit. Te deseamos lo mejor.

BEV y SHARON

P. D. Por favor, escríbenos a www.keepem.com y dinos cómo ha ido.

Las diez objeciones principales

Conversaciones de directivos con Sharon y Bev (S&B)

Los mandos con que nos reunimos nos hacen docenas de preguntas difíciles. También cuestionan nuestras ideas y ponen objeciones a nuestras recomendaciones. A continuación recogemos algunas de nuestras conversaciones favoritas sobre el enfoque de *Cuídalos* para contratar y retener empleados.

10. Ya era hora

Jefe: Trabajo más que nunca y, francamente, no tengo tiempo para esto.

S&B: Si no tienes tiempo para esto, ¿cómo lo encontrarás para reclutar, entrevistar, seleccionar, orientar y formar a quienes sustituyan a tus empleados?

9. No hay asistencia doméstica, no se quedan

Jefe: Esta es una organización anticuada. No hacemos lo que otras empresas más modernas hacen para contratar y conservar a la gente. Si no tenemos gimnasio ni guardería ni servicio de asistencia doméstica, ¿qué esperanza tenemos de competir?

S&B: Mira el primer capítulo (Preguntar) y la lista de por qué la gente se queda en sus organizaciones. No es el gimnasio. Lo que más importa es un trabajo apasionante, la posibilidad de aprender y crecer, unas personas estupendas, una remuneración justa y un buen jefe. Dales esto y atiende las peticiones exclusivas de cada persona y los conservarás.

8. ¿Y yo qué saco?

Jefe: Después de oíros hablar de cómo se aplica el enfoque *Cuídalos* a la gestión, parece como si me estuvierais diciendo: *da, da, da...* ¿Y yo qué *recibo, recibo, recibo*?

S&B: ¡Buena pregunta! Lo que *recibes, recibes, recibes* es un equipo de personas que trabajan y producen y que se quedarán bastante tiempo. No se trata de que seas complaciente ni de que los mimes. Lo que aplicas son medios para alcanzar tus objetivos de negocio.

7. Enséñales el dinero

Jefe: Decís que el dinero no es lo más importante para contratar y retener a la gente. Venga ya... Algunos van realmente detrás del dinero, ¿o no?

S&B: Sí. Y si lo que quieres es contratar y conservar a los que solo van detrás del dinero, buena suerte. Siempre habrá quien les ofrezca más. Lee el primer capítulo (otra vez) y luego averigua qué desea de verdad cada empleado valioso. A continuación, haz todo lo que puedas para dárselo.

6. Casi perfecto

Jefe: Yo soy quien soy... y he llegado hasta aquí por esa razón. ¿Por qué debería cambiar?

S&B: Piensa en cambiar solo si quieres más: más diversión en el trabajo, más productividad en tu equipo, más relaciones significativas, más personas valiosas que permanecen juntas más tiempo.

5. Perder a los perdedores

Jefe: ¿Cómo me libro de los que quiero que se vayan?

S&B: El jefe que nos hizo esta pregunta dijo que necesitábamos una secuela de *Cuídalos* y que tendríamos que llamarla *How to Lose your Losers* [Cómo deshacerte de tus perdedores]. Estad atentos, puede que lo hagamos. Mientras, sí que debes hacer algo con tus perdedores. Los empleados valiosos te observan para ver cómo y cuándo lo haces. Controla por sus resultados a los que no rindan. Ejerce para ellos de mentor, de *coach*, haz que los ayuden. Si nada de esto funciona, ayúdales a marcharse.

4. «A medida» es para los trajes

Jefe: No creo en hacer las cosas a medida de una generación solo para que se queden en el equipo.

S&B: En este mercado, tendrás que hacer las cosas «a medida» de cada persona valiosa que esperes conservar. Hablamos de las diferencias generacionales no para elegir una generación en particular, sino para ayudaros a comprender a cada grupo un poco mejor. Comprenderlos os ayudará a contratar y a conservar, un poco más, a personas valiosas. En última instancia, tendréis que llegar a conocer a cada miembro de vuestro equipo, independientemente de su generación (o género o etnia). Averiguad qué quiere cada uno y qué hará que se quede. A continuación haced todo lo que podáis para dárselo.

3. Igual que viene, se va

Jefe: ¿No somos todos sustituibles?

S&B: Claro, pero a un precio... a veces muy alto. (Mira el capítulo N. Números.) Una actitud displicente hacia los empleados, como si fueran prescindibles, se traduce por «tanto me da si te quedas o te vas». Todos quieren saber que importan, que, en verdad, son muy difíciles de sustituir y que no deseas que se marchen.

2. Todo se reduce al resultado final

Jefe: En mi empresa, se recompensan los resultados... no que seas un tipo agradable. Por eso, me concentro en los resultados.

S&B: Seamos realistas: sin resultados no seguirías empleado mucho tiempo. Sin un equipo de primera, no conseguirás los resultados. No diremos más.

1. No es para mí

Jefe: Si intentara hacer esto con mis empleados, les daría un patatús. Ni siquiera les digo «hola» cuando me cruzo con ellos.

S&B: Entonces, quizá quieras hacerlo despacio. Empieza por decir «hola» en el pasillo. Es verdad que gran parte de lo que te aconsejamos que hagas para contratar y conservar a unos empleados valiosos depende de que ya tengas una relación de confianza con ellos. Y, paradójicamente, es haciendo estas cosas como se forja la confianza. Empieza con lo que te cueste menos y prueba con una sola cosa. Luego prueba con otra.

¿Tenéis más?

En cooperación con www.keepem.com
Sí. Siempre

Muchos de nuestros lectores son como nosotras; les encantan las estadísticas, las anécdotas y las citas geniales. De hecho, nunca tienen bastante.

Así pues, aquí tenéis... más. Mientras preparamos presentaciones o la última edición en inglés de este libro, buscamos anécdotas, citas y resultados de investigaciones que parecen encajar en el mensaje de *Cuídalos o piérdelos*. Muchas de estas perlas subrayan los capítulos de esta edición.

Otras no encontraron cabida en los capítulos de la A a la Z, pero merecen ser compartidas. Así que hemos puesto unas cuantas de esas gemas en nuestro sitio web y otras aquí, solo para que hagáis boca.

¿Todavía queréis más? Id a www.keepem.com y, ya que estáis allí, enviadnos vuestra estadística, anécdota o cita favoritas para añadir a nuestra colección.

Más sobre preguntas

¿Queréis más preguntas que podríais hacer para conseguir la información que necesitáis para conservar a vuestros empleados valiosos? Aquí tenéis algunas opciones.

Ed Gallagher, director regional de Brickman (una importante organización de jardinería), envía el siguiente cuestionario a los empleados sobre el terreno antes de reunirse con ellos por vez primera. Hemos incluido algunas respuestas de una de sus empleadas. Imagina de qué pueden hablar Ed y esta mujer cuando se reúnan la próxima semana.

CUESTIONARIO PARA CONOCER A TU GENTE
Persona   **Fecha 15/6**

1. Nombre del cónyuge:_____
2. Nombres y edades de los hijos:_____
3. ¿Dónde fue al instituto o a la universidad?_____
4. ¿Qué es lo que más le gusta (p. ej., aficiones, intereses, de qué le gusta hablar)? *Jardinería, comer/comida*
5. ¿De quién le gusta recibir reconocimiento y elogios? *Cónyuge, dirección, compañeros, hijo*
6. ¿Qué tipo de reconocimiento y elogios le gusta más? (p. ej., escrito, oral, grupal)? *Todo lo anterior*
7. ¿Cuál es el reconocimiento mayor que ha recibido? *Ser una mamá genial/divertida. Conseguir el permiso para conducir motos*
8. ¿En qué destaca más? *Jardinería doméstica*

Más sobre la actividad de mentor

¿Le gustaría que su actuación de mentor fuera más fructífera? Llega a un acuerdo sobre indicadores del éxito con tu pupilo. ¿Cuáles de estos significan éxito?

✓ La red de contactos se ha ampliado.
✓ El desarrollo futuro tiene una dirección más clara.
✓ Los objetivos profesionales se han aclarado.
✓ Se han aprendido o perfeccionado conocimientos específicos.

✓ Se comprende más claramente la política de la organización.

✓ Se han extendido las fuentes de emisión de opiniones.

✓ Se ha despertado el deseo de hacer de mentor para otros.

✓ Ha aumentado la confianza en sí mismo.

✓ Se ha producido una fijación realista de objetivos.

Cuando es posible ponerse de acuerdo en los indicadores del éxito que son significativos para los dos, hay más probabilidades de conseguir lo que ambos necesitáis de la relación de mentoría.

Más sobre el papel del empleado

Muchos jefes que han leído *Cuídalos o piérdelos* han dicho: «Eh, un momento, yo pensaba que los empleados eran los responsables de su propia satisfacción profesional». Les contestamos: «Tienes toda la razón. Eso está en el próximo libro». Hemos escrito *Love It, Don't Leave It: 26 Ways to Get What You Want at Work* para empleados y para los jefes que intentan contratarlos y conservarlos.

Animamos a los jefes a que pregunten a sus empleados qué hará que se queden. Pero los mandos también quieren que los empleados den un paso adelante y expliquen qué esperan de la organización, del trabajo y de sus jefes. Sin embargo, muchos empleados no saben cómo evaluar lo que falta (o no funciona) y vacilan a la hora de pedir lo que quieren. A menudo, en cambio, lo que hacen es abandonar el barco.

Escribimos *Love It* para cualquiera que trabaje. Le ayudará a tomar las riendas de su propio destino de una manera clara y fácil de llevar a la práctica. Le ayudará a hacer que el trabajo que tiene sea el trabajo que le encanta. Y, por supuesto, eso es algo que a los jefes les *encanta*.

Más sobre ser favorable a la familia

¿Esta imagen del trabajo como un enrejado tiene sentido en tu ambiente? Es favorable a la familia y ofrece espacio a los empleados.

Deloitte & Touche USA está trabajando para hacer que a sus empleados les resulte más fácil conciliar su trabajo y su vida personal. En lugar de utilizar el escalafón corporativo, Deloitte usa la imagen de un enrejado mediante el cual es posible moverse hacia arriba, de lado o hacia abajo, según la situación cambia. Los padres se pueden tomar un descanso o reducir el trabajo sin sacrificar las posibilidades de un puesto principal cuando vuelvan. Los empleados cuyos hijos han crecido pueden trabajar a jornada completa o ir pasando gradualmente al retiro. Para finales de 2008, los 42.000 trabajadores de Deloitte estarán usando el sistema. Terry Noetzel, uno de los jefes de la firma, es un boomer *que entró en Deloitte hace veintidós años, en un momento en el que los hombres no pedían convenios de trabajo flexible. Aunque durante muchos años viajó con frecuencia para la empresa, en 2005 decidió que quería viajar menos y se lo concedieron. Por otro lado, Dan Mayville, otro empleado de Deloitte, trabaja para la empresa en su casa, para poder ayudar en la educación de sus dos hijos.* [106]

Más sobre conservar a los trabajadores más jóvenes

Todos hemos leído que los miembros de la generación X y sus homólogos más jóvenes solo se quedarán mientras aprendan algo valioso. Aquí tienes una estrategia para que eso suceda donde tú estás:

La firma holandesa de empleo Randstad USA asocia a trabajadores de diferentes edades para retener a los más jóvenes haciendo que aprendan de los que tienen más experiencia. A cada nuevo agente de ventas se le asigna un compañero con quien trabajar hasta que su negocio haya crecido hasta un tamaño dado, lo que suele llevar varios años. Luego los dos empiezan otra vez con alguien nuevo que acabe de incorporarse a Randstad. Aunque Randstad llevó su iniciativa de asociación a Estados Unidos a finales de la década de 1990, no fue hasta 2005 —después de haber incorporado a los empleados de las diferentes compañías que había obtenido— cuando empezó a contratar nuevos empleados. Uno de los elementos más inusuales de la actividad de asociación de Randstad es que ninguna de las dos personas está al mando y que se espera que las dos se enseñen mutuamente. La compañía alienta a cada trabajador a solucionar los conflictos que tenga con su compañero y solo deshace un equipo cuando la situación es grave. La capacidad de Randstad para retener a sus trabajadores ha aumentado desde el 50% hasta el 60%.[107]

Más sobre dignidad y respeto... o falta de ellos

Un artículo en la revista *Time*, sobre uno de nuestros temas favoritos —demostrar respeto a los empleados—, nos llamó la atención. Describía a una empleada valiosa que sufría una continuada serie de ofensas (etiquetadas «microinjusticias») que acabaron desmoralizándola tanto que se marchó. «Esos menosprecios quizá no signifiquen mucho de uno en uno, pero acumulados pueden llevar —por lo menos en términos de retención de los empleados— a la muerte, causada por mil pequeños cortes con un papel».[108] Es una vívida descripción de lo que demasiadas personas soportan en el trabajo.

Más sobre un buen liderazgo

Si lideras y nadie te sigue, solo has salido a dar una vuelta.

JOHN MAXWELL

* * * * *

El estudio del liderazgo... es el estudio de cómo hombres y mujeres, en tiempos de constancia y complacencia, buscan activamente perturbar el statu quo y despertar a los demás a nuevas posibilidades. Liderazgo, estímulo y aprovechamiento de las oportunidades están inextricablemente unidos. [109]

* * * * *

La idea que tenemos de los líderes no siempre les permite decir: «No lo sé» o «Chico, la fastidiamos bien». [110]

* * * * *

Los líderes aceptan y actúan según la paradoja del poder: te vuelves más poderoso cuando cedes poder. Mucho antes de que el traspaso de poder entrara en el vocabulario popular, los líderes ejemplares comprendían lo importante que era que los componentes de su equipo se sintieran fuertes, capaces y eficaces. Si se sienten débiles, incompetentes e insignificantes, rinden menos sistemáticamente, quieren huir de la organización y están maduros para el desencanto. [111]

Más sobre la fijación de objetivos

Nuestras investigaciones subrayan constantemente el hecho de que tener oportunidades profesionales es fundamental para contratar y retener a los empleados. Tu tarea es ayudarlos a pensar en qué opciones tienen y a tomar buenas decisiones. Aquí tienes una manera sencilla y práctica de hacerlo. Se llama *análisis de los campos de fuerza*, y se basa en el supuesto de que hay aptitudes, habilidades, campos de conocimiento, creencias, valores, personas y muchos otros factores que te acercan o te alejan de cualquier objetivo. A veces estos factores o fuerzas son evidentes; otras, no lo son. A veces son positivos (fuerzas que ayudan) y otras, negativos (fuerzas que impiden). Ayuda a tus empleados a examinar estas fuerzas como parte de su constante planificación profesional y toma de decisiones.

Las fuerzas de que hablamos pueden tener diversas procedencias.

	Fuerzas que impiden	**Fuerzas que ayudan**
Propias:	Mis propias limitaciones.	Mis aptitudes.
De otros:	La opinión de los demás.	El apoyo de los compañeros.
Del entorno:	Obstáculos en la organización.	Experiencia laboral en la organización.

Algunas preguntas de muestra:

Propias

- ¿De qué forma tus actuales aptitudes ayudan a tu objetivo de enriquecimiento?
- ¿Qué aptitudes o campos de conocimiento específicos necesitas para evolucionar más, a fin de lograr tus objetivos?

De otros

- ¿Qué clase de apoyo tienes de tus compañeros para alcanzar tu meta?
- ¿Cómo afectará esta meta a tu vida familiar? ¿Los miembros de tu familia te apoyarán?

Del entorno

- ¿Cómo puede el crecimiento continuado dentro de nuestra organización afectar a tus objetivos?
- ¿Hay algún cambio tecnológico o económico inminente que pueda influir en tus objetivos?

Cuando los empleados sienten que son tantas las cosas que les impiden alcanzar sus metas como las que les empujan hacia ellas, se paralizan. Para romper este punto muerto, ayúdales a dar con medios para aumentar las fuerzas positivas (que ayudan) y a disminuir las fuerzas negativas (que impiden). Utilizar el análisis de los campos de fuerza puede ayudarles a avanzar en la dirección deseada y a elaborar un conjunto de opciones más realista.

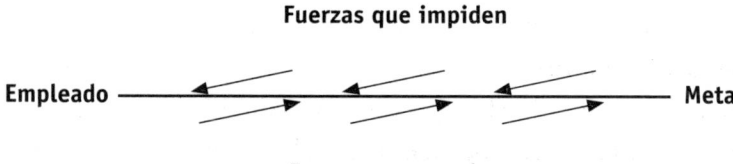

Más sobre los cretinos en el trabajo

Las investigaciones sobre las relaciones ofensivas en el trabajo son continuas y reveladoras. Kate Ludeman, coautora con Eddie Erlandson de *Alpha Male Syndrome*, dice: «Hoy, los empleados con un buen nivel de formación, con un número cada vez mayor de mujeres y preocupados por la satisfacción y la conciliación entre vida laboral y vida personal prefieren marcharse a soportar a un jefe ofensivo».[112] Un informe de MSN Money destacaba que los empleados que trabajan para un jefe así sufren más agotamiento, tensión laboral, nerviosismo, estados de ánimo depresivos y desconfianza.[113] No es ninguna coincidencia que una conducta ofensiva conduzca a la desconexión o al desgaste.

* * * * *

Para solucionar el problema del *bullying* o maltrato en el trabajo, el Workplace Bullying Institute (WBI), creado por Gary y
Ruth Namie, patrocina un sitio web, llamado Bullybusters.org,
que alienta a todos a presentar leyes para un lugar de trabajo
sano, en las asambleas legislativas de sus propios estados. [114]

Aunque ningún estado ha adoptado leyes de este tipo, doce
han presentado propuestas de ley en este sentido, entre ellos California, Oregón, Massachusetts, Kansas, Hawái, Oklahoma,
Washington, Nueva Jersey, Nueva York y Montana.

Según esas propuestas, las empresas deben ejercer «un cuidado razonable para impedir los abusos por medio de la educación» y deben tomar «medidas para corregir rápidamente
cualquier abuso». Se requiere que el empleado «aproveche las
posibilidades preventivas o correctivas apropiadas proporcio-
nadas por la empresa».

Siempre y cuando el empleado no haya sido despedido ni esté
sometido a una «decisión negativa del tribunal de lo social», la
empresa puede quedar libre de responsabilidad si toma precau-
ciones. La ley exigirá que la empresa investigue cualquier deman-
da de malos tratos presentada por los empleados y, de no
hacerlo o de no tomar medidas, podría serle impuesta una multa.

Las formas de maltrato identificadas incluyen acusar falsa-
mente a alguien de cometer errores, la intimidación verbal, un
tratamiento de silencio, cambios de humor, rumores destructi-
vos, exhibiciones de ira inapropiadas, berrinches, robar el mérito
de un trabajo hecho por otros, la humillación, la venganza, el
menosprecio, los insultos, la asignación de un trabajo no desea-
do, exigencias irrazonables y asegurarse de que el trabajo de alguien fracase.

En verdad, conforme el capital humano sea cada vez más pre-
cioso, los que lo dirigen (o dirigen mal) tendrán que alcanzar
unos niveles más altos.

Más sobre pasarlo bien en el trabajo

El equilibrio ideal entre diversión y trabajo puede alcanzarse cuando todos comprendan los límites del «terreno de juego» laboral. Esos límites no tienen como objeto constreñir ni inhibir la contribución individual, sino permitir que los miembros valiosos y bienintencionados de un equipo tengan tanta autonomía como sea posible dentro de los límites de una diversión/trabajo responsables. [115]

* * * * *

No todos expresan la alegría y la felicidad del mismo modo; no todos se ríen igual. La diversión no es, ni debería ser, de talla única. Cuanto mayor sea la diversidad, cuantos más aspectos tenga el hecho de pasarlo bien, más oportunidades tendrán todos de disfrutar. [116]

¿Sabías que los niños se ríen hasta cuatrocientas veces al día y los adultos solo una docena? [117] ¿No tendríamos que hacer algo al respecto?

* * * * *

Nos hablaron de una empresa que cree en la «diverlaboración», que es la diversión y la colaboración fundidas en una. Creen, igual que miles de otras organizaciones, que cuando sus empleados se divierten juntos, mientras innovan, construyen y solucionan problemas, los resultados son claramente mejores que en una zona sin diversión.

Más sobre recompensas

El factor más importante es el reconocimiento individual; más importante que el salario, las primas o las promociones.

La mayoría de personas, sean ingenieros, mandos empresariales o maquinistas, quieren ser creativos. Quieren identificarse con el éxito de su profesión y de su organización. Quieren contribuir a dar a la sociedad más comodidad, mejor salud, más entusiasmo. Y su mayor recompensa es que les reconozcan que colaboraron en hacer que sucediera algo significativo.

PAUL M. COOK, fundador
de Raychem Corporation

* * * * *

Las recompensas con sentido van dirigidas a la persona que las recibe. Según una encuesta de Maritz Research, hecha con 1.002 empleados, solo un 27 % de los que quieren que el reconocimiento sea en forma de tarjetas regalo, productos o viajes recibe esta forma de recompensa. Solo un 40 % de los que ansían un elogio por escrito lo recibe. [118]

* * * * *

Antes de mostrar reconocimiento a alguien, los mejores líderes se esfuerzan por conocerlo personalmente. Averiguan qué le gusta y qué no, qué necesidades e intereses tiene. Luego, cuando llega el momento de mostrar reconocimiento a una persona en particular, saben cómo hacer que sea especial, significativo y memorable. [119]

* * * * *

Una institución financiera del Medio Oeste hizo que a sus mandos les resultara más fácil recompensar a los empleados; repartió un surtido de notas de agradecimiento. Lo único que tenían que hacer era elegir la acertada y (claro) escribir una nota sobre lo que el empleado hacía. A continuación incluimos unas cuantas, relacionadas directamente con sus propias experiencias de servicio al cliente:

- ¡Un gran trabajo que arroja luz sobre el problema
- Gracias por «plantar la semilla» de una futura relación.
- Gracias por arrimar el hombro y no tener miedo de «ensuciarte las manos».
- Tu trabajo de hoy ha sido «de foto».
- De verdad que hoy has «hecho más de lo obligado» y te lo agradezco.
- He visto que hoy «añadías sabor» al día de alguien.
- Tus clientes están «locos por ti».
- Enhorabuena por «asegurar» la venta.
- Gracias por ser «flexible» hoy.
- Fuiste «derecho al meollo» del problema.

* * * * *

Empecé comprando juguetes y regalos «baratos». Suena cursi, pero a la gente le encantaba y esperaban con ganas mi próximo regalo tonto de agradecimiento, que siempre iba acompañado de una tarjeta donde decía por qué les daba las gracias. Estos son algunos ejemplos:

✓ Pequeños cochecitos por «hacer más de lo obligado».
✓ Ondamanías por «hacer lo indecible».
✓ Linternas por «ir por delante».
✓ Dinosaurios por «probar cosas nuevas... y no ser un dinosaurio».
✓ Combas por «saltar por encima de los obstáculos» o por «no saltar a conclusiones».

Jefe de marketing

* * * * * *

Reconocemos a las mentes más brillantes y las fuentes más prolíficas de ganancias para la corporación. Con cada patente desarrollada, el creador recibe un premio en metálico. También recibe una copia de la primera página de la patente, enmarcada con un marco de plata con su nombre grabado. El jefe inmediato hace entrega del cuadro al empleado. Aunque el colaborador recibe dos cosas —un cheque por un monto importante y un trozo de papel enmarcado—, lo que los empleados valoran más es la copia de la patente con su nombre. Exhiben este premio, muy orgullosos, como una medalla.

Jefe, organización tecnológica

Más sobre decir la verdad

La verdad te hará libre... y antes te puede tocar bien las narices.

SUSAN SCOTT, autora de *Fierce Conversations*

* * * * *

Tenemos que cultivar un ambiente de sinceridad en el que todos podamos enfrentarnos a la realidad juntos, profundizar más de lo que acostumbrábamos y comprometernos a hacer frente a la realidad, incluso cuando resulta difícil hacerlo.

ROBERT FRITZ, consultor y coautor de *The Managerial Moment of Truth*

Más sobre el bienestar en el trabajo

*El liderazgo tiene que ver con las relaciones. Un líder pue-
de tratar de no prestar atención al hecho de que los miembros del equipo llevan su vida al trabajo, pero no se puede
esperar que los empleados dejen una parte de quienes son
en el aparcamiento. Aunque esto ha sido una tendencia do-
minante en nuestra vida profesional, no dará resultado
para las nuevas generaciones que se incorporan al trabajo.
Juntos veremos cómo, en los próximos años, el trabajo da
un giro positivo y constructivo cuando la cuestión de la
conciliación entre vida personal y trabajo ocupe el primer
lugar como herramienta de contratación y retención.*[120]

* * * * *

¿La cuestión de la conciliación es diferente para hombres y mujeres?

Un estudio, hecho en 2007 por el Kenexa Research Institute, con
10.000 trabajadores de Estados Unidos, analizaba las diferencias
en la manera en que los hombres y las mujeres perciben la conciliación entre vida personal y trabajo. La encuesta reveló que las
mujeres son más positivas que los hombres sobre las medidas que
su empresa toma para ayudarlas a alcanzar esa conciliación. Independientemente del género, los que daban una puntuación favorable a los esfuerzos de su organización también señalaban un
deseo menor de dejarla.

*En el pasado, las mujeres solían encontrar más dificultades
para mantener el equilibrio, debido a las presiones opues-
tas del trabajo y a las exigencias domésticas. Para muchos
empleados de hoy, tanto hombres como mujeres, su vida se
ve cada vez más consumida por un gran número de responsabilidades e intereses familiares y personales.*[121]

Agradecimientos

Con la publicación de esta cuarta edición en inglés, nuestros agradecimientos a los colegas, clientes, familia y amigos que nos han apoyado se cuadruplica. Continuamos abiertas a aprender de todos ellos y creemos que este es el camino para seguir al día.

A lo largo de los años, hemos crecido con el equipo editorial maravillosamente estratégico y estimulante de Berrett-Koehler. Su presidente, Steve Piersanti, lo ve todo, lo sabe todo y no se le pasa nada por alto. Es fabuloso reconociendo precisamente lo que hemos hecho bien y señalando (con la misma precisión) lo que tenemos que mejorar. Jeevan, Kristen, Mike, Rick, Marina y Tiffany aportaron su buen «ojo», claro y único, haciendo que este fuera un auténtico trabajo en equipo.

Nancy Breuer ha sido, de nuevo, nuestra «voz» editora. Sabía instintivamente cómo fundir nuestros estilos de escritura para que los lectores pudieran disfrutar de unas transiciones sin sobresaltos. Así como nos ha animado, también nos ha criticado sin tapujos en los momentos adecuados. Tracy Rocca, que está con nosotras desde el principio, ha utilizado su maestría para hacer que cada edición en inglés fuera sutilmente diferente. Gracias, también, a Lorianne y Bree Speaks por su ayuda informática, paciente y diligente, y por su dominio de ese condenado Control de Cambios.

Este libro no podría haber logrado el público que consiguió sin la organización Career Systems International. Fred Gladney y Patti Hillman guiaron al equipo de ventas para que llegara a ser un auténtico socio de los clientes a los que servía. Audrey Sloofman, Michelle Zionkowski y Louise Gray respaldaron a nuestros intermediarios para que el trabajo hecho dentro de cada organización fuera siempre a medida y ajustado a cada caso. Nanci Hendrickson alentó a nuestro equipo de operaciones para que se superara y mejorara constantemente los servicios que ofrecía.

Ann Jordan y Tony Martínez dirigieron nuestra campaña de marketing, ayudándonos a descubrir nuevos medios para compartir nuestros conocimientos. Stacey Cunningham elaboró la estrategia para nuestros consultores y los ayudó a ir siempre más allá. Rosalind Sago, Jeff Apfelberg y Lindy Williams dirigieron los trabajos de desarrollo de nuestro producto y los mantuvieron prácticos y únicos. Ray Halagera, Barry Levitt y Al Hazan conservaron los engranajes bien engrasados desde sus estratégicas posiciones de liderazgo. Sí, se necesita todo un regimiento.

Como con todas las ediciones, nuestras familias permanecieron a nuestro lado y nos animaron a continuar. Sabían (cuando nosotras lo ignorábamos) que acabaríamos poniendo este libro en vuestras manos. Bev le agradece a Barry que no se quejara cuando ella tecleaba en el coche durante los viajes por carretera, y da las gracias a Lindsey por ser su mentora en el sector de la generación Y. Sharon agradece a Mike su apoyo inagotable y que sea una caja de resonancia fabulosa para todo, desde el diseño de la cubierta hasta los detalles de cada capítulo, y da las gracias a su hermana Diana por arrimar el hombro y a sus nietos por ayudarla a apartarse (deliciosamente) de todo ello.

Continuamos respetando el punto de vista de cada una en el mundo del trabajo. Siempre valoramos nuestras diferencias y apreciamos nuestro deseo común de crear el resultado final: un libro que ayude de verdad a los jefes ocupados a atraer y retener a un valioso capital humano.

Notas

1. Frederick Herzberg, B. Mausner y B. Snyderman, *The Motivation to Work*, Wiley, Nueva York, 1959.

2. Marie Gendron, «Keys to Retaining Your Best Managers in a Tight Job Market», *Harvard Management Update*, junio de 1998, págs. 1-4.

3. Hay Group, «*1998-1999 Employee Attitudes Study*», HR/OD 8, 1 de diciembre de 1998; «*Why Workers Quit*», *Arizona Republic*, 26 de julio de 1998, y «*Money Can't Buy Employee Commitment, WFD Reserarch Reveals*», *Business Wire*, 4 de agosto de 1998.

4. Saratoga Institute, «*Study of the Emerging Workforce*», Interim Services, Santa Clara, California, 1997.

5. Kevin Dobbs, «*Knowing How to Keep Your Best and Brightest*», *Workforce 8*, n.º 4A, 1 de abril de 2001.

6. *Ibid.*

7. Corporate Leadership Council Employee Preferences Database, Corporate Leadership Council Research and Analysis, Corporate Executive Board, 1998.

8. Kathy Gurchiek, «*Bad Bosses – More Than Salaries – Drive Workers Away*», *HR News* (www.shrem.org/hrnews), 11 de enero de 2007.

9. Véase www.bls.gov/emp.

10. Adaptado de «*CareerPower: An Individual Guide to Career Planning*», Career Systems International, Scranton, Pensilvania, 1998.

11. «*They're Not Employees, They're People*», *Harvard Business Review*, febrero de 2002.

12. R. Roosevelt Thomas Jr., *Beyond Race and Gender: Unleashing the Power of Your Total Workforce by Managing Diversity*, Amacom, Nueva York, 1991.

13. «*Global HR Execs Link Diversity to Retention*», Recruiter.com, 31 de mayo de 2005.

14. Marilyn Gardner, «*Robin Koval, Advertising Executive at Work, "Nice" Is on the Rise*», *Christian Science Monitor*, 17 de octubre de 2006.

15. «*2001 Randstad North American Employee Review*», Randstad, Atlanta, 2001, 877, 922-2.468.

16. Pamela Kruger, «*Jobs for Life*», *Fast Company*, mayo de 2000, pág. 236.

17. «*Work-Life Balance Becoming Critical to Recruitment and Retention*», *Management Issues*, 1 de febrero de 2006.

18. Gary M. Stern, «*Not Tonight, Dear*», *Conference Board Review*, marzo/abril 2007.

19. Sue Shellenbarger, «*Can a Little-Known Program Lighten Elder-Care Stress?*», *Wall Street Journal Online*, 12 de diciembre de 2003, www.career-journal.com/columnists/workfamily/20031212-workfamily.html.

20. Sue Shellenbarger, «*Surfing for Sitters: Helping Employees Find Child Care Online*», *Wall Street Journal Online*, 22 de junio de 2006, www.career-journal.com/columnists/workfamily/20060628-workfamily.html.

21. *Work/Family Programs That Work*, Lawrence Ragan Communications, Chicago, 2006.

22. Véase Priyanka Vyas, «*Looking to Give That Edge*», *Hindu Business Line*, 12 de marzo de 2007, www.blonnet.com/ew/2007/03/12/stories/2007031200050200.htm.

23. *Workforce Performance Solutions*, boletín, 12 de abril de 2006.

24. Adaptado de «*The Decision Grid*», the Jordan Evans Group.

25. «*New Hires Seek a Quick Divorce*», *Management Issues*, 9 de marzo de 2007.

26. Marian Ruderman, Laura Graves y Patricia Ohlatt, *«Family Ties: Managers Can Benefit from Family Lives»*, Center for Creative Leadership, enero/febrero de 2007.

27. *Recruiting*, otoño de 2003.

28. *«New Hires Seek a Quick Divorce»*, *Management Issues*, 9 de marzo de 2007; Thomas Staffing, *«Sprint Benchmarking Study»*, HR.com, *encuesta de* Tech Staff.

29. *Workforce Performance Solutions*, 12 de abril de 2006.

30. Sandar Larkin y P. J. Larkin, *Communicating Change: How to Win Employee Support for New Business Directions*, McGraw Hill, Nueva York, 1994, págs.14-15.

31. Towers Perrin, comunicado de prensa, Businesswire.com, 7 de septiembre de 2005.

32. Kevin Wheeler, *«Retention: It's Mostly Common Sense»*, *Electronic Recruiting Exchange*, 22 de junio de 2005.

33. Jack Stack, con Bo Burlingham, *The Great Game of Business*, Currency/Doubleday, Nueva York, 1994.

34. Joyce M. Rosenberg, *«Wise Employers Keep Employees Informed»*, *Miami Herald*, 16 de agosto de 2004.

35. *«Study: Good Communication Adds to the Bottom Line»*, *Incentive Magazine*, 28 de marzo de 2006.

36. Saratoga Institute, Santa Clara, California, 2000.

37. Para más información, véase *«Retention Deficit Disorder»*, Career Systems International, Scranton, Pensilvania, 2001.

38. Warren Bennis, *«News Analysis: It's the Culture»*, *Fast Company*, agosto de 2003.

39. Robert Sutton, *«Building the Civilized Workplace»*, *McKinsey Quarterly*, 2, 7 de diciembre de 2007.

40. Robert Sutton, *The No Asshole Rule: Building a Civilized Workplace and Surviving One That Isn't*, Warner Business Books, Nueva York, 2007, págs. 49-51.

41. David Dorsey, «*Andy Pearson Finds Love*», *Fast Company*, agosto de 2001, pág. 78.

42. David Granirer, «*Fun and the Bottom Line: Using Humor to Retain Employees*», *About HR*, 2 de abril de 2003.

43. Saratoga Institute, «*Study of the Emerging Workforce*».

44. «*Southwest Airlines Co. Proxy Statement*» y «*2006 Report to Shareholders*».

45. Susan Vaughn, «*To Thing Out of the Box, Get Back in the Sandbox*», *Los Angeles Times*, 11 de enero de 1999, Sección «*Careers*», págs. 3, 13.

46. Jude T. Rich, «*Sitting on a Gold Mine: Reducing Employee Turnover at all Costs*», *World at Work*, 2º trimestre de 2002, pág. 44.

47. «*In Today's High-Tech Economy, Employees See Productivity as Increasingly Relationship-Driven and Work as Highly Social, SelectMinds Study Finds*», *Business Wire*, 30 de octubre de 2006.

48. Beverly Kaye y Beverly Bernstein, «*Mentworking: Building Learning Relationships for the 21 Century*», *Materiales para taller*, Career Systems International, Scranton, Pensilvania, 1998, pág. 45.

49. Alison Overholt, «*Creating a Gem of a Career*», *Fast Company*, marzo de 2006, pág. 135.

50. *Ibid.*, pág. 67

51. Joan Fleischer Tamen, «*Good Mentor Can Be a Guardian Angel in Business*», *South Florida Sun-Sentinel*, 26 de abril de 2004.

52. Beverly Kaye, adaptado de «*Career Development-Anytime, Anyplace*», *Training & Development*, 47, de diciembre 1993, págs. 46-50.

53. Daniel Goleman, *Working with Emotional Intelligence*, Bantam, Nueva York, 1998.

54. Paul G. Stoltz, *Adversity Quotient*, Wiley, Nueva York, 1997.

55. Adaptado con autorización de «*Run the Numbers*», Career Systems International, Scranton, Pensilvania, 2000.

56. Rich, «*Sitting on a Gold Mine*».

57. Véase www.govleaders.org/gallup.

58. Sharon Jordan-Evans y Beverly Kaye, «*Opportunity Mine-ing*», materiales de taller, Careers Systems International, Scranton, Pensilvania, 1998.

59. Edward F. Murphy, *2,715 One-Line Quotations for Speakers, Writers, and Raconteurs*, Crown, Nueva York, 1981, pág. 148.

60. Daniel Griffin, «*Hilton Realizes Link between Loyalty and E-Learning*», *Information World Review*, 6 de agosto de 2006.

61. David Champion, «*Mastering the Value Chain: An Interview with Mark Levin of Millennium Pharmaceuticals*», *Harvard Business Review*, junio de 2001, págs. 109-115.

62. Carol Hymowitz, «*Business is Personal, So Managers Need to Harness Emotions*», *Wall Street Journal*, 13 de noviembre de 2006, B1.

63. Po Bronson, *What Should I Do with My Life?*, Random House, Nueva York, 2002, pág. 363.

64. Marilee Adams, *Change Your Questions, Change Your Life*, Berrett-Koehler, San Francisco, 2004, pág. 47.

65. James Warren, «*At Empire Google: Gourmet Food and Personal Concierge*», *Chicago Tribune*, 4 de febrero de 2007.

66. Ken Blanchard y Spencer Johnson, *The One Minute Manager*, Morrow, Nueva York, 1982 [trad. cast.: *El ejecutivo al minuto*].

67. «*Cash and Praise a Powerful Combo*», *Incentive Magazine*, 1 de junio de 2003.

68. «*Your Place or Mine?*», *CFO*, edición TI, marzo de 2004.

69. Michelle Kosinski, «*This Is Not Your Grandparent's Work Schedule*», MSNBC.com, 15 de marzo de 2007.

70. James C. Collins y Jerry I. Porras, *Built to Last*, HarperBusiness, Nueva York, 1994, pág. 119 [trad. cast.: *Empresas que perduran*].

71. Megan Lisagor, «*Flextime: Not a Bad Stretch*», *Federal Computer Week*, 29 de marzo de 2004.

72. Jennifer Ochstein, «*Flexible Schedules Bring Balance*», SouthBendTribune.com, 16 de abril de 2007.

73. Kyle James, «*Tell Your Boss You'll Be in Later*», *Marketplace*, 12 de marzo de 2007.

74. Donna Fenn, «*Personnel Best*», *Inc.*, febrero de 2000, pág. 75.

75. Rob L. Heneman, Gayle Porter, David B. Greenberger y Stephen Strasser, «*Modeling the Relationship between Pay Level and Pay Satisfaction*», *Journal of Business and Psychology* 12, n.º 2, 1997, págs. 147-158.

76. Larry Bossidy, «*What Your Leader Expects of You*», *Harvard Business Review*, abril de 2007, pág. 64.

77. Morgan W. McCall, Michael M. Lombardo y A. Morrison, *The Lessons of Experience*, Lexington Books, Lexington, Massachusetts, 1988; Morgan W. McCall, *High Flyers*, Harvard Business School Press, Cambridge, Massachusetts, 1998; y Michael M.Lombardo y Robert Eichinger, «*The Leadership Machine*».

78. Publicado por Lominger, Minneapolis, Minnesota, 2001.

79. Susan H. Sorrells, «*A Workplace without Turnover? Making It a Reality?*», HR.com, 18 de marzo de 2003.

80. Robert B. Catell y Kenny Moore, con Glenn Rifkin, *The CEO and the Monk: One Company's Journey to Profit and Purpose*, Wiley, Hoboken, Nueva Jersey, 2004, pág. 235.

81. Nic Patton, «*Dr Jekyll at Home, Mr Hyde at Work*», *Management-Issues*, 5 de abril de 2007.

82. Jim Kouzes y Barry Posner, *The Leadership Challenge*, Jossey-Bass, San Francisco, 2007, pág. 61.

83. Katherine Thornberry, «*Valley Firms Get Creative to Retain Hot Employees*», *Business Journal of San Jose*, 1 de junio de 1998.

84. «*Invest in Your Values: A Self-Assessment Instrument*», Career Systems Internacional, Scranton, Pensilvania, 2007.

85. Richard Leider y David Shapiro, *Whistle While You Work: Heeding Your Life's Calling*, Berrett-Koehler, San Francisco, 2001.

86. Brigid Delaney, «*Exhaustion: The Modern Malady*», CNN.com, 21 de mayo de 2007.

87. Tim Driver, «*Time Off from Work Gains in Importance*», Salary.com, 19 de enero de 2005.

88. Michael J. Weiss, «*Is Your Job Making You Sick?*», *Better Homes & Gardens*, septiembre de 2004.

89. John Briley, «*The Benefits of Working Our while Hard at Work*», *Washington Post*, 10 de julio de 2005.

90. Anne Fisher, «*Be Smarter at Work, Slack Off*», CNNMoney.com, 17 de marzo de 2006.

91. Susan Mitchell, *American Generations: Who They Are, How They Live, What They Think*, New Strategist, Ithaca, Nueva York, 1998.

92. Adaptado con autorización de The Learning Café, 2007.

93. Nadira Hira, «*Attracting the Twentysomething Worker*», *Fortune*, 15 de mayo de 2007.

94. *Workforce Management*, febrero de 2004, págs. 43-48.

95. Cam Marston, «*Retaining Younger Workers in the Workplace*», FastCompany.com, junio de 2007.

96. Véase www.bls.gov/emp.

97. Carol Hymowitz, «*Managers Find Ways to Get Generations to Close Culture Gaps*», *Wall Street Journal Online*, 9 de julio de 2007.

98. William C. Byham, *70: The New 50*, DDI Press, Pittsburgh, Pensilvania, 2007.

99. Holly Dolezalek, «*Boomer Bust*», *Incentive*, 8 de agosto de 2007.

100. Deborah Parkinson, «*Voice of Experience: Mature Workers in the Future Workforce*», Conference Board, R-1319-02-RR, noviembre de 2002.

101. Brad Foss, «*Interest in Older Employees Rises as Seniors Confront the Need to Work*», *Miami Herald*, 22 de junio de 2004.

102. Adaptado con autorización de The Learning Café, 2007.

103. Hymowitz, «*Managers Find Ways*».

104. Marshall Goldsmith, «*Adding Value – But at What Cost?*», *Fast Company,* agosto 2003.

105. Calhoun W. Wick, Roy V. H. Pollock, Andrew McK. Jefferson y Richard Flanagan, *The Six Disciplines: How to Turn Training and Development into Business Results*, Pfieffer, San Francisco, 2006.

106. Barbara Rose, «*Workers Selecting Own Career Track*», *Chicago Tribune,* 9 de septiembre de 2007.

107. Susan Berfield, «*Bridging the Generation Gap*», *Business Week,* 17 de septiembre de 2007, pág. 60.

108. Julie Rawe, «*Why Your Boss May Start Sweating the Small Stuff*», *Time,* 13 de marzo de 2005.

109. Kouzes y Posner, *The Leadership Challenge,* pág. 164.

110. Chip y Dan Heath, «*Leadership is a Muscle*», *Fast Company,* julio de 2007, pág. 62.

111. Kouzes y Posner, *The Leadership Challenge,* pág. 164.

112. Kate Ludeman y Eddie Erlandson, *Alpha Male Syndrome,* Harvard Business School Press, Cambridge, Massachusetts, 2006.

113. Associated Press, «*A World of Bad Bosses*», Moneycentral.msn. com, 2 de enero de 2007, http://articles.moneycentral.msn.com/News/ AworldOfBadBosses.aspx.

114. M. Lee Smith, «*The Bully: Not Just a Playground Problem*», *HR Hero Line,* 6 de abril de 2007, www.hrhero.com/hl/040607. shtml#feature.

115. Leslie Yerkes, *Fun Works,* Berrett-Koehler, San Francisco, 2007, pág. 93.

116. Yerkes, *Fun Works,* 77.

117. Joanne Richard, «*You Crack Me Up! Laughter Really IS the Best Medicine*», *Ottawa Sun,* 31 de marzo de 2006, www.ottawasun. com/Lifestyle/2006/03/31/1513294-sun.html.

118. «*The State of Rewards and Recognition*», *Workforce Management,* 11 de septiembre de 2006.

119. Jim Kouzes y Barry Posner, *The Encouraging the Heart Workbook*, Jossey-Bass, San Francisco, pág. 19.

120. Olivia McIvor, *The Business of Kindness*, Fair Wind Press, Beverly, Massachusetts, 2006, pág. 35.

121. «*Kenexa Research Institute Finds That When It Comes to Work/Life Balance, Men and Women Are Not Created Equal*», *Employee Insight Report*, Executive Summary n.º 8, Kenexa Research Institute, Wayne, Pensilvania, 2007. www.kenexa.com/getdoc/2ba2a4de-9c39-4feb-9bd8-71b6035616bc/Kenexa-Employee-Insight-Report_Work-Life-Balance_G.aspx.